D1671452

Oldenbourg

Das lesende Klassenzimmer

Lesebuch 8. Schuljahr

Herausgegeben von Josef Greil

Verfasst von Rosemarie Fechter, Eckhard Emminger,
Bernhard Glaser und Josef Greil

Illustriert von Jörg Drühl

Oldenbourg

Der Titel »Das lesende Klassenzimmer« steht nicht im Zusammenhang mit der gleichnamigen Leseförderungsaktion des Börsenvereins des Deutschen Buchhandels e.V.

Das Papier ist aus chlorfrei gebleichtem Zellstoff hergestellt, ist säurefrei und recyclingfähig.

© 1995, 1997 Oldenbourg Schulbuchverlag GmbH, München
www.oldenbourg-bsv.de

1. Auflage 1997   R   E
Druck   04   03   02   01
Die letzte Zahl bezeichnet das Jahr des Drucks.

Verlagslektor: Rolf Schäferhoff
Layout: Frauke Bergemann
Herstellung: Johannes Schmidt-Thomé
Satz: Technik Team Werbung, Affing/Mühlhausen
Lithos: Wartelsteiner GmbH, Garching
Umschlagkonzept: Mendell & Oberer, München
Umschlaggestaltung: Greenstuff, München
Druck und Bindearbeiten: R. Oldenbourg Grafische Betriebe GmbH, München

ISBN 3-486-**17398**-7

INHALT

Applaus! Applaus!

Wir lernen Gedichte kennen

Gedichte lesen – das macht Spaß!

Wir vergleichen Gedichte

Sach- und Gebrauchstexte

Ach, du liebe Zeitung …

Lesen - eine Hilfe fürs Leben

ERZÄHLEN AUS VERSCHIEDENEN PERSPEKTIVEN

Fremde unter uns

Etwa 100 Millionen Menschen sind derzeit auf der Flucht vor Armut, Krieg, Dürre oder Umweltzerstörung. Viele von ihnen sind zu uns nach Deutschland gekommen. Sie fanden hier ein Zuhause – aber ist Deutschland auch ihre Heimat geworden?

AUS MEINEM LEBEN

Alles fing eigentlich mit dem Beginn meiner Pubertät an. Bis dahin verlief meine Kindheit äußerst glücklich und fast problemlos. Mit Beginn der 8. Klasse fingen die intensiveren Mädchen-Jungen-Freundschaften an und hinzu kamen die Geburtstagsfeten, die auf die späten Abendstunden rückten und sich nicht mehr nur auf
5 „Topfschlagen"[1] beschränkten. Es wurde auch schon mal Alkohol getrunken und manches Paar fand sich an einem solchen Abend zusammen. Auch ich wollte an diesen neuen Gemeinschaftsunternehmungen teilhaben und da ich bisher von meinen Eltern nie von solchen Ereignissen ausgeschlossen worden war, nahm ich es für selbstverständlich, nun auch mit meinen Freunden Spaß haben zu dürfen. Aber da
10 hatte ich mich geirrt, diesmal untersagten sie mir die Teilnahme an den Geburtstagsfeten und ließen mich im Unverständnis. Wieso? Ich war eingeladen, man wollte mich dabeihaben … und meine Eltern waren dagegen. Ich verstand die Welt nicht mehr … was war denn so plötzlich an mir, dass meine Eltern meinten mich von meinen Freunden fernzuhalten, mir den gemeinsamen Spaß zu verbieten?
15 Von da an nahm ich sozusagen eine Außenseiterrolle in der Klasse ein. Bei abendlichen Geburtstagsfeten, die sich mit der Zeit häuften, wurde ich gar nicht erst eingeladen. Es hieß dann immer: „Ebru brauchst du gar nicht fragen, die darf sowieso nicht." Ich litt sehr darunter und verlor auch allerhand Selbstbewusstsein. Hinzu kam, dass die meisten meiner Freundinnen auf solchen Feten Jungen kennen lern-
20 ten – ihre ersten Freunde. Jetzt bekam ich auch noch zusätzlich Komplexe, weil ich keinen Freund hatte. Ich erfand sogar Lügengeschichten von imaginären[2] Beziehungen nur um mitreden zu können und geriet damit bei meinen Freundinnen in Ungnade, als dies herauskam.
Nach langen Bettelversuchen, die für mich psychischer[3] Terror waren, da ich mich
25 als stolzer Mensch damit selbst erniedrigte, gelang es mir, meinen Vater zu überreden mich für 2–3 Stunden auf einige Feten zu lassen. Zwar war ich meist die Erste, die ging, aber wenigstens war ich jetzt dabei.
Mit Beginn der 11. Klasse nahm ich mir noch mehr Freiheiten heraus; wenn ich nicht durfte, log ich. Irgendwann lernte ich meinen ersten Freund kennen. Nun
30 ging das Versteckspielen los: Meine Eltern durften nicht wissen, dass ich einen Freund hatte, noch dazu einen Deutschen.
… Ich geriet in einen innerlichen Kampf. Meine Eltern waren nicht streng religiös – meine Mutter trug nicht mal ein Kopftuch –, aber sie erwarteten sicher, dass ich mich an die grundsätzlichen Regeln hielt, die schließlich eine Sache der Fami-
35 lienehre waren.
Im Endeffekt scheiterte die Beziehung am Druck, den die Verheimlichungen auf uns ausübten. So war ich wieder allein.
Man fühlt sich überall abseits. Egal, wie sehr man versucht sich anzupassen, man wird nie vollständig akzeptiert ohne seine Kultur ganz aufzugeben. Hier gilt man

---

[1] Topfschlagen: Spiel für Kinder
[2] imaginär: nur in der Einbildung, in der Vorstellung vorhanden
[3] psychisch: seelisch

40 beim kleinsten Fehler gleich als Ausländerin; da hört dann die Toleranz auf. Das Schlimmste ist, man wird weder hier noch in der Türkei als zugehörig betrachtet. Hier sind wir die Ausländer bzw. Türken, die sowieso nie dazugehören werden, egal wie sehr sie sich bemühen. In der Türkei sind wir die „Deutschländer".

Ebru S.

Ebrus Leben ist voller Probleme. Um welche handelt es sich? Lest nach und sprecht darüber in der Klasse.

2 Dies ist die Autorin der Geschichte:

Ebru S. ist 18 Jahre alt. Ihre Eltern sind in den 60er Jahren zu uns nach Deutschland gekommen. Ebru selbst ist bereits hier geboren. Ihre Familie wohnt in einer Gegend von Bremen, wo nur wenige Ausländerinnen und Ausländer leben. Deshalb können auch kaum Vorurteile entstehen.
Die Familienmitglieder achten wie alle gläubigen Moslems den Koran, die heilige Schrift des Islam. Mutter und Tochter tragen kein Kopftuch, sie kleiden sich ganz europäisch. Und doch fühlt sich Ebru manchmal zwischen zwei Fronten. Bei uns ist sie als Türkin eine Ausländerin. So ist ihr Leben nicht ohne Konflikte.

Vergleicht diese kurze Lebensgeschichte der Autorin mit den Aussagen in der Erzählung.

3 Die Autorin und die Personen der Handlung:

Lest nach, welche Personen in der Handlung vorkommen. Erkennt ihr sie hier wieder? Mithilfe dieser Darstellung könnt ihr erklären, warum Ebru ihre Geschichte in der Ich-Form erzählt hat.

4   Die folgende Erzählung handelt von
    einem ausländischen Jungen:

BENVENUTO HEISST WILLKOMMEN

So heißt der Titel eines bekannten Jugendbuches.
Benvenuto wurde in einem kleinen Dorf in Süditalien geboren.
Da in seiner Heimat wirtschaftliche Not herrschte, kam sein
Vater zu uns nach Wolfsburg. Hier wurden Arbeitskräfte ge-
sucht. Im Alter von zwölf Jahren zog Benvenuto mit seiner Mut-
ter und seinen Geschwistern ebenfalls nach Deutschland.

Wenn man mit offenen Augen schwamm, konnte man auf den Grund sehen, wie
im See von Brelone. Aber das Wasser im Hallenbad brannte in den Augen und im
Becken war das Gedränge groß. Wenn man einmal richtig kraulte, stieß man unweigerlich bald an einen anderen Schwimmer. Trotzdem war es schön, dieses Ge-
5   wimmel und Geschrei und die Trillerpfeife des Bademeisters, der unaufhörlich
mahnte, man sollte nicht vom Beckenrand springen.
Ein paar Jungen taten es trotzdem immer wieder. Ich hatte sie schon auf dem
Schulhof gesehen. Einer sah aus, als wäre er ebenfalls Italiener, er war schwarz-
haarig und dunkeläugig. Aber die anderen riefen ihn Klaus. Immer abwechselnd
10 sprangen sie vom Rand ins Becken, dass das Wasser nur so spritzte, und wenn dann
der Bademeister pfiff und mit drohendem Finger zu dem Sünder eilte, klatschte
hinter ihm der Nächste ins Wasser. Er drohte immer wieder, doch sie schienen ihn
nicht ernst zu nehmen. Vielleicht kannten sie den Bademeister schon lange ...
Gerade schienen die Jungen ihren Frieden mit dem Bademeister schließen zu wol-
15 len. Sie schwammen zum Beckenrand hinüber. In diesem Augenblick sprang ich,
die Knie an die Brust gezogen, und jetzt schimpfte der Bademeister mir nach,
während ich dorthin schwamm, wo die anderen am Beckenrand saßen und die
Füße ins Wasser baumeln ließen. Der Schwarzhaarige, den sie Klaus riefen, streckte mir die Hand entgegen, ich griff nach ihr und zog mich daran hoch, doch als ich
20 schon beide Füße an den Rand stemmte, ließ er mich los und ich fiel ins Wasser
zurück, schluckte Chlorwasser und schwamm prustend wieder an den Rand. Die
anderen lachten los. Klaus lachte so laut, dass es in der Schwimmhalle nur so hall-
te. Ich nahm es ihnen nicht übel, dass sie es komisch fanden – ich lachte mit. Es
schien ihnen zu gefallen, dass ich Spaß verstand.
25 „Setz dich her!", sagte Klaus.
„Wie heißt'n du?", fragte ein anderer.
„Benvenuto."
„Italiener?"
„Hm."
30 „Du bist bei uns an der Schule, nicht wahr? Ich glaube, ich habe dich schon auf
dem Schulhof gesehen."
„Ja, Übergangsklasse."

14

„Sprichst aber schon gut Deutsch."

„Ein bisschen, noch nicht viel."

35 Klaus stand auf, ging hinaus, kam gleich wieder und hatte eine Tüte mit kleinen
Gummitierchen. Erst bot er den anderen an, dann auch mir.

„Danke."

Ich war froh. Ich war nun wahrhaftig lange genug hier und bis jetzt hatte ich kei-
nerlei Kontakt mit deutschen Jungen gehabt. Alle taten plötzlich so, als seien wir

40 schon seit einer Ewigkeit die dicksten Freunde. Sie hatten über mich gelacht. Ich
hatte es nicht übel genommen, sondern mitgelacht. So etwas genügt manchmal um
einen Menschen ungemein sympathisch zu finden.

Hans-Georg Noack

Wie hat sich Benvenuto in seiner neuen Heimat zurechtgefunden? Lest nach und vergleicht mit den Erfahrungen von Ebru.

5 Dies ist der Autor der Geschichte:

Hans-Georg Noack wurde 1926 in Magdeburg geboren und
lebt heute in der Nähe von Würzburg. Er zählt zu den bekanntesten deutschen Jugendschriftstellern. In seinen Büchern,
die in viele Sprachen übersetzt wurden, setzt er sich vor allem mit Themen wie Jugendkriminalität, Drogensucht, Ras-
senhass und Jugendarbeitslosigkeit auseinander.

Gehört der Autor auch zu den handelnden Personen in der
Geschichte? Lest nach und begründet eure Meinung.

6 Warum hat der Autor diese Geschichte in der Ich-Form geschrieben, obwohl er sie gar nicht selbst erlebt hat? Die
folgende Darstellung hilft euch bei der Begründung:

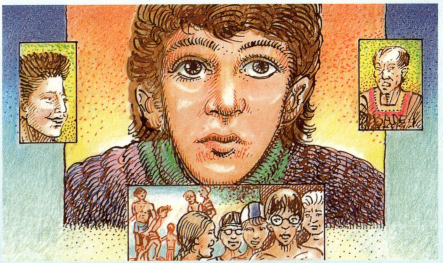

Vergleicht mit der Darstellung auf Seite 13, in der ebenfalls eine handelnde Person im
Mittelpunkt steht.

7 Die folgende Erzählung spielt zu einer Zeit, als Polen noch unter kommunistischer Herrschaft stand und viele Deutsche in den Westen aussiedelten um endlich in Freiheit leben zu können. So auch die Familie Bienmann.

DER AUSREISEANTRAG

Der Mittwoch kam. Kristina hatte sich in der Schule beurlauben lassen und der Direktor hatte diesmal zugestimmt, sogar ohne ihr einen Vortrag über das törichte Tun ihrer Familie zu halten.

Frierend warteten sie in der Morgenkälte auf Janec, Kristinas Bruder, und auf
5 Herrn Gronski, der sie mit seinem Auto in die Stadt zur Behörde bringen wollte. Die Großmutter ging hin und her, aufrecht und mit festen Schritten, trotz ihrer zweiundsechzig Jahre. In sich zusammengekrochen lehnte Rosa, Kristinas Mutter, an einem Baum. Sie war rundlich. Wenn sie nebeneinander standen, sah man, wie sehr Kristina ihrer Großmutter glich. Schmaler, zarter als diese, aber doch die glei-
10 che Haltung, der ähnlich straffe Gang. Wolf zerrte wild an der Leine. Kristina löste den Karabinerhaken am Halsband und lief mit ihm ein paar Mal auf und ab.
„Das sage ich dir", Großmutter zeigte auf den Hund, „wenn es Schwierigkeiten macht, den rüberzukommen, dann bleibt er hier."
„Dann bleibe ich auch", erwiderte Kristina. „Ich habe Wolf geerbt, er ist mein
15 Hund." „Und wie machst du das, wenn du hier bleibst?" „Wird sich schon finden. Ich bin ja kein Kind mehr." „Hört auf euch zu streiten", sagte Mutter. „Es wird schon keine Schwierigkeiten geben. Ich hörte neulich, ein Bauer hat sogar sein Vieh mitnehmen dürfen." „Eine Familie gehört zusammen", antwortete Großmutter. „Na, ich weiß nicht. Der Janec, der würde auch bleiben wollen." „Hans ist
20 mein Enkel. Sein Vater ist drüben. Der Sohn wird auch drüben sein." „Sie werden ihren Antrag doch wieder ablehnen", sagte Mutter. Es klang gleichgültig.
Der Laster tuckerte heran. Janec und Kristina sprangen auf die Ladefläche und hatten Mühe, Wolf hinaufzuziehen. Die Frauen zwängten sich zu Gronski in die Kabine.

Willi Fährmann

Was erfahrt ihr in dieser Erzählung alles über die Familie Bienmann? Lest nach und erzählt.

8 Der Erzählausschnitt „Ausreiseantrag" steht in dem Buch „Kristina, vergiss nicht …". In dem Klappentext lesen wir:

Es ist die Geschichte von Kristina und ihren Angehörigen, die, als sie sich endlich durch den Bürokratie-Dschungel gekämpft haben, fast ausschließlich auf Ablehnung und Vorurteile stoßen. Eigentlich wollte Kristina nicht nach Deutschland. Für sie war Polen die Heimat, dort, wo sie aufgewachsen war … Kristinas Geschichte ist aber nicht nur die einer Deutschen aus Polen, sie steht stellvertretend für viele Aussiedler und Asylsuchende, woher sie auch kommen.

Lest in diesem Klappentext nach, welche Absicht der Autor mit seiner Erzählung verfolgt.

Willi Fährmann
Kristina, vergiss nicht …

9 Diese Personen kommen in der Erzählung vor:

Welche Personen aus dem Buchausschnitt könnten hier abgebildet sein? Findet mithilfe dieser Darstellung eine Erklärung dafür, warum diese Erzählung nicht in der Ich-Form geschrieben ist. Vergleicht mit der Darstellung auf der Seite 15.

10 Die folgende Erzählung steht in dem Jugendbuch „Herzklopfen":

DAS ROLLENSPIEL

Perihan ist Türkin. Sie lebt seit langem in Deutschland und beherrscht die deutsche Sprache fast besser als ihre Muttersprache. In ihrer Klasse hat sie sich gut eingelebt und macht alles gerne mit. So auch das Rollenspiel, das gerade im Unterricht durchgeführt wird:

„Na, Dirk, dann such dir mal deine Frau aus."
Dirk sah sich in der Klasse um.
„Perihan …", sagte er.
5 Perihan stand nicht gleich auf. Sie wurde rot. Sie hatte gedacht, dass Dirk Ute Schröder auffordern würde. Die beiden standen in den Pausen oft zusammen.
„Was ist, Perihan? Möchtest du nicht?"
10 Frau Ruoff sah sie fragend an. „Geh schon!", sagte Anschi und stieß sie in die Seite.
Perihan ging nach vorne. Sie hatte Herzklopfen. Nicht etwa aus Angst, dass ihr nichts einfallen würde. Das war
15

„Na, Dirk, dann such dir mal deine Frau aus."
Dirk sah sich in der Klasse um.
„Perihan …", sagte er.
Ich stand nicht gleich auf. Ich wurde rot. Ich hatte gedacht, dass Dirk Ute Schröder auffordern würde. Die beiden standen in den Pausen oft zusammen.
„Was ist, Perihan? Möchtest du nicht?"
Frau Ruoff sah mich fragend an. „Geh schon!", sagte Anschi und stieß mich in die Seite.
Ich ging nach vorne. Ich hatte Herzklopfen. Nicht etwa aus Angst, dass mir nichts einfallen würde. Das war es nicht. Ich

es nicht. Perihan mochte Rollenspiele gerne und sie wusste auch, welche Argumente sie gleich bringen müsste um ihrem Ehemann klarzumachen, dass sie
20 wegen der Kinder nicht zehn Jahre aus dem Beruf herauswollte, sondern von ihm erwartete, dass er auch ein bisschen zurückstecke. Über dieses Thema hatte Frau Ruoff mit der Klasse oft genug im
25 Sozialkundeunterricht diskutiert. Nein, es war wegen Dirk. Er war nicht so wie die meisten Jungen in der Klasse. Er brüllte nicht so viel rum und gab auch nicht so an. Manchmal saß er im Unter-
30 richt da und sah aus, als träume er. Perihan musste dauernd zu ihm hinübersehen.

Jetzt stand sie vorne neben Dirk. Sie sahen sich an und beide sagten auf ein-
35 mal: „Also …"

Sie lachten und Perihan legte los. Dirk gab sich schnell geschlagen, gegen Perihan und ihre Argumente kam er nicht an.

40 „Du bist mir zu emanzipiert …", sagte er.

Als Perihan zu ihrem Platz zurückging, klatschten die Mädchen. Nur Christof und Konstantin buhten.

45 Danach spielten Peter und Evi das Ehepaar. Perihan hörte nicht genau zu, sie war immer noch aufgeregt. Dirk drehte sich zu ihr um und beide mussten lachen.

mochte Rollenspiele gerne und ich wusste auch, welche Argumente ich gleich bringen müsste um meinem Ehemann klarzumachen, dass ich wegen der Kinder nicht zehn Jahre aus dem Beruf herauswollte, sondern von ihm erwartete, dass er auch ein bisschen zurückstecke. Über dieses Thema hatte Frau Ruoff mit uns oft genug im Sozialkundeunterricht diskutiert. Nein, es war wegen Dirk. Er war nicht so wie die meisten Jungen in der Klasse. Er brüllte nicht so viel rum und gab auch nicht so an. Manchmal saß er im Unterricht da und sah aus, als träume er. Ich musste dauernd zu ihm hinübersehen.

Jetzt stand ich vorne neben Dirk. Wir sahen uns an und sagten beide auf einmal: „Also …"

Wir lachten und ich legte los. Dirk gab sich schnell geschlagen, gegen mich und meine Argumente kam er nicht an.

„Du bist mir zu emanzipiert …", sagte er.

Als ich zu meinem Platz zurückging, klatschten die Mädchen. Nur Christof und Konstantin buhten.

Danach spielten Peter und Evi das Ehepaar. Ich hörte nicht genau zu, ich war immer noch aufgeregt. Dirk drehte sich zu mir um und beide mussten wir lachen.

Ann Ladiges

Wie unterscheiden sich die beiden Texte? Welche Form passt für diese Erzählung besser? Begründet eure Meinung. Denkt dabei daran:

- Wenn jemand erzählt, kann er verschiedene Erzählhaltungen einnehmen.

- Eine Autorin oder ein Autor kann sich beim Erzählen in andere Personen so hineinversetzen, als ob das Geschehen selbst erlebt worden wäre.

- Bei der Ich-Form steht der Erzähler oder die Erzählerin im Mittelpunkt des Geschehens.

- Bei der Er-Form oder Sie-Form kann das Geschehen aus der Sicht (Perspektive) mehrerer Personen dargestellt werden.

ANGST

Ich hatte Angst. Ich drückte die Hand meines Vaters immer fester, ich wollte, dass er mir hilft. Doch dann kam es so, wie ich es befürchtet hatte: Mein Vater bückte sich zu mir herunter und sagte, dass er jetzt gehen müsse und dass ich mit dem Herrn dort mitgehen solle. Ich fing an zu weinen. Ich umklammerte die Beine mei-
5 nes Vaters. Ich weinte noch mehr. „Bleib hier", flehte ich ihn an, „lass mich nicht allein." Er ging.
Der andere Mann redete auf mich ein, aber ich verstand kein Wort. Ich hörte auf zu weinen, besser gesagt, ich weinte keine Tränen mehr, innerlich weinte ich weiter. Meine Hoffnung, dass der Mann dann aufhören würde zu reden, erfüllte sich.
10 Ich ging mit ihm mit. Wir gingen und gingen, die Korridore kamen mir unendlich lang vor. Irgendwie wollte ich auch gar nicht ankommen, ich wollte, solange es ging, durch diese Korridore gehen. Vielleicht würde mein Papa zurückkommen und mich wieder mitnehmen. Doch ich wusste, mein Vater würde nicht kommen und ich wäre nur noch länger alleine mit diesem Mann zusammen. Ich wollte es
15 hinter mich bringen. Wir blieben vor einer Tür stehen. Und ich glaube, als ich dort stand, stand auch mein Herz für Sekunden still. Ich fühlte nichts mehr, es war wie ein Traum. Als ich durch die Tür ging, schloss ich die Augen. „Vielleicht ist es wirklich nur ein Traum", dachte ich, „und wenn ich die Augen öffne, ist alles vorbei, ist alles wie früher." Ich öffnete sie. 50 Augen starrten mich an. Es war kein
20 Traum. Ich schaute mir das Zimmer an, es war so anders. Bunt und schön eigentlich, aber doch so fremd und kalt. Ich zitterte. Sie fingen an zu reden. Sie wurden immer lauter. Am liebsten hätte ich geschrien, dass sie aufhören sollten. Aber sie hätten mich sowieso nicht verstanden. Ich verstand sie ja auch nicht.
Jetzt lachten einige. „Wieso lachen die?", dachte ich. „Lachen die mich aus? Ist ir-
25 gendetwas mit mir? Was sagen die über mich?" Es war schrecklich. Mir kamen wieder Tränen in die Augen. „Reiß dich zusammen", sagte ich mir, „wenn du jetzt anfängst zu weinen, werden sie noch mehr über dich lachen."
Der Mann schrieb meinen Namen an die Tafel: ÖZGE. „Ötzke, Ötzke", lasen einige. Wie sollte ich denen erklären, dass ich, Özge, nicht Ötzke ausgesprochen wer-
30 de, sondern Öössge. Mit einem ssss, genauso wie es die Bienen machen. „Ötzke Demir" wiederholten einige, denn der Mann hatte auch meinen Nachnamen an die Tafel geschrieben. Ich schüttelte den Kopf: „Ösge", sagte ich, doch es half nichts, keiner konnte meinen Namen richtig aussprechen. „Öössge", sagte ich noch ein paar Mal. Sie versuchten, es mir nachzusprechen, aber es gelang ihnen nicht.
35 Ich sah ein, dass sich vieles für mich verändern würde, dazu gehörte auch die Aussprache meines Namens.
Es war nicht mein erster Schultag. Aber es war mein erster in Deutschland. An meinen ersten in der Türkei kann ich mich nicht erinnern, den in Deutschland werde ich nie vergessen. Es war nicht nur der erste Tag in einer neuen Schule, es war
40 der erste Tag in einem neuen Leben …

Özge D.

SABINES ELTERN

O Mann, bin ich glücklich! Ich strahle im ganzen Gesicht. Könnte alle Menschen umarmen. Ja, ich würde sogar fliegen, wenn ich es nur könnte. Meine Freude kennt keine Grenzen, seit ein paar Wochen. Plötzlich entdecke ich meine Liebe für Blumen. Ich wusste gar nicht, dass sie so herrlich duften können. Die Welt sieht auf ein-
5 mal auch ganz anders aus. Sie ist doch nicht grau in grau. Die Welt ist rosarot. Ich bin so unendlich glücklich. Pessimist bin ich nun auch nicht mehr. Seit vier Wochen bin ich ein großer Optimist geworden. Man muss einfach alles positiv sehen. Jawohl. Ich habe jetzt eine Freundin, die mich liebt, wie ich bin. Wie ich bin? Eigentlich bin ich ein ganz normaler Mensch. Nur, ich bin kein Inländer. Dafür ist
10 meine Freundin eine Deutsche … Alles an ihr ist einmalig. Auch ihre Eltern! Wie jeder Mensch hat auch meine Freundin Eltern. Aber was für liebe Leute! Sie lieben mich wie ihren eigenen Sohn. Und vielleicht mehr. Wenn ich mit meiner Freundin zu ihren Eltern gehe, stehen sie sogar kurz auf um mich zu begrüßen. Immer wieder laden sie mich zum Essen ein. Weil sie nur ein Kind haben, sitzen
15 wir zu viert am Tisch. Nach dem Essen spielen wir verschiedene Spiele. Bei einem Pilsbier sprechen wir anschließend über die Probleme der nicht-einheimischen Leute, um nicht Ausländer zu sagen. Es gibt jedes Mal andere Themen. Wen wundert's? Die Eltern meiner Freundin mögen die Nicht-Einheimischen. Natürlich auch mich. Sie waren schon so oft im Ausland. Vor allem in meiner Heimat. In der
20 Türkei. Das gelobte Land der Touristen. Sie erzählen, wie herzlich und freundlich sie empfangen wurden. Jedes Mal. Immer wieder. Sie haben sich schämen müssen, sagen sie mir. Ich erwidere aber, dass sie sich nicht zu schämen brauchen. Ich sage, es sollen sich die schämen, die blind alles und jedes hassen, was nicht einheimisch ist. Ausländische Autos, ausländische Waren und auch ausländische Menschen.
25 Es ist nicht so einfach, sagen sie mir. Sie haben Recht, denke ich. Was machen diese Alleshasser, wenn Europa eins wird?
Manchmal kommen Sabine, so heißt übrigens meine Freundin, und ihre Eltern zu uns nach Hause. Meine Eltern mögen sie auch sehr. Meine Mutter kocht türkisch. Das Essen ist für Sabines Eltern nichts Neues. Aber sie essen trotzdem gerne un-
30 sere Spezialitäten. Danach trinken sie natürlich Cay, also Tee. Es ist ein Muss. Meine Freundin und ich amüsieren uns unheimlich, wenn unsere Eltern versuchen miteinander zu sprechen. Es ist ein wenig mühsam, aber zum Schluss verständigen sie sich doch. Ich wünsche mir, dass alle Menschen hier so miteinander leben. Nicht nur unsere Familien.
35 Wieder einmal bin ich bei ihren Eltern eingeladen. Mit leeren Händen will ich nicht hingehen. Ich kaufe einen schönen großen Strauß. Ich klingle, ihre Mutter macht die Tür auf. Wie immer, werde ich höflich hereingebeten. Wir essen, trinken und danach, auch wie fast immer, spielen wir etwas zusammen. Kaum haben wir angefangen, da klingelt es an der Haustür. Herein kommen Sabines Onkel und
40 Tante, väterlicherseits. Als sie mich, zum ersten Mal übrigens, sehen, sind sie sehr überrascht. So schauen sie mich jedenfalls an. Ich versuche höflich zu wirken, stehe auf und grüße sie. Ich bin irgendwie unsicher. Was denken diese Leute über mich? Sind die Nicht-Einheimischen auch ihnen sympathisch? Oder mögen sie sie vielleicht gar nicht? Was wird nun geschehen? Was wird er sagen? „Guten Tag, ich
45 heiße Peter. Wie heißt du?", fragt Sabines Onkel mich lächelnd. Ich bin sehr erleichtert.

„Mein Name ist Ali", sage ich. „Es freut mich, Sie kennen zu lernen", füge ich hinzu. Danach sitzen wir, diesmal zu sechst, am Tisch und spielen weiter. Sabines Onkel scheint ein sehr netter Mensch zu sein. Sie bewundern sogar meine Freundin, Mut bewiesen zu haben mit mir. Es ist spät in der Nacht, als sie gehen. Auch sie laden mich zu sich nach Hause ein. Ich freue mich unendlich.

Langsam fange ich an zu glauben, dass eigentlich niemand hierzulande etwas gegen Ausländer hat. Sabines Eltern mögen mich, ihr Onkel konnte mich auf Anhieb leiden. Also was soll das Gerede vom Rassismus[1]? So was gibt es doch in meiner zweiten Heimat nicht. Ich lächle und sage immer wieder: Nein, so was gibt es hier nicht. Nein, Fremdenfeindlichkeit gibt es nicht. Nein, Herrgott noch mal, das gibt es nicht. Plötzlich klingelt mein Wecker. Tut, tut, tut. Ich hatte einen schönen Traum. Ich habe von meiner Freundin Sabine geträumt. War irgendetwas passiert? Weil ich abergläubisch bin, rufe ich meine Freundin an. Es ist sieben Uhr morgens. Ihr Vater geht ans Telefon. „Ich bin's, Ali. Ich möchte bitte mit Sabine sprechen", sage ich. Eine unfreundliche Stimme schreit mich an: „Ich habe Ihnen doch schon einmal gesagt, dass Sie uns nicht anrufen sollen. Lassen Sie uns und meine Tochter in Ruhe."

Ich habe eine Freundin. Sie heißt Sabine. Ihre Eltern habe ich noch nie gesehen …

Mustafa S.

SPAGHETTI FÜR ZWEI

Heinz war bald vierzehn und fühlte sich sehr cool. In der Klasse und auf dem Fußballplatz hatte er das Sagen. Aber richtig schön würde das Leben erst werden, wenn er im nächsten Jahr seinen Töff bekam und den Mädchen zeigen konnte, was für ein Kerl er war. Er mochte Monika, die Blonde mit den langen Haaren aus der Parallelklasse, und ärgerte sich über seine entzündeten Pickel, die er mit schmutzigen Nägeln ausdrückte. Im Unterricht machte er gerne auf Verweigerung. Die Lehrer sollten bloß nicht auf den Gedanken kommen, dass er sich anstrengte.

Mittags konnte er nicht nach Hause, weil der eine Bus zu früh, der andere zu spät abfuhr. So aß er im Selbstbedienungsrestaurant, gleich gegenüber der Schule. Aber an manchen Tagen sparte er lieber das Geld und verschlang einen Hamburger an der Stehbar. Samstags leistete er sich dann eine neue Kassette, was die Mutter natürlich nicht wissen durfte. Doch manchmal – so wie heute – hing ihm der Big Mac zum Hals heraus. Er hatte Lust auf ein richtiges Essen. Einen Kaugummi im Mund, stapfte er mit seinen Cowboystiefeln die Treppe zum Restaurant hinauf. Die Reißverschlüsse seiner Lederjacke klimperten bei jedem Schritt. Im Restaurant trafen sich Arbeiter aus der nahen Möbelfabrik, Schüler und Hausfrauen mit Einkaufstaschen und kleinen Kindern, die Unmengen Cola tranken, Pommes frites verzehrten und fettige Fingerabdrücke auf den Tischen hinterließen.

Viel Geld wollte Heinz nicht ausgeben; er sparte es lieber für die nächste Kassette. „Italienische Gemüsesuppe" stand im Menü. Warum nicht? Immer noch seinen Kaugummi mahlend, nahm Heinz ein Tablett und stellte sich an. Ein schwitzendes Fräulein schöpfte die Suppe aus einem dampfenden Topf. Heinz nickte zufrieden. Der Teller war ganz ordentlich voll. Eine Schnitte Brot dazu und er würde bestimmt satt.

---

[1] Rassismus: übersteigertes Rassenbewusstsein

25 Er setzte sich an einen freien Tisch, nahm den Kaugummi aus dem Mund und
klebte ihn unter den Stuhl. Da merkte er, dass er den Löffel vergessen hatte. Heinz
stand auf und holte sich einen. Als er zu seinem Tisch zurückstapfte, traute er seinen Augen nicht: Ein Schwarzer saß an seinem Platz und aß seelenruhig seine
Gemüsesuppe.

30 Heinz stand mit seinem Löffel fassungslos da, bis ihn die Wut packte. Zum Teufel
mit diesen Asylbewerbern! Der kam irgendwo aus Uagadugu, wollte sich in der
Schweiz breit machen, und jetzt fiel ihm nichts Besseres ein, als ausgerechnet seine
Gemüsesuppe zu verzehren! Schon möglich, dass so was den afrikanischen Sitten
entsprach, aber hierzulande war das eine bodenlose Unverschämtheit. Heinz öff-

35 nete den Mund um dem Menschen lautstark seine Meinung zu sagen, als ihm auf-
fiel, dass die Leute ihn komisch ansahen. Heinz wurde rot. Er wollte nicht als Ras-
sist gelten. Aber was nun?

Plötzlich fasste er einen Entschluss. Er räusperte sich vernehmlich, zog einen Stuhl
zurück und setzte sich dem Schwarzen gegenüber. Dieser hob den Kopf, blickte

40 ihn kurz an und schlürfte ungestört die Suppe weiter. Heinz presste die Zähne zusammen, dass seine Kinnbacken schmerzten. Dann packte er energisch den Löffel,
beugte sich über den Tisch und tauchte ihn in die Suppe. Der Schwarze hob abermals den Kopf. Sekundenlang starrten sie sich an. Heinz bemühte sich die Augen
nicht zu senken. Er führte mit leicht zitternder Hand den Löffel zum Mund und

45 tauchte ihn zum zweiten Mal in die Suppe. Seinen vollen Löffel in der Hand, fuhr
der Schwarze fort ihn stumm zu betrachten. Dann senkte er die Augen auf seinen
Teller und aß weiter. Eine Weile verging. Beide teilten sich die Suppe, ohne dass
ein Wort fiel. Heinz versuchte nachzudenken. „Vielleicht hat der Mensch kein
Geld, muss schon tagelang hungern. Dann sah er die Suppe da stehen und bedien-

50 te sich einfach. Schon möglich, wer weiß? Vielleicht würde ich mit leerem Magen
ähnlich reagieren? Und Deutsch kann er anscheinend auch nicht, sonst würde er
da nicht sitzen wie ein Klotz. Ist doch peinlich. Ich an seiner Stelle würde mich
schämen. Ob Schwarze wohl rot werden können?"

Das leise Klirren des Löffels, den der Afrikaner in den leeren Teller legte, ließ

55 Heinz die Augen heben. Der Schwarze hatte sich zurückgelehnt und sah ihn an.
Heinz konnte seinen Blick nicht deuten. In seiner Verwirrung lehnte er sich ebenfalls zurück. Schweißtropfen perlten auf seiner Oberlippe, sein Pulli juckte und
die Lederjacke war verdammt heiß. Er versuchte den Schwarzen abzuschätzen.
„Junger Kerl. Etwas älter als ich. Vielleicht sechzehn oder sogar schon achtzehn.

60 Normal angezogen: Jeans, Pulli, Windjacke. Sieht eigentlich nicht wie ein Ob-
dachloser aus. Immerhin, der hat meine halbe Suppe aufgegessen und sagt nicht
einmal Danke. Verdammt, ich habe noch Hunger!"

Der Schwarze stand auf. Heinz blieb der Mund offen. „Haut der tatsächlich ab?
Jetzt ist aber das Maß voll! So eine Frechheit! Der soll mir wenigstens die halbe

65 Gemüsesuppe bezahlen!" Er wollte aufspringen und Krach schlagen. Da sah er,
wie sich der Schwarze mit einem Tablett in der Hand wieder anstellte. Heinz fiel
unsanft auf seinen Stuhl zurück und saß da wie ein Ölgötze. „Also doch: Der
Mensch hat Geld. Aber bildet der sich vielleicht ein, daß ich ihm den zweiten
Gang bezahle?"

70 Heinz griff hastig nach seiner Schulmappe. „Bloß weg von hier, bevor er mich zur
Kasse bittet. Aber nein, sicherlich nicht. Oder doch?"

Heinz ließ die Mappe los und kratzte nervös an einem Pickel. Irgendwie wollte er wissen, wie es weiterging.

Der Schwarze hatte einen Tagesteller bestellt. Jetzt stand er vor der Kasse und – wahrhaftig – er bezahlte. Heinz schniefte. „Verrückt.", dachte er. „Total gesponnen."

Da kam der Schwarze zurück. Er trug das Tablett, auf dem ein großer Teller Spaghetti stand, mit Tomatensauce, vier Fleischbällchen und zwei Gabeln. Immer noch stumm, setzte er sich Heinz gegenüber, schob den Teller in die Mitte des Tisches, nahm eine Gabel und begann zu essen, wobei er Heinz ausdruckslos in die Augen schaute. Heinz' Wimpern flatterten. Heiliger Strohsack! Dieser Typ forderte ihn tatsächlich auf, die Spaghetti mit ihm zu teilen! Heinz brach der Schweiß aus. Was nun? Sollte er essen? Nicht essen? Seine Gedanken überstürzten sich. Wenn der Mensch doch wenigstens reden würde! „Na gut. Er aß die Hälfte meiner Suppe, jetzt esse ich die Hälfte seiner Spaghetti, dann sind wir quitt." Wütend und beschämt griff Heinz nach der Gabel, rollte die Spaghetti auf und steckte sie in den Mund. Schweigen. Beide verschlangen die Spaghetti. „Eigentlich nett von ihm, dass er mir die Gabel brachte", dachte Heinz. „Da komme ich noch zu einem guten Spaghettiessen, das ich mir heute nicht geleistet hätte. Aber was soll ich jetzt sagen? Danke? Saublöde. Einen Vorwurf machen kann ich ihm auch nicht mehr. Vielleicht hat er gar nicht gemerkt, dass er meine Suppe aß. Oder vielleicht ist es üblich in Afrika, sich das Essen zu teilen? Schmecken gut, die Spaghetti. Das Fleisch auch. Wenn ich nur nicht so schwitzen würde!"

Die Portion war sehr reichlich. Bald hatte Heinz keinen Hunger mehr. Dem Schwarzen ging es ebenso. Er legte die Gabel aufs Tablett und putzte sich mit der Papierserviette den Mund ab. Heinz räusperte sich und scharrte mit den Füßen. Der Schwarze lehnte sich zurück, schob die Daumen in die Jeanstaschen und sah ihn an. Undurchdringlich. Heinz kratzte sich unter dem Rollkragen, bis ihm die Haut schmerzte. „Heiliger Bimbam! Wenn ich nur wüsste, was er denkt!" Verwirrt, schwitzend und erbost ließ er seine Blicke umherwandern. Plötzlich spürte er ein Kribbeln im Nacken. Ein Schauer jagte ihm über die Wirbelsäule von den Ohren bis ans Gesäß. Auf dem Nebentisch, an den sich bisher niemand gesetzt hatte, stand – einsam auf dem Tablett – ein Teller kalter Gemüsesuppe.

Heinz erlebte den peinlichsten Augenblick seines Lebens. Am liebsten hätte er sich in ein Mauseloch verkrochen. Es vergingen zehn volle Sekunden, bis er es endlich wagte, dem Schwarzen ins Gesicht zu sehen. Der saß da, völlig entspannt und cooler, als Heinz es je sein würde, und wippte leicht mit dem Stuhl hin und her. „Äh …", stammelte Heinz, feuerrot im Gesicht. „Entschuldigen Sie bitte. Ich …" Er sah die Pupillen des Schwarzen aufblitzen, sah den Schalk in seinen Augen schimmern. Auf einmal warf er den Kopf zurück, brach in dröhnendes Gelächter aus. Zuerst brachte Heinz nur ein verschämtes Glucksen zustande, bis endlich der Bann gebrochen war und er aus vollem Halse in das Gelächter des Afrikaners einstimmte. Eine Weile saßen sie da, von Lachen geschüttelt. Dann stand der Schwarze auf, schlug Heinz auf die Schulter.

„Ich heiße Marcel", sagte er in bestem Deutsch. „Ich esse jeden Tag hier. Sehe ich dich morgen wieder? Um die gleiche Zeit?"

Heinz' Augen tränten, sein Zwerchfell glühte und er schnappte nach Luft.

„In Ordnung!", keuchte er. „Aber dann spendiere ich die Spaghetti!"

Federica de Cesco

ERZÄHLEN – KNAPP ODER AUSFÜHRLICH?

Menschen und ihre Probleme

Ob am Arbeitsplatz, in der Familie oder in der Schule: Menschen haben ihre Probleme. Kinder genauso wie Jugendliche oder Erwachsene. Von Menschen mit kleinen und großen Sorgen handeln die folgenden Texte.

Susanne hat riesige Angst vor jeder Pause. Nach dem Pausenklingeln kommt sie meist als Letzte ängstlich und verschreckt auf den Schulhof …

Egon Witty ist Schweißer und soll in seinem Betrieb zum Meister aufsteigen. Doch er hat Angst vor seiner neuen Aufgabe …

An diesem Morgen geht Wilma alles schief. Der Wecker rasselt zu spät, der Bus fährt ihr vor der Nase weg und …

Kurt ist nach Amerika ausgewandert und lebt in New York. Da erkrankt der Sohn seines Zimmervermieters schwer. Obwohl Kurt Kinderarzt ist, darf er nicht helfen …

SUSANNE HAT ANGST UND WUT

Wenn Susanne nach dem Pausenklingeln als Letzte auf den Schulhof kommt, hat
sie Angst.

Wer wird zuerst loslachen? Noch einen Moment hinter der großen Schultüre stehen bleiben. Noch wenigstens eine Minute hinter dem dunklen, schweren Holz und
5 in Deckung bleiben. Dann muss sie raus. In der großen Pause müssen alle Schüler
auf den Hof. Die Aufsicht führenden Lehrer fegen auch noch den letzten Schüler
aus seinem Versteck und selbst im Klo ist man nicht sicher.

Jetzt also wieder raus in diese tobende, schreiende, lachende Menschenmenge.
Wird Susanne unbemerkt untertauchen können? Aber wohin denn? Überall
10 Grüppchen, die sich essend und lachend unterhalten. Und weil Pause ist und kein
Lehrer sein Regiment führt, sind die Schüler jetzt ausgelassen, suchen Reize, Auf-
regendes, greifen an, wo es geht.

Einen über den Fuß purzeln lassen, kurz mal das Pausenbrot aus der Hand hauen,
von hinten an der Jacke ziehen oder mit der Colaflasche durch Schütteln einen
15 scharfen Spritzstrahl erzeugen, den man unbemerkt jemand von hinten an den
Hals beißen lässt – immer sind es die Stilleren unter den Schülern, die dran sind.
Wer nicht bei den Lauten ist, bei den Lachern, Schlägern, der ist bei den Verlie-
rern. Den kann es treffen. Der kann sich auf was gefasst machen. Und die Lauten
sind lustig und lachen über jeden gelungenen Angriff. Sie lachen laut, sie übertref-
20 fen sich gegenseitig mit dem Wiehern und Prusten.

Denn jeder weiß, wer nicht mitmacht und mitlacht, kann schon das nächste Opfer
sein …

Susanne schiebt sich vorsichtig hinter der schützenden Tür hervor. Sie hält ihr ein-
gepacktes Vesperbrot mit beiden Händen fest, versucht niemand im Weg zu sein,
25 keinem einen Anlass zum Loslachen zu geben. Die Strümpfe rutschen und das blaue
Kleid, das sie anhat, passt nicht zu dem, was die meisten anderen Schüler tragen.

„Du musst dich nicht darum kümmern, was die anderen tun und lassen", sagte die
Mutter immer wieder. „Sei so wie du bist, die anderen werden sich schon auf dich
einstellen."

30 Das war leicht gesagt. Die anderen stellten sich nicht auf sie ein. Sie schlugen oder
sie lachten auf Susanne ein – was dasselbe war. Beides tat weh.

Susanne bleibt an der niederen Mauerbrüstung stehen, die letzte kleine Schutz-
barriere vor der offenen Arena. Der Schulhof ist groß. Neugierig dehnt er sich
nach allen Seiten aus, als wolle er die ganze Umgebung aufschlucken. Kein Baum,
35 keine Wand, keine Nische. Eine ausgedehnte schreiende Fläche. Ein Riesenkäfig
ohne Gitter.

Susanne steht da, riecht an ihrem Vesperpapier – das hilft ein bisschen. Mit dem
Vesperpapier kann sie die Mutter herriechen, die kleine Küche, das blaue Kleid
mit der großen Messingschnalle.

40 Wenn Susanne die Augen zumacht, kann sie das Gesicht der Mutter herbeiriechen, ihr Streicheln und ihre Stimme.

Von hinten wird Susanne jetzt scharf gestoßen. Der Aufsichtslehrer hat noch mal
einen Trupp Jungen aus dem Klo gescheucht. Die stürzen jetzt wild schreiend und

fuchtelnd wie Sieger die Treppe hinunter. Der Stoß ist so stark, dass Susannes Brot
45 weit hinausgeschleudert wird auf den Schulhof. Mitten unter die gierige, schreiende Meute. Susanne hastet schnell hinterher, will das Brot unbemerkt wieder aufnehmen und sich einen stillen, windgeschützten Winkel suchen um es zu essen.
Sie bückt sich, hat das blaue Einwickelpapier schon fast in der Hand – da taucht
plötzlich ein großer schwarzer Stiefel auf mit einem silbernen Sternchen an der
50 Seite. Noch bevor Susanne es verhindern kann, steht dieser schwarze Stiefel mit
dem Silberstern auf ihrem Vesperbrot. Nicht leicht und vorsichtig – sondern fest
und brutal. Das Papier platzt auf, Brotscheiben und Wurst drückt es seitlich unter
dem Stiefel hervor.
Susanne wird steif vor Schreck. Sie steht da mit der ausgestreckten Hand, kann
55 nicht begreifen, wie man mit dem Schuh auf ihr Vesper, ihr Riech-Vesper treten
kann. Sie sieht entsetzt hoch zu dem Träger des Stiefels – es ist Ali.
Ali ist ein schon fast 15-jähriger Junge, der immer von einer Gruppe Bewunderer
umgeben ist. Wo Ali ist, passiert was. Und das weiß Ali. Und weil er selbst Angst
hat die Bewunderer-Gruppe zu verlieren, muss er immer dafür sorgen, dass was los
60 ist.
Und Ali grinst jetzt bloß und dreht den Schuh auf dem Vesper. Er nimmt Susanne
die letzte Hoffnung, doch noch was von dem Brot zu bekommen. Er sieht Susanne dabei an und grinst.
Immer noch steif vor Schreck spürt Susanne plötzlich, wie sich in ihr etwas zu be-
65 wegen beginnt. Etwas, das hinter dem Schreck kommt und ganz rasch wächst und
größer wird. Es drückt richtig gegen den Kopf.
Susanne spürt es im Bauch, in der Brust – es flackert vor bis zu den Händen und
Fingern. Ihr wird heiß.
Susanne spürt, wie sie von innen überschwemmt wird und gar nichts dagegen ma-
70 chen kann. Und mit einem Mal, für Ali völlig überraschend, stürzt sich Susanne
mit einem wilden Schrei auf den Angreifer, fährt ihm mit den Fingern ins Gesicht
und reißt ihn an den Haaren.
Ali lacht und will diese kleine Susanne wegstoßen. Aber sie hat sich in seiner Jacke
verkrallt, schreit und stößt ihn mit den Füßen.
75 Für einen Moment sieht Ali Susannes Augen. Er sieht durch die Augen die Ohn-
macht, die Wut und den Schmerz. Und da spürt er, wie etwas von Susanne auf ihn
übergegangen ist, wie das Flackern in Susannes Augen plötzlich in ihn eindringt,
ohne dass er sich dagegen wehren kann. Und das breitet sich jetzt aus in Ali. Genauso rasch wie vorher bei Susanne: Es hämmert gegen den Kopf, drückt gegen
80 die Brust und strömt bis in die Fingerspitzen.
Unter dem Gelächter und Gejohle seiner Bewunderer löst sich Ali langsam von
Susanne, versucht vorsichtig das zertretene Brot vom Boden zu nehmen und gibt
es Susanne mit einer großen Orange zurück, die er aus seiner weiten Jackentasche
geholt hat.

85 Susanne dreht sich um und rennt weg.
Das Dröhnen in Alis Kopf lässt langsam nach und macht einem gleichmäßig strömenden Gefühl Platz, das vom kalten abweisenden Lachen der Ali-Gruppe eben-
sowenig zerstört wird wie vom scharf einsetzenden Klingelzeichen der Pau-
senglocke.

Frieder Stöckle

1 Dies sind die Personen, die in dieser Erzählung vorkommen:

Lest im Text nach, um welche Personen es sich handelt. Was erfahrt ihr von ihnen in der Geschichte?

2 Die Darstellung zeigt, dass Susanne in dieser Erzählung im Mittelpunkt des Geschehens steht. Überlegt, warum der Autor die Geschichte trotzdem nicht in der Ich-Form geschrieben hat.

3 Neben dem tatsächlichen Verlauf der Handlung (äußere Handlung) werden in dieser Erzählung auch die Gedanken, Gefühle und Empfindungen der handelnden Personen (innere Handlung) beschrieben:

Immer noch steif vor Schreck ' spürt Su-sanne plötzlich, ' wie sich in ihr etwas zu bewegen beginnt. ❚ Etwas, ' das hinter dem Schreck kommt ' und ganz rasch wächst und größer wird. ❚ Es drückt richtig gegen den Kopf. ❚ Susanne spürt es im Bauch, ' in der Brust – ' es flackert vor bis zu den Händen und Fingern. ❚ Ihr wird heiß. ❚ Susanne spürt, ' wie sie von innen überschwemmt wird ' und gar nichts dagegen machen kann. ❚

Und mit einem Mal, ' für Ali völlig überraschend, ' stürzt sich Susanne mit einem wilden Schrei auf den Angreifer, ' fährt ihm mit den Fingern ins Gesicht ' und reißt ihn an den Haaren. ❚
Ali lacht ' und will diese kleine Susanne wegstoßen. ❚ Aber sie hat sich in seiner Jacke verkrallt, ' schreit ' und stößt ihn mit den Füßen …

27

Tragt diesen Erzählausschnitt sinngestaltend vor. In welchem Abschnitt wird die äußere, in welchem die innere Handlung dargestellt?
Sucht in der Erzählung weitere Textausschnitte, in denen beschrieben wird, was die Personen denken, fühlen und handeln.

4 Der Spannungsverlauf einer Erzählung kann sehr verschieden sein. Dies sind mögliche Erzählformen:

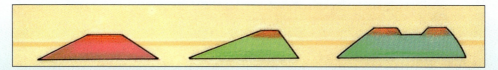

Zeichnet zu der Erzählung „Susanne hat Angst und Wut" einen passenden Spannungsverlauf.

5 In dem folgenden Textausschnitt erfährt der Leser, warum Susanne und der 15-jährige Junge Ali in einen Streit geraten:

So hat der Autor Frieder Stöckle diese Szene erzählt:

So hätte er sie auch erzählen können:

Sie bückt sich, hat das blaue Einwickelpapier schon fast in der Hand – da taucht plötzlich ein großer schwarzer Stiefel auf mit einem silbernen Sternchen an der Sei-
5 te. Noch bevor Susanne es verhindern kann, steht dieser schwarze Stiefel mit dem Silberstern auf ihrem Vesperbrot. Nicht leicht und vorsichtig – sondern fest und brutal. Das Papier platzt auf, Brotscheiben
10 und Wurst drückt es seitlich unter dem Stiefel hervor.
Susanne wird steif vor Schreck. Sie steht da mit der ausgestreckten Hand, kann nicht begreifen, wie man mit dem Schuh
15 auf ihr Vesper, ihr Riech-Vesper treten kann. Sie sieht entsetzt hoch zu dem Träger des Stiefels – es ist Ali.
Ali ist ein schon fast 15-jähriger Junge, der immer von einer Gruppe Bewunderer um-
20 geben ist. Wo Ali ist, passiert was. Und das weiß Ali. Und weil er selbst Angst hat die Bewunderer-Gruppe zu verlieren, muss er immer dafür sorgen, dass was los ist.
Und Ali grinst jetzt bloß und dreht den
25 Schuh auf dem Vesper. Er nimmt Susanne die letzte Hoffnung, doch noch was von dem Brot zu bekommen. Er sieht Susanne dabei an und grinst.

Bevor Susanne das Brot aufheben kann, zerdrückt Ali es grinsend mit dem Fuß.

Vergleicht die beiden Möglichkeiten miteinander. Überlegt, warum der Autor diesen Erzählschritt so ausführlich dargestellt hat.

6 Dies sind ebenfalls zwei Szenen aus der Erzählung:

Susanne geht in den Pausenhof:

„*Dann muss sie raus. In der großen Pause müssen alle Schüler auf den Hof …
Susanne schiebt sich vorsichtig hinter
der schützenden Tür hervor.*"

Susanne verlässt den Pausenhof:

„*Susanne dreht sich um und rennt weg.*"

Lest diese beiden Szenen im Text nach. Überlegt, warum der Autor die erste Szene (Seite 25, Zeile 5 bis 23) so ausführlich und die zweite (Seite 26, Zeile 85) lediglich in einem knappen Satz dargestellt hat.

7 Susanne und Ali sind nicht alleine auf dem Pausenhof der Schule:

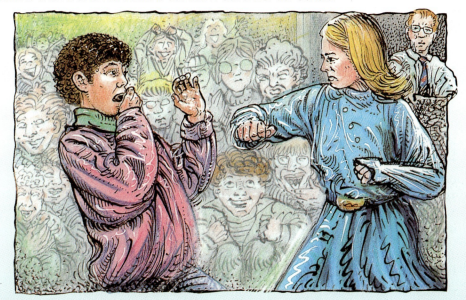

Warum erwähnt der Autor nicht, ob der Aufsichtslehrer den Streit der beiden beobachtet? Überlegt euch auch, warum nur mit einigen wenigen Worten erzählt wird, wie sich die Mitschülerinnen und Mitschüler während des Streits verhalten.

8 An welcher Stelle in der Streitszene hätte der Autor ausführlicher von den Mitschülerinnen und Mitschülern erzählen können? Schreibt selbst diese Szene. Erzählt, auf welcher Seite sie stehen, wie sie sich verhalten, was sie denken, fühlen und sagen.

9 Dies sind Textausschnitte aus anderen Erzählungen:

In der Geschichte „Der alte Mann und das Meer" erzählt der Autor E. Hemingway von einem alten Fischer, der in seinem kleinen Boot im Golfstrom fischt. Vierundachtzig Tage hintereinander fährt er aus ohne einen einzigen Fisch zu fangen. Endlich geht ihm ein riesiger Fisch an die Angel. Aber nach einem tagelangen erschöpfenden Kampf verliert er diesen Fang seines Lebens wieder an das Meer und die Haie.

Im folgenden Ausschnitt erzählt Hemingway, wie der Fischer zu dieser Fahrt aufbricht:

Der Junge war jetzt mit den Sardinen und den beiden in eine Zeitung gewickelten Ködern zurück und sie gingen den Pfad zum Boot hinunter, spürten den steinigen Sand unter den Füßen und hoben das Boot an und schoben es ins Wasser …

Auch im folgenden Text wird von einem glücklosen Fischer erzählt. Mit anderen Sportanglern fährt ein alter Mann auf einem Fischkutter sechs Tage lang auf Dorschfang. Aber er hatte bislang kein Glück. Sollte er es am siebenten Morgen noch einmal versuchen?

DORSCHFANG

Der Morgen war frostklar. Die Atemluft dampfte dem alten Mann vor dem Gesicht, während er, über das Eisengitter gebeugt, zu dem Kutter hinübersah, unschlüssig, ob er auch an diesem Morgen hinausfahren oder durch die Gassen der kleinen Hafenstadt wieder in sein geheiztes Zimmer zurückkehren sollte. Er dach-
5 te daran, wie er gestern an der Reling gestanden und die Angel mit dem Pilker ausgeworfen hatte, seine Hände klamm vor Kälte, und kein Dorsch hatte angebissen. Der junge Mann neben ihm hatte schon drei Fische an Deck gezogen, darunter einen ganz schweren Dorsch, vielleicht weil er die Angelschnur weiter hinauswerfen konnte, weil er kraftvoller ausholte, und der alte Mann hatte sich bemüht die spöt-
10 tischen Blicke seines Nachbarn nicht zu beachten. Vielleicht war es wirklich klüger, umzukehren oder mit dem anderen Schiff hinauszufahren, das erst gegen Mittag auslief.

Einige Männer waren schon an Bord des teerschwarzen Kutters gegangen; ihre
Hände in die Taschen vergraben, standen sie beieinander, redeten wahrscheinlich
15 vom Wetter und den Aussichten auf die heutigen Fänge. Plötzlich hörte er ihr
Gelächter herüberschallen; vermutlich hatten sie ihn bemerkt und das raue Lachen galt ihm.
Eine Frau mit rotem Kopftuch lief über den Holzsteg auf den Kutter zu. Der alte
Mann erkannte sie: Die Frau arbeitete in der winzigen Kombüse, wo sie das
20 Essen zubereitete oder wärmte.
Der Mann erinnerte sich daran, dass dies der siebente Morgen war, an dem er hi-
nausfuhr, ohne bisher etwas gefangen zu haben, und zugleich fiel ihm ein, dass
die Sieben seine Glückszahl war. Er griff nach der Angel, die er an das Gitter ge-
lehnt hatte, und ging auf die Kassenbude zu um eine Karte zu kaufen.

Gerold Effert

Vergleicht diese beiden Textausschnitte miteinander. Warum hat der Autor Gerold Effert im
Gegensatz zu Hemingway diese Szene so ausführlich erzählt? Was wollte er dadurch beim
Leser erreichen?

10 Auch in der folgenden Erzählung werden manche Ereignisse ausführlich, andere knapp erzählt:

EINFACH SO

An diesem Morgen lief so ziemlich alles schief, was schief laufen konnte. Der
Wecker rasselte zu spät; in der Nacht war ein Gewitter gewesen und vermutlich
hatte ein Blitz in die Leitung eingeschlagen, sodass für ein paar Minuten der Strom
ausfiel – genau für die paar Minuten, die mir jetzt fehlten. Ich hatte es nicht einmal
5 gleich festgestellt – wer denkt schon an so was? Erst als ich im Badezimmer verschlafen auf meine Armbanduhr sah, überfiel mich der Schreck. Diese verflixte
moderne Technik! Nächstens werde ich einen Batterie-Wecker kaufen; der bleibt
wenigstens richtig stehen, wenn der Saft alle ist. Aber wer weiß, was der dann für
Mucken hat?
10 Ich beeilte mich also noch mehr als sonst, riss mir prompt eine Laufmasche, sodass
ich mir eine neue Strumpfhose aus dem Schrank kramen musste. Als ich die Kaf-
feedose zuschrauben wollte, rutschte mir der Deckel ab, der halbe Inhalt ergoss
sich auf den Fußboden. Vor lauter Schreck stieß ich beim Versuch, die Dose wieder aufzurichten, auch noch das Milchkännchen um. Der heiße Kaffee landete
15 schließlich auf meiner Hand statt im Becher; ich musste sie erst einmal unter Wasser kühlen, damit keine Blase entstand.
Natürlich sah ich, als ich mit hängender Zunge um die Ecke bog, gerade noch die
Abgaswolke meines Busses und der nächste kam erst in einer halben Stunde. Also
geh ich zu Fuß, beschloss ich wütend, wenigstens bis zur nächsten Station; vielleicht
20 reicht es dort noch zu einer Linie.
Ich hetze los; aber ein Morgenmuffel wie ich ist um diese Zeit für einen Langlauf
durch die Stadt alles andere als vorbereitet. Ich stolperte mehrmals und hätte um

ein Haar auf der Nase gelegen, wenn ich mich nicht gerade noch an einem Mauer-
vorsprung hätte festhalten können.
25 Da gab ich es endgültig auf, entschied mich lieber die Verspätung in Kauf zu nehmen, auch auf die Gefahr eines Wutausbruchs bei meinem Chef, und ging im nor-
malen Tempo weiter. Es war ein grauer, ungemütlicher Morgen; jeden Augenblick
fürchtete ich, es fange an zu regnen – und ich hatte natürlich in der Eile meinen
Schirm vergessen.
30 Der Wegabschnitt, mit dem ich ein Stückchen abzukürzen hoffte, führte durch
aufgegebene Gärten und Ödland, um das sich niemand kümmerte; wahrscheinlich
war auch dies als Bauland vorgesehen. Eine hässliche Ecke, die unserer Stadt wahrhaftig nicht zur Ehre gereicht. Der Trampelpfad war denn auch zu dieser Stunde
so gut wie menschenleer. Wer denn auch, dachte ich verärgert, begibt sich freiwil-
35 lig in dieses Distelparadies?

Und in diesem Augenblick sah ich das Gesicht. Das Gesicht eines Menschen,
der mir entgegenkam. Ein Menschengesicht; ich kann nicht einmal sagen, ob
das eines Mannes oder einer Frau. Halt so eins von diesen bartlosen Gesichtern, die entweder einer sehr männlichen Frau oder einem sehr weiblichen
40 Mann gehören. Ich sah es auf mich zukommen und hielt unwillkürlich vor
Überraschung den Atem an. Ich sah noch immer nur das Gesicht; die dazu-
gehörige Gestalt nahm ich nicht einmal wahr.
Denn dieses Gesicht lächelte.
Lächelte mir entgegen, aber nicht so, wie man einen unverhofft auftauchenden
45 Bekannten begrüßt. Sein Lächeln galt auch nicht mir, aber es erreichte mich
dennoch. Einen winzigen Augenblick lang lag mir die Frage auf der Zunge,
was ihn oder sie so freue. Ich ließ es rasch bleiben; denn schließlich ging es
mich überhaupt nichts an.
Und das Gesicht lächelte weiter. Vor sich hin oder aus sich heraus, – wahr-
50 scheinlich beides.
Ich starrte es an. Wie kommt ein Mensch an so einem grauen, verhexten
Morgen, wo alles danebenging, dazu zu lächeln, dachte ich leicht verärgert.
Aber das Lächeln blieb, kam näher; und als es mich erreichte, hatte ich das
Gefühl, als fliege es mir zu wie ein Ball und ich fing es auf.

55 Ich ging weiter, an ihm vorbei, und spürte, dass ich selbst zu lächeln begann, obwohl ich doch alles andere als dies vorgehabt hatte. Ich wunderte mich selbst; denn
nichts an diesem Morgen war anders geworden; er sackte wie zuvor grau und re-
genschwanger in die graue Stadt, vor allem war es immer noch viel zu spät fürs
Büro; womöglich war der nächste Bus auch schon abgefahren.
60 Aber das Grau war erträglich geworden; ich erkannte überrascht, dass auch Distel-
blüten Geschöpfe voller Schönheit sind, hörte Hummeln um mich summen und
nicht nur die Autos auf der Straße ein paar Meter weiter. Als ich mich nach einigen Schritten verstohlen umwandte, sah genau zur selben Zeit das fremde Gesicht
ebenfalls zu mir her. Es lächelte immer noch. Verlegen drehten wir uns wieder um;
65 aber das Lächeln blieb.
„Was macht dich denn so vergnügt?", fragten sie, als ich im Büro eintraf, und keiner schien sich über meine Verspätung zu ärgern.
Nichts, sagte ich wahrheitsgemäß, ich bin nur einem Menschen begegnet, der

lächelte. Mitten auf einem langweiligen Weg. Er lächelte. Ich weiß nicht, warum.
70 Mit einem Mal lächelte das ganze Büro. Ich hatte noch gar nicht bemerkt, wie nett
meine Kollegen sind, wenn sie lächeln. Einfach so.

Wilma Klevinghaus

Überlegt, welche Bedeutung der gelb gekennzeichnete Erzählschritt in dieser Geschichte hat.
Denkt dabei daran:

- In Erzählungen ist meist ein zusammenhängendes Geschehen dargestellt.

- Was einer Autorin oder einem Autor bedeutsam erscheint, wird ausführlich erzählt.

- Die für den Handlungsablauf weniger wichtigen Ereignisse werden knapp dargestellt oder
ganz einfach übergangen.

Texte zum Weiterlesen

Heinz Liepman (1905–1966), Journalist, Übersetzer und
Schriftsteller, schrieb auch unter dem Namen Jens C. Niel-
sen. Während der Zeit des Nationalsozialismus verließ er
Deutschland und verfasste im Ausland Berichte und Romane
über die damalige Zeit. In vielen seiner Schriften beschrieb er,
wie das nationalsozialistische Regime mit Andersdenkenden
und jüdischen Mitbürgern umging. Nach Kriegsende kehrte er
wieder nach Deutschland zurück.
Die folgende Erzählung handelt von der Zeit nach dem Ersten
Weltkrieg, als Tausende von Menschen aus vielen Ländern Europas nach Amerika auswanderten um dort Arbeit zu suchen.

EINE GERICHTSVERHANDLUNG IN NEW YORK

Ich war vor zwei Monaten in New York angekommen und lebte mit zwei Freunden,
die wie ich von Deutschland gekommen waren, in einem dunklen schäbigen Zimmer, das uns Mr. Murphy, ein fetter, jähzorniger Ire, vermietet hatte. Wir hatten
kein Geld und keine Jobs und lebten von Gelegenheitsarbeiten. Mr. Murphy war
5 ein Witwer mit fünf Kindern und Jimmy war der Jüngste. Das Haus, wo wir wohnten, war eine der riesigen Mietskasernen in dem armseligen, übervölkerten Viertel
der Stadt im Süden Manhattans, in dem die erste Generation der Einwanderer lebte – Griechen, Iren, Juden, Franzosen, Deutsche, Russen und Italiener.
Als wir etwa drei Monate bei Mr. Murphy gewohnt hatten, wurde Jimmy krank.
10 Von Anfang an sah es ziemlich hoffnungslos aus. Kurt, der früher ein prominenter
Kinderarzt in Berlin gewesen war, ging zu Mr. Murphy.
„Mr. Murphy", sagte er, „Sie wissen, dass ich Jimmy nicht behandeln darf, da ich
das amerikanische Staatsexamen noch nicht abgelegt habe. In vier Monaten wird

es so weit sein, aber darauf kann Jimmy nicht warten. Sie müssen sofort einen
15 Arzt holen."

„Können wir ihn nicht in ein Krankenhaus bringen?", fragte Mr. Murphy. „Hier zu
Hause können wir nicht für ihn sorgen. Ich muss zur Arbeit gehen – wegen der anderen Kinder …"

„Jimmy kann nicht transportiert werden. Machen Sie sich deswegen keine Sorgen.
20 Wir drei werden aufpassen. Nur zum Arzt!"

Jimmy stöhnte in seinen Fieberträumen. Sein blondes Haar klebte an seiner
schweißnassen Stirn.

Der Arzt kam zweimal, ein dünner, alter Italiener mit einem Monokel und zittri-
gen Händen. Er kam morgens um zehn und noch einmal am Nachmittag. Gegen
25 Mitternacht stieg das Fieber und der Atem begann zu rasseln. Kurt schickte
Mr. Murphy wieder zum Arzt, aber nach einer Weile kam er allein zurück. „Er will
nicht kommen", flüsterte er, Tränen hilfloser Wut in den Augen. „Ich habe seinen
letzten Besuch noch nicht bezahlt. Er will erst das Geld sehen …"

Die niedrige Stube war voll mit Menschen. Die Brüder und Schwestern Jimmys
30 standen schlaftrunken und angstvoll im Schatten. Ein paar Nachbarn – eine dicke
Italienerin, ein alter Jude mit silbrigem Bart, ein polnischer Priester – standen bei
der Tür, flüsterten, zählten Münzen, schüttelten die Köpfe.

Mr. Murphy starrte auf das röchelnde Kind. Er drehte sich zu Kurt um und flüsterte wild: „Sie sind doch ein Arzt. Um Gottes willen, lassen Sie das Kind nicht
35 sterben!" Auf einmal sahen alle auf Kurt. Sein Gesicht war blass.

Ich wusste, was in ihm vorging. In ein paar Monaten würde er sein Examen machen
und ein neues Dasein beginnen. Auf der einen Seite stand das Gesetz, war leuch-
tende Zukunft, Frieden, Wohlstand – und auf der anderen Seite war Undank gegenüber dem Land, das ihm eine neue Heimat bot, Bruch des Gesetzes und Ver-
40 trauens und, wenn er erwischt würde, neue Heimatlosigkeit, neues Elend. Dazwischen aber ein leidendes Kind, schweißüberströmt, geschüttelt von Fieber und
Schmerzen …

Zehn Tage lang kämpfte Kurt um das Leben von Jimmy Murphy. Er schlief selten
und wurde dünn und hager. Aber dann war die Krisis[1] vorüber und das Kind ge-
45 rettet. Und nun beginnt die eigentliche Geschichte.

An dem Tag, an dem Jimmy zum ersten Mal aufstehen durfte, kamen zwei Detektive und verhafteten Kurt. Der alte italienische Arzt hatte Anzeige erstattet. Am
gleichen Tag ging eine seltsame Bewegung durch unser Haus und unsere Straße.
Die Russen, die Italiener, die Juden, die Iren und die Deutschen steckten die Köp-
50 fe zusammen und ihre grauen, alten Gesichter waren rot und zornig. Am nächsten
Morgen ging kein einziger dieser Männer zur Arbeit. Sie gingen zum City-Court,
dem Gericht der Stadt New York. Ich war selbst dabei. Sie füllten den Gerichtssaal, es müssen ihrer über Hundert gewesen sein, und als Kurt aufgerufen wurde,
drängten sie sich alle vor und der Richter blickte erstaunt von seinem Podium
55 herunter auf die merkwürdige, schweigende Menge von Männern, Frauen und
Kindern.

„Schuldig oder nicht schuldig?", fragte der Richter. Aber bevor Kurt den Mund
öffnen konnte, riefen hundert Stimmen: „Nicht schuldig!"

---

[1] Krisis: gefährliche Lage

„Ruhe!", donnerte der Richter. „Ich werde den Saal räumen lassen, wenn ich noch
60 einen Laut höre …" Er wandte sich wieder an Kurt. „Angeklagter, plädieren Sie
für schuldig oder …" Und dann stockte er auf einmal und blickte auf die schwei-
genden alten Leute, die müden runzligen Gesichter, die gebeugten Rücken.
„Was wollt denn ihr?", fragte der Richter ganz unzeremoniell und als mehrere auf
einmal zu sprechen begannen, wies er auf Mr. Murphy, der direkt hinter Kurt
65 stand.
„Sie da!"
Und dann begann Mr. Murphy zu sprechen und der Richter sagte gar nichts und
sah von einem der alten Leute zum anderen. „So sind wir hierhergekommen", en-
dete Mr. Murphy, „die Nachbarn meine ich damit. Wenn Sie unseren Doktor ver-
70 urteilen, wir sind hier um für ihn zu bürgen. Und wir haben gesammelt, falls er
eine Geldstrafe bekommt, für das, was er begangen hat – nämlich meinem Kind
das Leben gerettet. Wir haben sechsundachtzig Dollar gesammelt …"
Der Richter erhob sich und lächelte. Es sah merkwürdig aus, wie dieser Mann im
schwarzen Talar plötzlich lächelte und von seinem Podium zu Kurt hinunterstieg
75 und seine Hand ausstreckte. „Ich drücke Ihnen die Hand", sagte der Richter mit
leiser Stimme. „Sie werden einmal einen guten Amerikaner abgeben." Dann stieg
er rasch auf sein Podium zurück und klopfte mit dem Hammer auf den Tisch. Alles erhob sich.
„Sie haben gegen das Gesetz verstoßen", sagte der Richter, „um einem höheren
80 Gesetz zu gehorchen. Ich spreche Sie frei und – und Ihnen allen danke ich, dass Sie
gekommen sind um für den Angeklagten zu zeugen. – Nächster Fall!"

Heinz Liepman

Max von der Grün wurde 1926 als Sohn eines Schuhmachers
in Bayreuth geboren. Nach seinem Kriegsdienst und der amerikanischen Kriegsgefangenschaft arbeitete er als Maurer und
später als Grubenlokführer im Ruhrgebiet. In den 50er Jahren
veröffentlichte er seine ersten Gedichte und Kurzgeschichten;
seit 1962 lebt er als freier Schriftsteller in Dortmund.
Max von der Grün gehört zu den im In- und Ausland bekanntesten deutschsprachigen Schriftstellern. Er gilt als ein Arbei-
terschriftsteller, da er in seinen Romanen, Erzählungen und
Fernsehspielen vor allem über die Arbeitswelt der Menschen
und ihre Probleme am Arbeitsplatz schreibt.

DIE ENTSCHEIDUNG

Der Schweißer Egon Witty stand vor dem Büro seines Meisters, er hatte während
eines Arbeitstages oft da vorzusprechen und jetzt wollte er die Detailzeichnungen
für das Gestänge der neuen Montagehalle holen, damit die Schweißarbeiten begonnen werden konnten.

Der Schweißer Egon Witty hatte Zukunft. Er war dreißig Jahre alt, verheiratet mit einer Frau, die einer bekannten Filmschauspielerin ähnelte, aber viel Verstand mitbrachte und Fürsorge für ihn und seine Pläne. Er hatte zwei Mädchen in noch nicht schulpflichtigem Alter und er war von der Betriebsleitung ausersehen in einem halben Jahr den Posten des Meisters zu übernehmen, wenn der alte Mann in Pension ging.

Der Schweißer Witty hatte also Zukunft.

Der Schweißer Egon Witty blieb vor dem Büro seines Meisters stehen. Es gab keinen Grund, warum er stehen blieb und in die Sonne blinzelte. Es gab keinen Grund, warum er nicht wie alle Tage sofort eintrat und seine Sache vortrug.

Es war ein ungewöhnlich heißer Tag.

Was wird sein, wenn ich Meister bin?, dachte er. Was wird sich im Betrieb und in meinem Leben verändern? Warum soll ich etwas verändern? Bin ich ein Mensch, der verändern will? Er stand starr und beobachtete mit abwesendem Blick das geschäftige Treiben auf dem Eisenverladeplatz, der hundert Meter weiter unter einer sengenden Sonne lag. Die Männer dort arbeiteten ohne Hemd, ihre braunen Körper glänzten im Schweiß. Ab und zu trank einer aus der Flasche. Ob sie Bier tranken oder Coca?

Was wird sein, wenn ich Meister bin? Mein Gott, was wird dann sein? Ja, ich werde mehr Geld verdienen, kann mir auch einen Wagen leisten und die Mädchen werde ich zur Oberschule schicken, wenn es so weit ist. Vorausgesetzt, sie haben das Zeug dazu. Eine größere Wohnung werde ich beziehen, von der Werksleitung eingewiesen in die Siedlung, in der nur Angestellte der Fabrik wohnen. Vier Zimmer, Kochnische, Bad, Balkon, kleiner Garten – und Garage. Das ist schon etwas. Dann werde ich endlich heraus sein aus der Kasernensiedlung, wo die Wände Ohren haben, wo einer dem anderen in den Kochtopf guckt und der Nachbar an die Wand klopft, wenn meine Frau den Schallplattenapparat zu laut aufdreht und die Pilzköpfe plärren lässt.

Meister, werden dann hundert Arbeiter zu mir sagen – oder Herr. Oder Herr Meister – oder Herr Witty. Wie sich das wohl anhört: Herr Witty, Meister. Er sprach es mehrmals laut vor sich hin.

Der Schweißer Egon Witty blinzelte in die Sonne und er sah auf den Verladeplatz, der unter einer prallen Sonne lag, und er rätselte, was die Männer mit den entblößten Oberkörpern wohl tranken: Bier? Coca?

Schön wird das sein, wenn ich erst Meister bin, ich werde etwas sein; denn jetzt bin ich nichts, nur ein Rad im Getriebe, das man auswechseln kann. Räder sind ersetzbar, nicht so leicht aber Männer, die Räder in Bewegung setzen und überwachen. Ich werde etwas sein, ich werde bestimmen, anordnen, verwerfen, begutachten, für gut befinden. Ich werde die Verantwortung tragen. Ich allein. Verantwortung? Ver-ant-wor-tung?

Da wusste er plötzlich, warum er gezögert hatte in das Büro des Meisters zu gehen wie all die Tage vorher, forsch, in dem sicheren Gefühl hier bald der Meister zu sein. Herr? Oder Meister? Wie sich das anhört: Herr Witty. Meister! Nein, dachte er, ich kann diese Verantwortung unmöglich auf mich nehmen. Ich bin nicht der richtige Mann dafür, ich kann das nicht, ich habe nicht die Sicherheit des Alten. Der zweifelt nie, der weiß einfach wann was wo zu geschehen hat und auch wie. Ich muss einen Menschen haben, der mir die letzte Entscheidung abnimmt, der mir sagt wann was wo zu geschehen hat und wie.

Ich habe Angst. Einfach Angst.

Eine saubere Naht kann ich schweißen, millimetergenau Eisen zerteilen und ich
55 kann Pläne lesen und weiß: wo, was, wie, warum, wann. Aber ich weiß nicht, ob
das absolut richtig ist. Ich weiß es nicht.

Nein, ich kann diese Stelle nicht übernehmen, ich bin zu unsicher, ich müsste immer fragen, ob es richtig ist. Weil ich nun eben so bin. Ich werde dann nicht Herr
heißen und nicht Meister. Kollegen werden lächeln und Feigling sagen. Sollen sie!
60 In die Angestelltensiedlung kann ich dann auch nicht umziehen. Das ist schade,
werde weiterhin in meiner Kaserne wohnen. Und die Mädchen? Noch ist es nicht
so weit, kommt Zeit, kommt Rat, vielleicht haben sie gar nicht das Zeug für die
Oberschule. Und das Auto? Wird dann wohl nichts werden, meine Frau muss weiter auf dem Moped in die Stadt zum Einkaufen fahren. Vielleicht reicht es zum
65 Auto, wenn ich jeden Tag Überstunden mache. Ich kann arbeiten für zwei, ich
traue mir alles zu, ich kann gut arbeiten und schnell und sauber. Aber ich kann diese Verantwortung nicht tragen. Ich habe einfach Angst, eine dumme, erbärmliche
Angst. Vor meiner Unsicherheit? Woher habe ich denn nun Angst?

Der Schweißer Egon Witty stand vor dem Büro seines Meisters und blinzelte in
70 die Sonne. Trinken die Männer dort auf dem Platz unter der stechenden Sonne
nun Bier oder Coca?

Mein Gott, wäre das schön: Meister sein. Eine gute Stellung, eine Lebensstellung,
und dann mit Herr angeredet werden oder mit Meister. Meine Frau freut sich auf
meine Beförderung – sie wird enttäuscht sein und zornig und mich einen Narren
75 schimpfen, der nicht weiß, was er will. Sie wird mich einen Drückeberger nennen
und einen, der keinen Mumm in den Knochen hat, der den Mund dort aufreißt, wo
es nicht nötig ist. Sie wird das heute Abend alles sagen, wenn ich ihr von meinem
Entschluss erzähle. Ich kann ihr alles erklären, alles, aber nicht, dass ich Angst
habe, eine kleine, saublöde Angst. Sie wird nie verstehen, was Angst ist. Sie wird
80 zu mir sagen: „Warum? Du kennst doch dein Fach, dir kann keiner was vorma-
chen, du kennst wie kein Zweiter dieses Fach. Soll ein Halbidiot an deine Stelle treten?" Sie ist stolz auf mich; denn von überall und von jedermann hört sie, dass ich
tüchtig bin, dass ich Übersicht und Umsicht habe. Ich sei enorm gescheit, hat ihr
der Direktor auf der letzten Betriebsfeier gesagt. Ja, sie ist stolz auf mich, sehr.
85 Was wird sie wohl heute Abend sagen? Ich sehe schon ihr erschrecktes Gesicht.
Sie wissen alle, was ich kann, der Herr Direktor, der Meister und auch meine Frau,
aber sie wissen nicht, dass ich Angst habe, eine kleine, erbärmliche Angst. Ich kann
ihnen das nicht sagen, nicht erklären, nicht begründen; sie verstehen mich nicht,
nicht der Direktor, nicht der Meister, nicht meine Frau. Wohl kann ich eine sau-
90 bere Naht schweißen, Pläne lesen und weiß: was, wie, wann, warum. Aber ich weiß
nicht, warum ich Angst habe, warum ich unsicher bin, wo ich doch in meinem Beruf für alle anderen Sicherheit ausstrahle. Ich kann es ihnen nicht erklären, sie
würden mich auslachen und sagen: „Du bist doch kein Kind mehr." Ja, das werden
sie sagen, sie werden mich für launisch halten; sie werden glauben, ich will mich in-
95 teressant machen um vielleicht mehr Gehalt herauszuschlagen.

Dem Meister werde ich das jetzt sagen, er soll einen anderen vorschlagen, einen,
der keine Angst hat und der nicht weiß, was das ist.

Der Schweißer Egon Witty blinzelte in die Sonne auf dem Verladeplatz. Die Männer dort. Trinken sie nun Bier? Oder Coca? Bei der Hitze sollten sie kein Bier trin-
100 ken.

Die Bürotür schlug nach außen auf, der Meister hätte Witty beinah umgerannt. Der grauhaarige Mann sah auf und lachte breit, als er Witty erkannte.

„Ach!", rief er, „da bist du ja. Ich wollte gerade zu dir in die Halle."

„Zu mir?"

105 „Ja. Du hast Glück gehabt."

„Glück?"

„Ja, Glück. Natürlich. Am Ersten ist für mich der Letzte. Ich höre auf. In drei Tagen also. Dann bist du hier der Herr. Der Arzt sagt, ich darf nicht mehr, ab sofort, Herz, weißt du? Ich wusste ja gar nicht, dass es so schlimm steht."

110 „Ja, ja", sagte Witty.

„Na, Mensch, du stehst hier herum wie ein Ölgötze. Freust du dich nicht? Mir darfst du deine Freude ruhig zeigen, ich alter Knochen bin hier sowieso überflüssig geworden. Du machst das alles viel besser. Und dann, du warst doch im letzten Jahr schon der Meister, ich habe doch nur Unterschriften gegeben. Na, Mensch,

115 das kam zu plötzlich, verstehe, das hat dich erschlagen. Was? Dicker Hund? Morgen wird gefeiert, mein Ausstand, und du zahlst deinen Einstand."

Der Schweißer Egon Witty ging. Er blieb mitten auf dem Platz stehen und blinzelte in die Sonne und auf den Eisenverladeplatz. Ob sie Bier trinken oder Coca?

Ich muss umkehren und es dem alten Herrn sagen. Von meiner Angst muss ich ihm

120 erzählen und sagen, warum ich Angst habe. Er wird mich verstehen, bestimmt, wenn mich einer versteht, dann er; denn er hat auch einmal Angst gehabt. Er hat es mir vor Jahren einmal erzählt, da sagten wir noch Sie zueinander. Bis zu den Knien hat er im Schnee gestanden und die Arme hochgereckt, als die Russen auf sie zukamen. „Wissen Sie, was ich dachte?", hatte er einmal erzählt. „Nichts dach-

125 te ich, absolut gar nichts, ich hatte nur eine wahnsinnige Angst. Und warum? Weil man in dem Moment nicht weiß, was kommt. Man weiß es nicht, man hat so viel gehört und auch gesehen, aber in dem Moment weiß man nicht, was kommt. Und dann ist die Angst da." Als der erste Russe ihn auf Deutsch ansprach, war die Angst weg, erzählte er damals auch. Der musste lachen, gab ihm eine Zigarette. Das La-

130 chen und die Zigarette saugten seine Angst auf. Aber seine Angst ist nicht meine, mich lachen die Menschen an, sie geben mir Zigaretten, die Angst ist trotzdem da. Der Meister wird mich trotzdem verstehen. Nur wer nie Angst hatte, sagt, das sind Kindereien. Der Meister wird mich verstehen. Egon Witty kehrte um.

Vor der Tür zum Büro blieb er wieder stehen, blinzelte in die Sonne und auf den

135 Verladeplatz. Trinken die Männer nun Bier oder Coca? Er trat ein, forsch wie immer. Der Meister sah auf, erstaunt, dann nahm er die Brille ab und lächelte breit.

„Na? Was gibt's?", fragte er.

„Ich … ich …", stotterte Witty. Dann sagte er fest: „Ich habe die Pläne für die Halle drei vergessen."

140 „Ach so, ja, hier. Zehn Stück. Gleich in Cellophanhüllen stecken, damit sie nicht so schmutzig werden."

Der Schweißer Egon Witty wollte noch etwas sagen, aber der Meister saß schon hinter seinem Tisch und füllte eine Tabelle aus. Witty nahm die Pläne und ging über den Verladeplatz.

145 Die Männer dort tranken Bier.

Max von der Grün

Heinrich Böll (1917 – 1985) ist gebürtiger Kölner. Seine Studienzeit wurde durch den Zweiten Weltkrieg unterbrochen. Nach seiner Rückkehr aus der Gefangenschaft schlug er sich zunächst mit Gelegenheitsarbeiten durch und begann Kurzgeschichten und Hörspiele zu schreiben. In seinen Erzählungen behandelte er vor allem Kriegs- und Nachkriegsereignisse.
Heute gehört Böll zu den meistgelesenen Autoren der Nachkriegszeit. Seine Werke sind in etwa 40 Sprachen übersetzt. Im In- und Ausland wurde er mit zahlreichen Literaturpreisen ausgezeichnet; 1972 erhielt er den Nobelpreis für Literatur. In seinen Werken setzt er sich vor allem kritisch mit den Problemen unserer heutigen Gesellschaft auseinander.

SKELETT EINER MENSCHLICHEN SIEDLUNG

Plötzlich, als wir die Höhe des Berges erreicht hatten, sahen wir das Skelett des verlassenen Dorfes am nächsten Hang liegen. Niemand hatte uns davon erzählt, niemand uns gewarnt; es gibt so viele verlassene Dörfer in Irland. Die Kirche, den kürzesten Weg zum Strand hatte man uns gezeigt und den Laden, in dem es Tee,
5 Brot, Butter und Zigaretten gibt, auch die Zeitungsagentur, die Post und den kleinen Hafen, in dem die harpunierten Haie bei Ebbe im Schlamm liegen wie gekenterte Boote, mit dem dunklen Rücken nach oben, wenn nicht zufällig die letzte Flutwelle ihren weißen Bauch, aus dem die Leber herausgeschnitten worden war, nach oben kehrte – das schien der Erwähnung wert, aber nicht das verlassene
10 Dorf: graue, gleichförmige Steingiebel, die wir zunächst ohne perspektivische Tiefe sahen, wie dilettantisch[1] aufgestellte Kulissen für einen Gespensterfilm: Mit stockendem Atem versuchten wir sie zu zählen, gaben es bei vierzig auf, und hundert waren es sicher. Die nächste Kurve des Weges brachte uns in andere Distanz[2] und nun sahen wir sie von der Seite: Rohbauten, die auf den Zimmermann zu warten
15 schienen: graue Steinmauern, dunkle Fensterhöhlen, kein Stück Holz, kein Fetzen Stoff, nichts Farbiges, wie ein Körper ohne Haare, ohne Augen, ohne Fleisch und Blut: das Skelett eines Dorfes, grausam deutlich in seiner Struktur[3]: dort die Hauptstraße; an der Biegung, wo der kleine runde Platz ist, muss eine Kneipe gewesen sein. Eine Nebengasse, noch eine. Alles, was nicht Stein war, weg-
20 genagt von Regen, Sonne und Wind – und von der Zeit, die geduldig über alles hinträufelt: vierundzwanzig große Tropfen Zeit pro Tag: Die Säure, die so unmerklich alles zerfrisst wie Resignation[4].
Würde jemand das zu malen versuchen, dieses Gebein einer menschlichen Siedlung, in der vor hundert Jahren fünfhundert Menschen gewohnt haben mögen; lau-

---

[1] dilettantisch: unsachgemäß, unfachmännisch, laienhaft
[2] Distanz: Abstand, Entfernung
[3] Struktur: Bau, Aufbau, Gefüge
[4] Resignation: Entsagung, Verzicht, Ergebung in sein Schicksal

25 ter graue Drei- und Vierecke am grünlich grauen Berghang; würde er noch das
Mädchen mit dem roten Pullover hinzunehmen, das gerade mit einer Kiepe voll
Torf durch die Hauptstraße geht; einen Tupfer Rot für ihren Pullover und einen
dunklen Brauns für den Torf, einen helleren Brauns für das Gesicht des Mädchens;
und noch die weißen Schafe hinzu, die wie Läuse zwischen den Ruinen hocken;
30 man würde ihn für einen ganz außerordentlich verrückten Maler halten: so abstrakt[1] ist also die Wirklichkeit. Alles, was nicht Stein war, weggefressen von Wind,
Sonne, Regen und Zeit, schön ausgebreitet am düsteren Hang wie zur Anatomie-
stunde[2] das Skelett eines Dorfes: dort –„sieh doch, genau wie ein Rückgrat" – die
Hauptstraße, ein wenig verkrümmt wie das Rückgrat eines schwer Arbeitenden;
35 kein Knöchelchen fehlt; Arme sind da und die Beine: die Nebenstraßen und, ein
wenig zur Seite gerollt, das Haupt, die Kirche, ein etwas größeres graues Dreieck.
Linkes Bein: die Straße, die ostwärts den Hang hinauf, rechtes: die andere, die ins
Tal führte; diese ein wenig verkürzt. Das Skelett eines leicht humpelnden Wesens.
So könnte, wenn er in dreihundert Jahren als Skelett freigelegt würde, der Mann
40 aussehen, den seine vier mageren Kühe an uns vorbei auf die Weide treiben, ihm
die Illusion lassend, dass er sie treibe; sein rechtes Bein ist durch einen Unfall verkürzt, krumm ist sein Rücken von der Mühsal des Torfstechens, und auch sein mü-
des Haupt wird ein wenig zur Seite rollen, wenn man ihn in die Erde senkt. Er hat
uns schon überholt, schon sein „nice day" gemurmelt, bevor wir Atem genug ge-
45 funden hatten ihm zu antworten oder ihn nach diesem Dorf zu fragen.
So sah keine zerbombte Stadt, kein mit Artillerie beschossenes Dorf aus; Bomben
und Granaten sind ja nur verlängerte Tomahawks, Schlachtenbeile, Schlachten-
hämmer, mit denen man zerbricht, zerhackt, hier aber ist keine Spur von Gewalt
zu sehen: Zeit und Elemente haben alles in unendlicher Geduld weggefressen, was
50 nicht Stein war, und aus der Erde wachsen Polster, auf denen diese Gebeine wie
Reliquien[3] ruhen: Moos und Gras.
Niemand würde hier eine Mauer umzustürzen versuchen oder einem verlassenen
Haus Holz (das hier sehr kostbar ist) entnehmen (bei uns nennt man das aus-
schlachten; hier schlachtet niemand aus); und nicht einmal die Kinder, die abends
55 das Vieh von den Weiden oberhalb des verlassenen Dorfes heimtreiben, nicht einmal die Kinder versuchen Mauern oder Hauseingänge einzustürzen; unsere Kinder, als wir plötzlich mitten im Dorf waren, versuchten es gleich: dem Erdboden
gleichmachen. Hier machte niemand etwas dem Erdboden gleich und man lässt die
weicheren Teile verlassener Wohnstätten dem Wind, dem Regen, der Sonne und
60 der Zeit zur Nahrung und nach sechzig, siebzig oder hundert Jahren bleiben dann
wieder Rohbauten übrig, auf die niemals wieder ein Zimmermann seinen Kranz
zum Richtfest stecken wird: so sieht also eine menschliche Siedlung aus, die man
nach dem Tode in Frieden gelassen hat.
Immer noch beklommen, gingen wir zwischen den kahlen Giebeln über die Haupt-
65 straße, drangen in Nebengassen ein und langsam wich die Beklommenheit: Gras
wuchs auf den Straßen, Moos hatte sich über Mauern und Kartoffeläcker gezogen,
kroch an den Häusern hoch und die Steine der Giebel, von Mörtel freigewaschen,
waren weder Bruch- noch Ziegelsteine, sondern Geröllbrocken, so wie der Berg

---

[1] abstrakt: unanschaulich, begrifflich, nicht gegenständlich
[2] Anatomie: Lehre vom Bau der Lebewesen
[3] Reliquie: Überrest (eines Heiligen), Überbleibsel

sie in seinen Bächen zu Tal gerollt hatte, Felsplatten, die Stürze über Türen und
70 Fenstern, breit wie Schulterknochen die beiden Steinplatten, die aus der Wand
herausragten, dort, wo der Kamin gewesen war: an ihnen hatte einmal die Kette
für den eisernen Kochtopf gehangen: Blasse Kartoffeln wurden in bräunlichem
Wasser gar.

Wir gingen von Haus zu Haus wie Hausierer und immer wieder fiel, wenn der kur-
75 ze Schatten an der Schwelle über uns hinweggestürzt war, immer wieder fiel das
blaue Viereck des Himmels über uns; größer war's bei den Häusern, in denen einmal Wohlhabendere gewohnt hatten, kleiner bei den Armen: Nur die Größe des
blauen Himmelsvierecks unterschied sie hier noch einmal voneinander. In manchen Stuben wuchs schon das Moor, manche Schwellen waren schon von bräunli-
80 chem Wasser verdeckt; in den Stirnwänden waren hier und da noch die Pflöcke
fürs Vieh zu sehen; Schenkelknochen von Ochsen, an denen die Ketten befestigt
gewesen waren.

„Hier stand der Herd" – „Dort das Bett" – „Hier über dem Kamin hing das Kru-
zifix" – „Da ein Wandschrank": zwei aufrechte und in diese eingekeilt zwei waa-
85 gerechte Steinplatten und in diesem Wandschrank entdeckte eins der Kinder den
Eisenkeil, der, als wir ihn herauszogen, wie Zunder in der Hand zerbröckelte: Es
blieb ein härterer Kernstab von der Dicke eines Nagels übrig, den ich – auf Wei-
sung der Kinder – als Andenken in die Manteltasche steckte.

Wir verbrachten fünf Stunden in diesem Dorf und die Zeit verging schnell, weil
90 nichts geschah: nur ein paar Vögel scheuchten wir hoch, ein Schaf floh vor uns
durch eine leere Fensterhöhle den Hang hinauf; in verknöcherten Fuchsienhecken
hingen blutige Blüten, an verblühten Ginsterbüschen hing ein Gelb wie von
schmutzigen Groschen, blanker Quarz[1] wuchs wie Gebein aus dem Moos heraus;
kein Schmutz auf den Straßen, kein Unrat in den Bächen und kein Laut zu hören.
95 Vielleicht warteten wir nur auf das Mädchen mit dem roten Pullover und der Kiepe voll braunen Torfs, aber das Mädchen kam nicht wieder.

Als ich auf dem Heimweg in die Tasche griff um nach dem Eisendeckel zu sehen,
hatte ich nur braunen, rötlich durchmischten Staub in der Hand: Er hatte dieselbe
Farbe wie das Moor rechts und links von unserem Weg und ich warf ihn dazu.

100 Niemand wusste genau zu berichten, wann und warum das Dorf verlassen worden
war: es gibt so viele verlassene Häuser in Irland, auf einem beliebigen zweistündi-
gen Spaziergang kann man sie aufzählen: Das wurde vor zehn, dieses vor zwanzig,
das vor fünfzig oder achtzig Jahren verlassen und es gibt Häuser, an denen die Nägel, mit denen man die Bretter vor Fenster und Türen genagelt hat, noch nicht
105 durchgerostet sind, Regen und Wind noch nicht eindringen können. Die alte Frau,
die im Hause neben uns wohnte, wusste uns nicht zu sagen, wann das Dorf verlassen worden war: Als sie ein kleines Mädchen war, um 1880, war es schon verlassen.
Von ihren sechs Kindern sind nur zwei in Irland geblieben: zwei wohnen und arbeiten in Manchester, zwei in den Vereinigten Staaten, eine Tochter ist hier im
110 Dorf verheiratet (sechs Kinder hat diese Tochter, von denen wohl wieder zwei
nach England, zwei nach den USA gehen werden), und der älteste Sohn ist bei ihr
geblieben: von weitem, wenn er mit dem Vieh von der Weide kommt, sieht er wie
ein Sechzehnjähriger aus, wenn er dann um die Hausecke herum in die Dorfstraße
einbiegt, meint man, er müsse wohl um die Mitte der Dreißig sein, und wenn er

---

[1] Quarz: Gesteinsart

dann am Haus vorbeikommt und scheu ins Fenster hineingrinst, dann sieht man, dass er fünfzig ist.

„Er will nicht heiraten", sagte seine Mutter, „ist es nicht eine Schande?"

Ja, es ist eine Schande. Er ist so fleißig und sauber, rot hat er das Tor angemalt, rot auch die steinernen Knöpfe auf der Mauer und ganz blau die Fensterrahmen unter dem grünen Moosdach, Witz wohnte in seinen Augen und zärtlich klopfte er
120 seinem Esel auf den Rücken.

Abends, als wir die Milch holen, fragen wir ihn nach dem verlassenen Dorf. Aber er weiß nichts davon zu erzählen, nichts; er hat es noch nie betreten: sie haben keine Weiden dort und ihre Torfgruben liegen auch in einer anderen Richtung, südlich, nicht weit entfernt von dem Denkmal des irischen Patrioten[1], der im Jahre
125 1799 gehenkt wurde. – „Haben Sie es schon gesehen?" Ja, wir haben es gesehen – und Tony geht wieder davon, als Fünfzigjähriger, verwandelt sich an der Ecke in einen Dreißigjährigen, wird oben am Hang, wo er im Vorbeigehen den Esel krault, zum Sechzehnjährigen, und als er oben für einen Augenblick an der Fuchsienhecke stehen bleibt, für diesen Augenblick, bevor er hinter der Hecke ver-
130 schwindet, sieht er aus wie der Junge, der er einmal gewesen ist.

Heinrich Böll

Michael Ende wurde 1929 in Garmisch-Partenkirchen geboren. Nach dem Krieg besuchte er eine Schauspielschule, arbeitete anschließend für den Bayerischen Rundfunk und verfasste Sketche und Lieder für Kabaretts. Von 1954 an arbeitete er als freier Schriftsteller. Er starb 1995 in Stuttgart. Zu seinen bekanntesten Werken zählt der Märchenroman „Momo". Der folgende Erzählausschnitt stammt aus diesem Buch. Die Geschichte handelt von unserer rastlosen, unruhigen Zeit. Seltsame „graue Herren", die nur an ihre eigenen Geschäfte denken, bewirken, dass die Menschen füreinander keine Zeit mehr haben und dadurch unglücklich werden. Momo, ein aus dem Waisenhaus entlaufenes Kind, bringt den Menschen die gestohlene Zeit zurück.

DIE RECHNUNG IST FALSCH UND GEHT DOCH AUF

„Mein ganzes Leben ist verfehlt", dachte Herr Fusi. „Wer bin ich schon? Ein kleiner Friseur, das ist nun aus mir geworden. Wenn ich das richtige Leben führen könnte, dann wäre ich ein ganz anderer Mensch!"

Wie dieses richtige Leben allerdings beschaffen sein sollte, war Herrn Fusi nicht
5 klar. Er stellte sich nur irgendetwas Bedeutendes vor, etwas Luxuriöses, etwas, wie man es immer in den Illustrierten sah.

---

[1] Patriot: jemand, der für sein Vaterland eintritt

„Aber", dachte er missmutig, „für so etwas lässt mir meine Arbeit keine Zeit. Denn für das richtige Leben muss man Zeit haben. Man muss frei sein. Ich aber bleibe mein Leben lang ein Gefangener von Scherengeklapper, Geschwätz und Seifen-
10 schaum."

In diesem Augenblick fuhr ein feines, aschgraues Auto vor und hielt genau vor Herrn Fusis Friseurgeschäft. Ein grauer Herr stieg aus und betrat den Laden. Er stellte seine bleigraue Aktentasche auf den Tisch vor dem Spiegel, hängte seinen runden steifen Hut an den Kleiderhaken, setzte sich auf den Rasierstuhl, nahm
15 sein Notizbüchlein aus der Tasche und begann darin zu blättern, während er an sei-
ner kleinen grauen Zigarre paffte.

Herr Fusi schloss die Ladentür, denn es war ihm, als würde es plötzlich ungewöhnlich kalt in dem kleinen Raum.

„Womit kann ich dienen?", fragte er verwirrt, „Rasieren oder Haare schneiden?",
20 und verwünschte sich im gleichen Augenblick wegen seiner Taktlosigkeit, denn der Herr hatte eine spiegelnde Glatze.

„Keines von beidem", sagte der graue Herr ohne zu lächeln, mit einer seltsam ton-
losen, sozusagen aschengrauen Stimme. „Ich komme von der Zeit-Spar-Kasse. Ich bin Agent Nr. XYQ/384/b. Wir wissen, dass Sie ein Sparkonto bei uns eröffnen wol-
25 len."

„Das ist mir neu", erklärte Herr Fusi noch verwirrter. „Offen gestanden, ich wusste bisher nicht einmal, dass es ein solches Institut überhaupt gibt."

„Nun, jetzt wissen Sie es", antwortete der Agent knapp. Er blätterte in seinem Notizbüchlein und fuhr fort: „Sie sind doch Herr Fusi, der Friseur?"
30 „Ganz recht, der bin ich", versetzte Herr Fusi.

„Dann bin ich an der rechten Stelle", meinte der graue Herr und klappte das Büchlein zu. „Sie sind Anwärter bei uns."

„Wie das?", fragte Herr Fusi, noch immer erstaunt.

„Sehen Sie, lieber Herr Fusi", sagte der Agent, „Sie vergeuden Ihr Leben mit
35 Scherengeklapper, Geschwätz und Seifenschaum. Wenn Sie einmal tot sind, wird es sein, als hätte es Sie nie gegeben. Wenn Sie Zeit hätten das richtige Leben zu führen, dann wären Sie ein ganz anderer Mensch. Alles, was Sie also benötigen, ist Zeit. Habe ich Recht?"

„Darüber habe ich eben nachgedacht", murmelte Herr Fusi und fröstelte, denn
40 trotz der geschlossenen Tür wurde es immer kälter.

„Na, sehen Sie!", erwiderte der graue Herr und zog zufrieden an seiner kleinen Zi-
garre. „Aber woher nimmt man Zeit? Man muss sie eben einsparen! Sie, Herr Fusi, vergeuden Ihre Zeit auf ganz verantwortungslose Weise. Ich will es Ihnen durch eine kleine Rechnung beweisen. Eine Minute hat sechzig Sekunden. Und eine
45 Stunde hat sechzig Minuten. Können Sie mir folgen?"

„Gewiß", sagte Herr Fusi.

Der Agent Nr. XYQ/384/b begann die Zahlen mit einem grauen Stift auf den Spiegel zu schreiben.

„Sechzig mal sechzig ist dreitausendsechshundert. Also hat eine Stunde dreitau-
50 sendsechshundert Sekunden.

Ein Tag hat vierundzwanzig Stunden, also dreitausendsechshundert mal vierund-
zwanzig, das macht sechsundachtzigtausendvierhundert Sekunden pro Tag. Ein Jahr hat aber, wie bekannt, dreihundertfünfundsechzig Tage. Das macht mithin ein-
unddreißigmillionenfünfhundertundsechsunddreißigtausend Sekunden pro Jahr.

55 Oder dreihundertfünfzehnmillionendreihundertundsechzigtausend Sekunden in
zehn Jahren.
Wie lange, Herr Fusi, schätzen Sie die Dauer Ihres Lebens?"
„Nun", stotterte Herr Fusi verwirrt, „ich hoffe so siebzig, achtzig Jahre alt zu werden, so Gott will."
60 „Gut", fuhr der graue Herr fort, „nehmen wir vorsichtshalber einmal nur siebzig
Jahre an.
Das wäre also dreihundertfünfzehnmillionendreihundertsechzigtausend mal sieben. Das ergibt zweimilliardenzweihundertsiebenmillionenfünfhundertzwanzig-
tausend Sekunden."
65 Und er schrieb diese Zahl groß an den Spiegel: 2 207 520 000 Sekunden
Dann unterstrich er sie mehrmals und erklärte: „Dies also, Herr Fusi, ist das Ver-
mögen, welches Ihnen zur Verfügung steht."
Herr Fusi schluckte und fuhr sich mit der Hand über die Stirn. Die Summe machte ihn schwindelig. Er hätte nie gedacht, dass er so reich sei.
70 „Ja", sagte der Agent nickend und zog wieder an seiner kleinen grauen Zigarre,
„es ist eine eindrucksvolle Zahl, nicht wahr? Aber nun wollen wir weitergehen.
Wie alt sind Sie, Herr Fusi?"
„Zweiundvierzig", stammelte der und fühlte sich plötzlich schuldbewusst, als habe
er eine Unterschlagung begangen.
75 „Wie lange schlafen Sie durchschnittlich pro Nacht?", forschte der graue Herr weiter. „Acht Stunden etwa", gestand Herr Fusi.
Der Agent rechnete blitzgeschwind. Der Stift kreischte über das Spiegelglas, dass
sich Herrn Fusi die Haut kräuselte.
„Zweiundvierzig Jahre – täglich acht Stunden – das macht also bereits vierhun-
80 derteinundvierzigmillionenfünfhundertundviertausend. Diese Summe dürfen wir
wohl mit gutem Recht als verloren betrachten. Wie viel Zeit müssen Sie täglich der
Arbeit opfern, Herr Fusi?"
„Auch acht Stunden, so ungefähr", gab Herr Fusi kleinlaut zu.
„Dann müssen wir also noch einmal die gleiche Summe auf das Minuskonto ver-
85 buchen", fuhr der Agent unerbittlich fort. „Nun kommt Ihnen aber auch noch eine
gewisse Zeit abhanden durch die Notwendigkeit, sich zu ernähren. Wie viel Zeit
benötigen Sie insgesamt für alle Mahlzeiten des Tages?"
„Ich weiß nicht genau", meinte Herr Fusi ängstlich, „vielleicht zwei Stunden?"
„Das scheint mir zu wenig", sagte der Agent, „aber nehmen wir es einmal an, dann
90 ergibt es in zweiundvierzig Jahren den Betrag von hundertzehnmillionendreihun-
dertsechsundsiebzigtausend. Fahren wir fort. Sie leben allein mit Ihrer alten Mutter, wie wir wissen. Täglich widmen Sie der alten Frau eine volle Stunde, das heißt,
Sie sitzen bei ihr und sprechen mit ihr, obgleich sie taub ist und sie kaum noch hört.
Es ist also hinausgeworfene Zeit: macht fünfundfünfzigmillioneneinhundertacht-
95 undachtzigtausend. Ferner haben Sie überflüssigerweise einen Wellensittich, dessen Pflege Sie täglich eine Viertelstunde kostet, das bedeutet umgerechnet drei-
zehnmillionensiebenhundertsiebenundneunzigtausend."
„Aber ...", warf Herr Fusi flehend ein.
„Unterbrechen Sie mich nicht!", herrschte ihn der Agent an, der immer schneller
100 und schneller rechnete. „Da ihre Mutter ja behindert ist, müssen Sie, Herr Fusi, einen Teil der Hausarbeit selbst machen. Sie müssen einkaufen gehen, Schuhe put-
zen und dergleichen lästige Dinge mehr. Wie viel Zeit kostet Sie das täglich?"

„Vielleicht eine Stunde, aber …“

„Macht weitere fünfundfünfzigmillioneneinhundertachtundachtzigtausend, die
Sie verlieren, Herr Fusi. Wir wissen ferner, dass Sie einmal wöchentlich ins Kino
gehen, einmal wöchentlich in einem Gesangsverein mitwirken, einen Stammtisch
haben, den Sie zweimal in der Woche besuchen, und sich an den übrigen Tagen
abends mit Freunden treffen oder manchmal sogar ein Buch lesen. Kurz, Sie schlagen Ihre Zeit mit nutzlosen Dingen tot und zwar etwa drei Stunden täglich, das
macht einhundertfünfundsechzigmillionenfünfhundertvierundsechzigtausend. –
Ist Ihnen nicht gut, Herr Fusi?“

„Nein“, antwortete Herr Fusi, „entschuldigen Sie bitte …“

„Wir sind gleich zu Ende“, sagte der graue Herr. „Aber wir müssen noch auf ein
besonderes Kapitel Ihres Lebens zu sprechen kommen. Sie haben da nämlich dieses kleine Geheimnis, Sie wissen schon.“

Herr Fusi begann mit den Zähnen zu klappern, so kalt war ihm geworden.

„Das wissen Sie auch?“, murmelte er kraftlos. „Ich dachte, außer mir und Fräulein
Daria…“

„In unserer modernen Welt“, unterbrach ihn der Agent Nr. XYQ/384/b, „haben
Geheimnisse nichts mehr verloren. Betrachten Sie die Dinge einmal sachlich und
realistisch, Herr Fusi. Beantworten Sie mir eine Frage: Wollen Sie Fräulein Daria
heiraten?“

„Nein“, sagte Herr Fusi, „das geht doch nicht …“

„Ganz recht“, fuhr der graue Herr fort, „denn Fräulein Daria wird ihr Leben lang
an den Rollstuhl gefesselt bleiben, weil ihre Beine verkrüppelt sind. Trotzdem besuchen Sie sie täglich eine halbe Stunde um ihr eine Blume zu bringen. Wozu?“

„Sie freut sich doch immer so“, antwortete Herr Fusi, den Tränen nah.

„Aber nüchtern betrachtet“, versetzte der Agent, „ist es für Sie, Herr Fusi, verlo-
rene Zeit. Und zwar insgesamt bereits siebenundzwanzigmillionenfünfhundert-
vierundneunzigtausend Sekunden. Und wenn wir nun dazurechnen, dass Sie die
Gewohnheit haben, jeden Abend vor dem Schlafengehen eine Viertelstunde am
Fenster zu sitzen und über den vergangenen Tag nachzudenken, dann bekommen
wir nochmals eine abzuschreibende Summe von dreizehnmillionensiebenhundert-
siebenundneunzigtausend. Nun wollen wir einmal sehen, was Ihnen eigentlich
übrig bleibt, Herr Fusi.“

Auf dem Spiegel stand nun folgende Rechnung:

Schlaf	441 504 000	Sekunden
Arbeit	441 504 000	Sekunden
Nahrung	110 376 000	Sekunden
Mutter	55 188 000	Sekunden
Wellensittich	13 797 000	Sekunden
Einkauf usw.	55 188 000	Sekunden
Freunde, Singen usw.	165 564 000	Sekunden
Geheimnis	27 594 000	Sekunden
Fenster	13 797 000	Sekunden
Zusammen:	1 324 512 000	Sekunden

„Diese Summe", sagte der graue Herr und tippte mit dem Stift mehrmals so hart gegen den Spiegel, dass es wie Revolverschüsse klang, „diese Summe also ist die Zeit, die Sie bis jetzt bereits verloren haben. Was sagen Sie dazu, Herr Fusi?"

140 Herr Fusi sagte gar nichts. Er setzte sich auf einen Stuhl in der Ecke und wischte sich mit dem Taschentuch die Stirn, denn trotz der eisigen Kälte brach ihm der Schweiß aus.

Der graue Herr nickte ernst.

„Ja, Sie sehen ganz recht", sagte er, „es ist bereits mehr als die Hälfte Ihres ur-
145 sprünglichen Gesamtvermögens, Herr Fusi. Aber nun wollen wir einmal sehen, was Ihnen von Ihren zweiundvierzig Jahren eigentlich geblieben ist. Ein Jahr, das sind einunddreißigmillionenfünfhundertsechsunddreißigtausend Sekunden, wie Sie wissen. Und das mal zweiundvierzig genommen macht einemilliardedreihundertvierundzwanzigmillionenfünfhundertundzwölftausend."

150 Er schrieb die Zahl unter die Summe der verlorenen Zeit:

Er steckte seinen Stift ein und machte eine längere Pause um den Anblick der vielen Nullen auf Herrn Fusi wirken zu lassen.

Und er tat seine Wirkung.

„Das", dachte Herr Fusi zerschmettert, „ist also die Bilanz meines ganzen bisheri-
155 gen Lebens."

Er war so beeindruckt von der Rechnung, die so haargenau aufging, dass er alles widerspruchslos hinnahm. Und die Rechnung selbst stimmte. Das war einer der Tricks, mit denen die grauen Herren die Menschen bei tausend Gelegenheiten betrogen.

160 „Finden Sie nicht", ergriff nun der Agent Nr. XYQ/384/b in sanftem Ton wieder das Wort, „dass Sie so nicht weiterwirtschaften können, Herr Fusi? Wollen Sie nicht lieber zu sparen anfangen?" …

„Und ob ich will!", rief Herr Fusi. „Was muss ich tun?"

„Aber, mein Bester", antwortete der Agent und zog die Augenbrauen hoch, „Sie
165 werden doch wissen, wie man Zeit spart! Sie müssen zum Beispiel einfach schneller arbeiten und alles Überflüssige weglassen. Statt einer halben Stunde widmen Sie sich einem Kunden nur noch eine Viertelstunde. Sie vermeiden zeitraubende Unterhaltungen. Sie verkürzen die Stunde bei ihrer alten Mutter auf eine halbe.

Am besten geben Sie sie überhaupt in ein gutes, billiges Altersheim, wo für sie ge-
170 sorgt wird, dann haben Sie bereits eine ganze Stunde täglich gewonnen. Schaffen
Sie den unnützen Wellensittich ab! Besuchen Sie Fräulein Daria nur noch alle vierzehn Tage einmal, wenn es überhaupt sein muss. Lassen Sie die Viertelstunde Ta-
gesrückschau ausfallen und vor allem, vertun Sie Ihre kostbare Zeit nicht mehr so
oft mit Singen, Lesen oder gar mit Ihren sogenannten Freunden." … Damit stieg
175 der Agent in sein elegantes, graues Auto und brauste davon.

Herr Fusi sah ihm nach und rieb sich die Stirn. Langsam wurde ihm wieder wär-
mer, aber er fühlte sich krank und elend. Der blaue Dunst aus der kleinen Zigarre
des Agenten hing noch lange in dichten Schwaden im Raum und wollte nicht weichen.

180 Erst als der Rauch vergangen war, wurde es Herrn Fusi wieder besser. Aber im
gleichen Maß wie der Rauch verging, verblassten auch die Zahlen auf dem Spiegel.
Und als sie schließlich ganz verschwunden waren, war auch die Erinnerung an den
grauen Besucher in Herrn Fusis Gedächtnis ausgelöscht – die an den Besucher,
nicht aber die an den Beschluss. Den hielt er nun für seinen eigenen. Der Vorsatz,
185 von nun an Zeit zu sparen um irgendwann in der Zukunft ein anderes Leben beginnen zu können, saß in seiner Seele fest wie ein Stachel mit Widerhaken.

Und dann kam der erste Kunde an diesem Tag. Herr Fusi bediente ihn mürrisch,
er ließ alles Überflüssige weg, schwieg und war tatsächlich statt in einer halben
Stunde schon nach zwanzig Minuten fertig.

190 Und genauso hielt er es von nun an bei jedem Kunden. Seine Arbeit machte ihm
auf diese Weise überhaupt keinen Spaß mehr, aber das war ja nun auch nicht mehr
wichtig. Er stellte zusätzlich zu seinem Lehrjungen noch zwei weitere Gehilfen ein
und gab scharf darauf Acht, dass sie keine Sekunde verloren. Jeder Handgriff war
nach einem genauen Zeitplan festgelegt. In Herrn Fusis Laden hing nun ein Schild
195 mit der Aufschrift: *Gesparte Zeit ist doppelte Zeit!*

An Fräulein Daria schrieb er einen kurzen, sachlichen Brief, dass er wegen Zeit-
mangels leider nicht mehr kommen könne. Seinen Wellensittich verkaufte er einer
Tierhandlung. Seine Mutter steckte er in ein gutes, aber billiges Altersheim und
besuchte sie dort einmal im Monat. Und auch sonst befolgte er alle Ratschläge des
200 grauen Herren, die er ja nun für seine eigenen Beschlüsse hielt.

Er wurde immer nervöser und ruheloser, denn eines war seltsam: Von all der Zeit,
die er einsparte, blieb ihm tatsächlich niemals etwas übrig. Sie verschwand einfach
auf rätselhafte Weise und war nicht mehr da. Seine Tage wurden erst unmerklich,
dann aber deutlich spürbar kürzer und kürzer. Ehe er sich's versah, war schon wie-
205 der eine Woche, ein Monat, ein Jahr herum und noch ein Jahr und noch eines …

Wie Herrn Fusi, so ging es schon vielen Menschen in der großen Stadt. Und täglich
wurden es mehr, die damit anfingen, das zu tun, was sie „Zeit sparen" nannten.
Und je mehr es wurden, desto mehr folgten nach, denn auch denen, die eigentlich
nicht wollten, blieb gar nichts anderes übrig als mitzumachen …

210 Niemand schien zu merken, dass er, indem er Zeit sparte, in Wirklichkeit etwas
ganz anderes sparte. Keiner wollte wahr haben, dass sein Leben immer ärmer, immer gleichförmiger und immer kälter wurde.

Deutlich zu fühlen jedoch bekamen es die Kinder, denn auch für sie hatte nun niemand mehr Zeit. Aber Zeit ist Leben. Und das Leben wohnt im Herzen. Und je
215 mehr die Menschen daran sparten, desto weniger hatten sie.

Michael Ende

47

GESCHICHTEN

DIE PROBE

Redluff sah, das schrille Quietschen der Bremsen noch in den Ohren, wie sich das Gesicht des Fahrers ärgerlich verzog. Mit zwei taumeligen Schritten war er wieder auf dem Gehweg. „Hat es Ihnen was gemacht?" Er fühlte sich am Ellenbogen angefasst. Mit einer fast brüsken[1] Bewegung machte er sich frei. „Nein, nein, schon
5 gut. Danke", sagte er noch, beinah schon über die Schulter, als er merkte, dass ihm der Alte nachstarrte.

Eine Welle von Schwäche stieg von seinen Knien auf, wurde fast zur Übelkeit. Das hätte ihm gerade gefehlt, angefahren auf der Straße liegen, eine gaffende Menge und dann die Polizei. Er durfte jetzt nicht schwach werden, nur weiterlaufen, un-
10 auffällig weiterlaufen zwischen den vielen auf der hellen Straße. Langsam ließ das Klopfen im Halse nach. Seit drei Monaten war er zum ersten Mal in der Stadt, zum ersten Mal wieder unter so vielen Menschen. Ewig konnte er in dem Loch sich ja nicht verkriechen, er musste einmal wieder raus, wieder Kontakt aufnehmen mit dem Leben, überhaupt raus aus allem. Ein Schiff musste sich finden lassen, mög-
15 lichst noch, bevor es Winter wurde. Seine Hand fuhr leicht über die linke Brustseite seines Jacketts, er spürte den Pass, der in der Innentasche steckte; gute Arbeit war dieser Pass, er hatte auch nicht schlecht dafür bezahlt.

Die Autos auf der Straße waren zu einer langen Kette aufgefahren. Nur stockend schoben sie sich vorwärts. Menschen gingen an ihm vorbei, kamen ihm entgegen;
20 er achtete darauf, dass sie ihn nicht streiften. Einem Platzregen von Gesichtern war er ausgesetzt, fahle Ovale, die sich mit dem wechselnden Reklamelicht verfärbten. Redluff strengte sich an, den Schritt der vielen anzunehmen, mitzuschwimmen in dem Strom. Stimmen, abgerissene Gesprächsfetzen schlugen an sein Ohr, jemand lachte. Für eine Sekunde haftete sein Blick an dem Gesicht einer Frau, ihr offener,
25 bemalter Mund sah schwarz gerändert aus. Die Autos fuhren jetzt an, ihre Motoren summten auf. Eine Straßenbahn schrammte vorbei. Und wieder Menschen, Menschen, ein Strom flutender Gesichter, Sprechen und hundertfache Schritte. Redluff fuhr unwillkürlich mit der Hand an seinen Kragen. An seinem Hals merkte er, dass seine Finger kalt und schweißig waren.
30 Wovor hab ich denn eigentlich Angst, verdammte Einbildung, wer soll mich denn schon erkennen in dieser Menge, sagte er sich. Aber er spürte nur zu genau, dass er in ihr nicht eintauchen konnte, dass er wie ein Kork auf dem Wasser tanzte, abgestoßen und weitergetrieben. Ihn fror plötzlich. Nichts wie verdammte Einbildung, sagte er sich wieder. Vor drei Monaten war das ja noch anders, da stand sein Name
35 schwarz auf rotem Papier auf jeder Anschlagsäule zu lesen, Jens Redluff; nur gut, dass das Foto so schlecht war. Der Name stand damals fett in den Schlagzeilen der Blätter, wurde dann klein und kleiner, auch das Fragezeichen dahinter, rutschte in die letzten Spalten und verschwand bald ganz.

Redluff war jetzt in eine Seitenstraße abgebogen, der Menschenstrom wurde dün-
40 ner, noch ein paar Abbiegungen, und die Rinnsale lösten sich auf, zerfielen in ein-

---

[1] brüsk: schnell, schroff, rücksichtslos

zelne Gestalten, einzelne Schritte. Hier war es dunkler. Er konnte den Kragen öffnen und die Krawatte nachlassen. Der Wind brachte einen brackigen[1] Lufthauch vom Hafen her. Ihn fröstelte.

Ein breites Lichtband fiel quer vor ihm über die Straße, jemand kam aus dem klei-
45 nen Lokal, mit ihm ein Dunst nach Bier, Qualm und Essen. Redluff ging hinein. Die kleine, als Café aufgetakelte Kneipe war fast leer, ein paar Soldaten saßen herum, grelle Damen in ihrer Gesellschaft. Auf den kleinen Tischen standen Lämpchen mit pathetisch[2] roten Schirmen. Ein Musikautomat begann aus der Ecke zu hämmern. Hinter der Theke lehnte ein dicker Bursche mit bloßen Armen. Er
50 schaute nur flüchtig auf.

„Kognak, doppelt", sagte Redluff zu dem Kellner. Er merkte, dass er seinen Hut noch in der Hand hielt und legte ihn auf den leeren Stuhl neben sich. Er steckte sich eine Zigarette an, die ersten tiefen Züge machten ihn leicht benommen. Schön war es hier, er streckte seine Füße lang aus. Die Musik hatte gewechselt. Über ge-
55 zogen jaulenden Gitarrentönen hörte er halblautes Sprechen, ein spitzes Lachen vom Nachbartisch. Gut saß es sich hier.

Der Dicke hinter der Theke drehte jetzt seinen Kopf nach der Tür. Draußen fiel eine Wagentür schlagend zu. Gleich darauf kamen zwei Männer herein, klein und stockig der eine davon. Er blieb in der Mitte stehen, der andere, im langen Leder-
60 mantel, steuerte auf den Nachbartisch zu. Keiner von beiden nahm seinen Hut ab. Redluff versuchte hinüberzuschielen, es durchfuhr ihn. Er sah, wie der Große sich über den Tisch beugte, kurz etwas Blinkendes in der Hand hielt. Die Musik hatte ausgesetzt. „What's he want?", hörte er den Neger vom Nebentisch sagen. „What's he want?" Er sah seine wulstigen Lippen sich bewegen. Das Mädchen kramte eine
65 bunte Karte aus ihrer Handtasche. „What's he want?", sagte der Neger eigensinnig. Der Mann war schon zum nächsten Tisch gegangen. Redluff klammerte sich mit der einen Hand an die Tischkante. Er sah, wie die Fingernägel sich entfärbten. Der rauchige Raum schien ganz leicht zu schwanken, ganz leicht. Ihm war, als müsste er auf dem sich neigenden Boden jetzt langsam samt Tisch und Stuhl auf die andere
70 Seite rutschen. Der Große hatte seine Runde beendet und ging auf den anderen zu, der immer noch mitten im Raum stand, die Hände in den Manteltaschen. Redluff sah, wie er zu dem Großen etwas sagte. Er konnte es nicht verstehen. Dann kam er geradewegs auf ihn zu.

„Sie entschuldigen", sagte er, „Ihren Ausweis, bitte!" Redluff schaute erst gar
75 nicht auf das runde Metall in seiner Hand. Er drückte seine Zigarette aus und war plötzlich völlig ruhig. Er wusste es selbst nicht, was ihn mit einmal so ruhig machte, aber seine Hand, die in die Innentasche seines Jacketts fuhr, fühlte den Stoff nicht, den sie berührte, sie war wie von Holz. Der Mann blätterte langsam in dem Pass, hob ihn besser in das Licht. Redluff sah die Falten auf der gerunzelten Stirn, eins,
80 zwei, drei. Der Mann gab ihm den Pass zurück. „Danke, Herr Wolters", sagte er. Aus seiner unnatürlichen Ruhe heraus hörte Redluff sich selber sprechen. „Das hat man gern, so kontrolliert zu werden wie –" er zögerte etwas, „ein Verbrecher." Seine Stimme stand spröde im Raum. Er hatte doch gar nicht so laut gesprochen. „Man sieht manchmal jemand ähnlich", sagte der Mann, grinste, als hätte er einen
85 feinen Witz gemacht. „Feuer?" Er fingerte eine halbe Zigarre aus der Mantelta-

---

[1] brackig: nicht trinkbar, faulig
[2] pathetisch: übertrieben feierlich

sche. Redluff schob seine Hand mit dem brennenden Streichholz längs der Tischkante ihm entgegen. Die beiden gingen.

Redluff lehnte sich in seinen Stuhl zurück. Die Spannung in ihm zerbröckelte,
die eisige Ruhe schmolz. Er hätte jubeln können. Das war es, das war die Probe und
90 er hatte sie bestanden. Triumphierend setzte der Musikautomat wieder ein. „He,
Sie vergessen Ihren Hut“, sagte der Dicke hinter der Theke. Draußen atmete er
tief, seine Schritte schwangen weit aus, am liebsten hätte er gesungen. Langsam
kam er wieder in belebtere Straßen, die Lichter nahmen zu, die Läden, die Leucht-
zeichen an den Wänden. Aus einem Kino kam ein Knäuel Menschen, sie lachten
95 und schwatzten, er mitten unter ihnen. Es tat ihm wohl, wenn sie ihn streiften.
„Hans“, hörte er eine Frauenstimme hinter sich, jemand fasste seinen Arm. „Tut
mir leid“, sagte er und lächelte in das enttäuschte Gesicht. Verdammt hübsch, sagte er zu sich. Im Weitergehen nestelte er an seiner Krawatte. Dunkel glänzende
Wagen sangen über den blanken Asphalt, Kaskaden[1] wechselnden Lichts ergossen
100 sich von den Fassaden, Zeitungsverkäufer riefen die Abendausgaben aus. Hinter
einer großen, leicht beschlagenen Spiegelglasscheibe sah er undeutlich tanzende
Paare; pulsierend drang die Musik abgedämpft bis auf die Straße. Ihm war wie
nach Sekt. Ewig hätte er so gehen können, so wie jetzt. Er gehörte wieder dazu, er
hatte den Schritt der vielen, es machte ihm keine Mühe mehr. Im Sog der Menge
105 ging er über den großen Platz auf die große Halle zu mit ihren Ketten von
Glühlampen und riesigen Transparenten. Um die Kassen vor dem Einlass drängten sich Menschen. Von irgendwoher flutete Lautsprechermusik. Stand dort nicht
das Mädchen von vorhin? Redluff stellte sich hinter sie in die Reihe. Sie wandte
den Kopf, er spürte einen Hauch von Parfüm. Dicht hinter ihr zwängte er sich
110 durch den Einlass. Immer noch flutete die Musik, er hörte ein Gewirr von Hunder-
ten von Stimmen. Ein paar Polizisten suchten etwas Ordnung in das Gedränge zu
bringen. Ein Mann in einer Art von Portiersuniform nahm ihm seine Einlasskarte
ab. „Der, der!“, rief er auf einmal und deutete aufgeregt hinter ihm her. Gesichter
wandten sich, jemand im schwarzen Anzug kam auf ihn zu, ein blitzendes Ding in
115 der Hand. Gleißendes Scheinwerferlicht übergoss ihn. Jemand drückte ihm einen
Riesenblumenstrauß in die Hände. Zwei strahlend lächelnde Mädchen hakten ihn
rechts und links unter, Fotoblitze zuckten. Und zu allem dröhnte eine geölte Stimme, die vor innerer Freudigkeit fast zu bersten schien: „Ich darf Ihnen im Namen
der Direktion von ganzem Herzen gratulieren, Sie sind der hunterttausendste Be-
120 sucher der Ausstellung.“ Redluff stand wie betäubt. „Und jetzt sagen Sie uns
Ihren werten Namen“, schnalzte die Stimme unwiderstehlich weiter. „Redluff,
Jens Redluff“, sagte er, noch ehe er wusste, was er sagte, und schon hatten es die
Lautsprecher dröhnend bis in den letzten Winkel der riesigen Halle getragen.

Der Kordon[2] der Polizisten, der eben noch die applaudierende Menge zurückge-
125 halten hatte, löste sich langsam auf. Sie kamen auf ihn zu.

Herbert Malecha

---

[1] Kaskade: stufenförmiger künstlicher Wasserfall
[2] Kordon: Absperrung, Postenkette

51

1 In dieser Erzählung wechselt mehrmals der Schauplatz der Handlung:

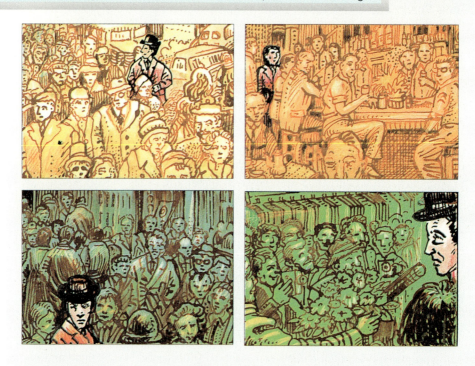

Lest im Text nach und ordnet den einzelnen Schauplätzen die entsprechenden Textstellen zu.

2 Diese sechs Szenen kommen in der Kurzgeschichte vor:

Ordnet diese Bilder zunächst in der richtigen Reihenfolge und erzählt dann mit ihrer Hilfe die Geschichte nach.

3 Spannende Erzählungen werden immer gerne gelesen.
Dies ist der Spannungsverlauf dieser Kurzgeschichte:

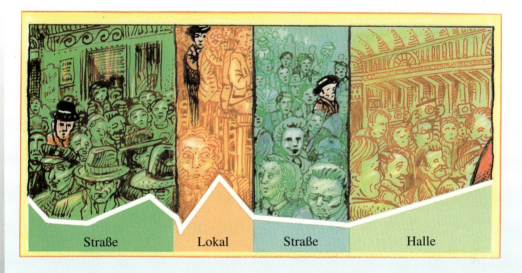

Mithilfe dieser Grafik könnt ihr die Begriffe Spannungssteigerung, Höhepunkt und Spannungsabfall klären. Sucht die spannendsten Stellen im Text und lest sie vor.

4 Einige Ausschnitte aus der Kurzgeschichte:

Die Autos auf der Straße waren zu einer langen Kette aufgefahren. Nur stockend schoben sie sich vorwärts. Menschen gingen an ihm vorbei, kamen ihm entgegen; er achtete darauf, dass sie ihn nicht streiften. Einem Platzregen von Gesichtern war er ausgesetzt, …

Der Mann war schon zum nächsten Tisch gegangen. Redluff klammerte sich mit der einen Hand an die Tischkante. Er sah, wie die Fingernägel sich entfärbten. Der rauchige Raum schien ganz leicht zu schwanken, ganz leicht. Ihm war, als müsste er …

Aus einem Kino kam ein Knäuel Menschen, sie lachten und schwatzten, er mitten unter ihnen. Es tat ihm wohl, wenn sie ihn streiften. „Hans", hörte er eine Frauenstimme hinter sich, jemand fasste seinen Arm. „Tut mir Leid", sagte er und lächelte …

Gleißendes Scheinwerferlicht übergoss ihn. Jemand drückte ihm einen Riesenblumenstrauß in die Hände. Zwei strahlend lächelnde Mädchen hakten ihn rechts und links unter, Fotoblitze zuckten. Und zu allem dröhnte eine geölte Stimme, …

Lest im Text nach. Zeigt im Spannungsbogen möglichst genau die Stelle, an der diese Textausschnitte stehen.

5 Dies sind der Beginn und der Schluss dieser Kurzgeschichte:

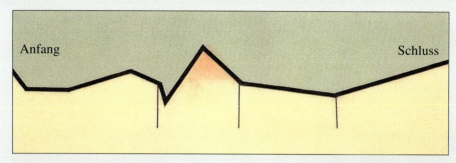

Redluff sah, das schrille Quiet-
schen der Bremsen noch in den
Ohren, wie sich das Gesicht des
Fahrers ärgerlich verzog. Mit
zwei taumeligen Schritten …

… Der Kordon der Polizisten,
der eben noch die applaudie-
rende Menge zurückgehalten
hatte, löste sich langsam auf.
Sie kamen auf ihn zu.

Welche Besonderheiten könnt ihr feststellen? Der Anfang
und der Beginn der Spannungskurve können euch helfen.

6 Die Erzählung könnte auch so beginnen und enden:

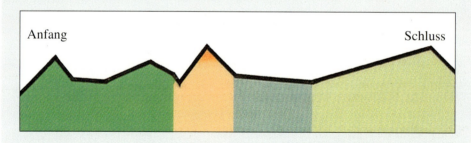

Nach einem sehr unglücklich
verlaufenen Bankeinbruch war
Jens Redluff bei Freunden unter-
getaucht. Nach drei Monaten
wagte er sich zum ersten Mal
wieder unter Menschen. Mit
einem gefälschten Pass in der
Tasche marschierte er noch
etwas unsicher…

Sie kamen auf ihn zu …

Vergleicht den Beginn der Kurzgeschichte mit dem Beginn dieser Erzählung und stellt die
Unterschiede heraus. Schreibt zu der geänderten Spannungskurve einen passenden Erzähl-
schluss.

7 Die bestandene Probe im Lokal stellt für den verfolgten Jens Redluff einen Wendepunkt dar. Er hat seine alte Selbstsicherheit wiedergewonnen und tritt den Menschen selbstbewusst entgegen. Dies zeigt sich in den folgenden Textausschnitten:

„das schrille Quietschen der Bremsen"
„das Gesicht des Fahrers ärgerlich"
„mit einer fast brüsken Bewegung"
„eine gaffende Menge"
„abgerissene Gesprächsfetzen"

„am liebsten hätte er gesungen"
„wieder in belebtere Straßen"
„die Lichter nahmen zu"
„sie lachten und schwatzten"
„er mitten unter ihnen"
…

Zeigt auf, wie sich die Veränderung in ihm auch in der Beschreibung seiner Umgebung widerspiegelt. Findet selbst weitere Textbeispiele.

8 Der Autor beschreibt sehr bildhaft, wie sich Jens in den Straßen der Stadt im Strom der Menschen fühlt:

Welle von Schwäche   **mitzuschwimmen** in dem **Strom**

Menschen**strom**   **Platzregen** von Gesichtern

im **Sog** der Menge   **eintauchen**   weiter**getrieben**

Rinnsale   Scheinwerferlicht **übergoss** ihn

flutete die Musik   wie ein Kork auf dem **Wasser** tanzte

ein **Strom flutender** Gesichter   **flutete** Lautsprechermusik

Überlegt, was all diese Ausdrücke gemeinsam haben. Aus welchem Bereich stammen sie? Warum hat der Autor sie benutzt?

9 In der Kurzgeschichte kommen immer wieder Ausdrücke aus der Umgangssprache vor: „schwach werden", „überhaupt raus aus allem", „verdammte Einbildung", …
Sucht selbst weitere Beispiele. Warum verwendet der Autor solche Redewendungen, die der Alltagssprache entnommen sind?

DAS BROT

Plötzlich wachte sie auf. Es war halb drei. Sie überlegte, warum sie aufgewacht
war. Ach so! In der Küche hatte jemand gegen einen Stuhl gestoßen. Sie horchte
nach der Küche. Es war still. Es war zu still und als sie mit der Hand über das Bett
neben sich fuhr, fand sie es leer. Das war es, was es so besonders still gemacht hat-
5 te: Sein Atem fehlte. Sie stand auf und tappte durch die dunkle Wohnung zur
Küche. In der Küche trafen sie sich. Die Uhr war halb drei. Sie sah etwas Weißes
am Küchenschrank stehen. Sie machte Licht. Sie standen sich im Hemd gegenüber. Nachts. Um halb drei. In der Küche.

Auf dem Küchentisch stand der Brotteller. Sie sah, dass er sich Brot abgeschnitten
10 hatte. Das Messer lag noch neben dem Teller. Und auf der Decke lagen Brotkrü-
mel. Wenn sie abends zu Bett gingen, machte sie immer das Tischtuch sauber. Jeden Abend. Aber nun lagen Krümel auf dem Tuch. Und das Messer lag da. Sie
fühlte, wie die Kälte der Fliesen langsam an ihr hochkroch. Und sie sah von dem
Teller weg.

15 „Ich dachte, hier wär was", sagte er und sah in der Küche umher.

„Ich habe auch was gehört", antwortete sie und dabei fand sie, dass er nachts im
Hemd doch schon recht alt aussah. So alt wie er war. Dreiundsechzig. Tagsüber sah
er manchmal jünger aus. Sie sieht doch schon alt aus, dachte er, im Hemd sieht sie
doch ziemlich alt aus. Aber das liegt vielleicht an den Haaren. Bei den Frauen liegt
20 das nachts immer an den Haaren. Die machen dann auf einmal so alt.

„Du hättest Schuhe anziehen sollen. So barfuß auf den kalten Fliesen. Du erkältest
dich noch."

Sie sah ihn nicht an, weil sie nicht ertragen konnte, dass er log. Dass er log, nachdem
sie neununddreißig Jahre verheiratet waren.

25 „Ich dachte, hier wäre was", sagte er noch einmal und sah wieder so sinnlos von einer Ecke in die andere, „ich hörte hier was. Da dachte ich, hier wäre was."

„Ich habe auch was gehört. Aber es war wohl nichts." Sie stellte den Teller vom
Tisch und schnippte die Krümel von der Decke.

„Nein, es war wohl nichts", echote er unsicher.

30 Sie kam ihm zu Hilfe: „Komm man. Das war wohl draußen. Komm man zu Bett. Du erkältest dich noch. Auf den kalten Fliesen."

Er sah zum Fenster hin. „Ja, das muss wohl draußen gewesen sein. Ich dachte, es wäre hier."

Sie hob die Hand zum Lichtschalter. Ich muss das Licht jetzt ausmachen, sonst muss
35 ich nach dem Teller sehen, dachte sie. Ich darf doch nicht nach dem Teller sehen. „Komm man", sagte sie und machte das Licht aus, „das war wohl draußen. Die Dachrinne schlägt immer bei Wind gegen die Wand. Es war sicher die Dachrinne. Bei Wind klappert sie immer."

Sie tappten sich beide über den dunklen Korridor zum Schlafzimmer. Ihre nackten
40 Füße platschten auf den Fußboden.

„Wind ist ja", meinte er. „Wind war schon die ganze Nacht."

Als sie im Bett lagen, sagte sie: „Ja, Wind war schon die ganze Nacht. Es war wohl die Dachrinne."

„Ja, ich dachte, es wäre in der Küche. Es war wohl die Dachrinne." Er sagte das,
45 als ob er schon halb im Schlaf wäre.

Aber sie merkte, wie unecht seine Stimme klang, wenn er log.

„Es ist kalt", sagte sie und gähnte leise, „ich krieche unter die Decke. Gute Nacht."

„Nacht", antwortete er und noch „ja, kalt ist es schon ganz schön."

Dann war es still. Nach vielen Minuten hörte sie, dass er leise und vorsichtig kaute.
50 Sie atmete absichtlich tief und gleichmäßig, damit er nicht merken sollte, dass sie noch wach war. Aber sein Kauen war so regelmäßig, dass sie davon langsam einschlief.

Als er am nächsten Abend nach Hause kam, schob sie ihm vier Scheiben Brot hin. Sonst hatte er immer nur drei essen können.
55 „Du kannst ruhig vier essen", sagte sie und ging von der Lampe weg. „Ich kann dieses Brot nicht so recht vertragen. Iss du man eine mehr. Ich vertrag es nicht so gut."

Sie sah, wie er sich tief über den Teller beugte. Er sah nicht auf. In diesem Augenblick tat er ihr Leid.
60 „Du kannst doch nicht nur zwei Scheiben essen", sagte er auf seinen Teller.

„Doch. Abends vertrag ich das Brot nicht gut. Iss man. Iss man."

Erst nach einer Weile setzte sie sich unter die Lampe an den Tisch.

Wolfgang Borchert

Besprecht diese Geschichte nach folgenden Gesichtspunkten:

- In einer Kurzgeschichte werden oft aktuelle Probleme einer bestimmten Zeit dargestellt. Menschen geraten in Situationen, die für ihr weiteres Leben besonders bedeutsam und entscheidend sind.

- Die Kurzgeschichte beginnt meist unvermittelt. Die Leserin oder der Leser wird ohne eine erläuternde Einleitung unmittelbar in ein Geschehen hineinversetzt.

- Der Schluss der Geschichte ist häufig offen und regt so zum eigenen Nachdenken an.

- Die Erzählweise ist knapp. Benutzt wird häufig die Alltags- und Umgangssprache.

Georg Britting (1891 – 1964) wurde in Regensburg geboren. 1914 zog er in den Krieg. Schwer verwundet kehrte er wieder in seine Geburtsstadt zurück. Zuerst hier und ab 1921 in München lebte er dann als freier Schriftsteller. Seine Kindheit verbrachte er an der Donau. Von den gefährlichen Stromschnellen, reißenden Strudeln, fischreichen Altwassern und düsteren Auwäldern dieses Flusses handeln manche seiner Erzählungen und Gedichte. Auch die folgende Kurzgeschichte handelt von diesem Schauplatz.

BRUDERMORD IM ALTWASSER

Das sind grünschwarze Tümpel, von Weiden überhangen, von Wasserjungfern übersurrt, das heißt: wie Tümpel und kleine Weiher, und auch große Weiher, ist es anzusehen und es ist doch nur Donauwasser, durch Steindämme abgesondert vom großen, grünen Strom, Altwasser, wie man es nennt. Fische gibt es im Altwasser,
5 viele, Fischkönig ist der Bürstling, ein Raubtier mit zackiger, kratzender Rückenflosse, mit bösen Augen, einem gefräßigen Maul, grünschwarz schillernd wie das Wasser, darin er jagt. Und wie heiß es hier im Sommer ist! Die Weiden schlucken den Wind, der draußen über dem Strom immer geht. Und aus dem Schlamm steigt ein Geruch wie Fäulnis und Kot und Tod. Kein besserer Ort ist zu finden für Kna-
10 benspiele als dieses gründämmernde Gebiet. Und hier geschah, was ich jetzt erzähle.
Die drei Hofberger Buben, elfjährig, zwölfjährig, dreizehnjährig, waren damals im August jeden Tag auf den heißen Steindämmen, hockten unter den Weiden, waren Indianer im Dickicht und Wurzelgeflecht, pflückten Brombeeren, die schwarz-
15 feucht, stachlig geschützt, glänzten, schlichen durch das Schilf, das in hohen Stangen wuchs, schnitten sich Weidenruten, rauften, schlugen auch wohl einmal dem Jüngsten, dem Elfjährigen, eine tiefe Schramme, dass sein Gesicht rot beschmiert war wie eine Menschenfressermaske, brachen wie Hirsche und schreiend durch Buschwerk und Graben zur breit fließenden Donau vor, wuschen den blutigen
20 Kopf und die Haare deckten die Wunde dann und waren gleich wieder versöhnt. Die Eltern durften natürlich nichts erfahren von solchen Streichen und sie lachten alle drei und vereinbarten wie immer: „Zu Hause sagen wir aber nichts davon!"
Die Altwässer ziehen sich stundenweit der Donau entlang. Bei einem Streifzug einmal waren die drei tief in die grüne Wildnis vorgedrungen, tiefer als je zuvor,
25 bis zu einem Weiher, größer, als sie je einen gesehen hatten, schwarz der Wasserspiegel und am Ufer lag ein Fischerboot angekettet. Den Pfahl, an dem die Kette hing, rissen sie aus dem schlammigen Boden, warfen Kette und Pfahl ins Boot, stiegen ein, ein Ruder lag auch dabei, und ruderten in die Mitte des Weihers hinaus. Nun waren sie Seeräuber und träumten und brüteten wilde Pläne. Die Sonne
30 schien auf ihre bloßen Köpfe, das Boot lag unbeweglich, unbeweglich stand das Schilf am jenseitigen Ufer, Staunzen fuhren leise summend durch die dicke Luft,

kleine Blutsauger, aber die abgehärteten Knaben spürten die Stiche nicht mehr.
Der Dreizehnjährige begann das Boot leicht zu schaukeln. Gleich wiegten sich die
beiden anderen mit, auf und nieder, Wasserringe liefen über den Weiher, Wellen
35 schlugen platschend ans Ufer, die Binsen schwankten und wackelten. Die Knaben
schaukelten heftiger, dass der Bootsrand bis zum Wasserspiegel sich neigte und das
aufgeregte Wasser ins Boot hineinschwappte. Der Kleinste, der Elfjährige, hatte
einen Fuß auf den Bootsrand gesetzt und tat jauchzend seine Schaukelarbeit. Da
gab der Älteste dem Zwölfjährigen ein Zeichen, den Kleinen zu schrecken, und
40 plötzlich warfen sich beide auf die Bootsseite, wo der Kleine stand, und das Boot

neigte sich tief und dann lag der Jüngste im Wasser und schrie und ging unter und
schlug von unten gegen das Boot und schrie nicht mehr und pochte nicht mehr
und kam auch nicht mehr unter dem Boot hervor, unter dem Boot nicht mehr hervor, nie mehr.
45 Die beiden Brüder saßen stumm und käsegelb auf den Ruderbänken in der prallen
Sonne, ein Fisch schnappte und sprang über das Wasser heraus. Die Wasserringe
hatten sich verlaufen, die Binsen standen wieder unbeweglich, die Staunzen
summten bös und stachen. Die Brüder ruderten das Boot wieder ans Ufer, trieben
den Pfahl mit der Kette wieder in den Uferschlamm, stiegen aus, trabten auf dem
50 langen Steindamm dahin, trabten stadtwärts, wagten nicht sich anzusehen, liefen
hintereinander, achteten der Weiden nicht, die ihnen ins Gesicht schlugen, nicht
der Brombeersträucherstacheln, die an ihnen rissen, stolperten über Wurzel-
schlangen, liefen, liefen und liefen.
Die Altwässer blieben zurück, die grüne Donau kam breit und behäbig, rauschte
55 der Stadt zu, die ersten Häuser sahen sie, sie sahen den Dom, sie sahen das Dach
des Vaterhauses.
Sie hielten, schweißüberronnen, zitterten verstört, die Knaben, die Mörder, und
dann sagte der Ältere wie immer nach einem Streich: „Zu Hause sagen wir aber
nichts davon!" Der andere nickte, von wilder Hoffnung überwuchert, und sie gin-
60 gen, entschlossen ewig zu schweigen, auf die Haustüre zu, die sie wie ein schwarzes Loch verschluckte.

Georg Britting

59

Der amerikanische Schriftsteller Ernest Hemingway (1899 –
1961) führte ein sehr bewegtes und abenteuerliches Leben.
Nach seinem Hochschulabschluss wurde er Berichterstatter.
Er ging dann als Kriegsfreiwilliger nach Italien, wurde später
Europakorrespondent, lebte mehrere Jahre in Kuba und als
Großwildjäger in Afrika. Zurück in Amerika beging er von
Krankheit gezeichnet Selbstmord. Sehr bekannt sind seine
Romane „Fiesta" und „Wem die Stunde schlägt". Für die Er-
zählung „Der alte Mann und das Meer" erhielt er den Nobel-
preis für Literatur. Die folgende Kurzgeschichte stammt aus
der Zeit als Kriegsberichterstatter im Spanischen Bürgerkrieg.

ALTER MANN AN DER BRÜCKE

Ein alter Mann mit einer Stahlbrille und sehr staubigen Kleidern saß am Straßen-
rand. Über den Fluss führte eine Pontonbrücke und Karren und Lastautos und
Männer, Frauen und Kinder überquerten sie. Die Maultier-Karren schwankten die
steile Uferböschung hinter der Brücke hinauf und Soldaten halfen und stemmten
5 sich gegen die Speichen der Räder. Die Lastautos arbeiteten schwer um aus alledem herauszukommen und die Bauern stapften in dem knöcheltiefen Staub einher.
Aber der alte Mann saß da ohne sich zu bewegen. Er war zu müde um noch weiter-
zugehen.
Ich hatte den Auftrag, über die Brücke zu gehen, den Brückenkopf auf der ande-
10 ren Seite auszukundschaften und ausfindig zu machen, bis zu welchem Punkt der
Feind vorgedrungen war. Ich tat das und kehrte über die Brücke zurück. Jetzt waren dort nicht mehr so viele Karren und nur noch wenige Leute zu Fuß, aber der
alte Mann war immer noch da.
„Wo kommen Sie her?", fragte ich ihn. „Aus San Carlos", sagte er und lächelte.
15 Es war sein Heimatort und darum machte es ihm Freude, ihn zu erwähnen und er
lächelte.
„Ich habe Tiere gehütet", erklärte er.
„So", sagte ich und verstand nicht ganz.
„Ja", sagte er, „wissen Sie, ich blieb um die Tiere zu hüten. Ich war der Letzte, der
20 die Stadt San Carlos verlassen hat."
Er sah weder wie ein Schäfer noch wie ein Rinderhirt aus und ich musterte seine
staubigen, schwarzen Sachen und sein graues, staubiges Gesicht und seine Stahlbrille und sagte: „Was für Tiere waren es denn?"
„Allerhand Tiere", erklärte er und schüttelte den Kopf. „Ich musste sie dalassen."
25 Ich beobachtete die Brücke und das afrikanisch aussehende Land des Ebro-Deltas
und war neugierig, wie lange es jetzt wohl noch dauern würde, bevor wir den Feind
sehen würden, und ich horchte die ganze Zeit über auf die ersten Geräusche, die
immer wieder das geheimnisvolle Ereignis ankündigen, das man ‚Fühlung nehmen' nennt, und der alte Mann saß immer noch da.
30 „Was für Tiere waren es?", fragte ich.

„Es waren im ganzen drei Tiere", erklärte er. „Es waren zwei Ziegen und eine Katze und dann noch vier Paar Tauben."

„Und Sie mussten sie dalassen?", fragte ich.

„Ja, wegen der Artillerie. Der Hauptmann befahl mir fortzugehen wegen der Ar-
35 tillerie."

„Und Sie haben keine Familie?", fragte ich und beobachtete das jenseitige Ende der Brücke, wo ein paar letzte Karren den Uferabhang hinunterjagten.

„Nein", sagte er, „nur die Tiere, die ich angegeben habe. Der Katze wird natürlich nichts passieren. Eine Katze kann für sich selbst sorgen, aber ich kann mir nicht
40 vorstellen, was aus den andern werden soll."

„Wo stehen Sie politisch?", fragte ich.

„Ich bin nicht politisch", sagte er. „Ich bin sechsundsiebzig Jahre alt. Ich bin jetzt zwölf Kilometer gegangen, und ich glaube, dass ich jetzt nicht weitergehen kann."

„Dies ist kein guter Platz zum Bleiben", sagte ich. „Falls Sie es schaffen können,
45 dort oben, wo die Straße nach Tortosa abzweigt, sind Lastwagen."

„Ich will ein bisschen warten", sagte er, „und dann werde ich gehen. Wo fahren die Lastwagen hin?"

„Nach Barcelona zu", sagte ich ihm.

„Ich kenne niemand in der Richtung", sagte er, „aber danke sehr. Nochmals sehr
50 schönen Dank."

Er blickte mich ganz ausdruckslos und müde an, dann sagte er, da er seine Sorgen mit jemandem teilen musste: „Der Katze wird nichts passieren, das weiß ich; man braucht sich wegen der Katze keine Sorgen zu machen. Aber die andern; was glauben Sie wohl von den andern?"

55 „Ach, wahrscheinlich werden sie heil durch alles durchkommen."

„Glauben Sie das?"

„Warum nicht?", sagte ich und beobachtete das jenseitige Ufer, wo jetzt keine Karren mehr waren.

„Aber was werden sie unter der Artillerie tun, wo man mich wegen der Artillerie
60 fortgeschickt hat?"

„Haben Sie den Taubenkäfig unverschlossen gelassen?", fragte ich.

„Ja."

„Dann werden sie wegfliegen."

„Ja, gewiss werden sie wegfliegen. Aber die andern? Es ist besser, man denkt nicht
65 an die andern", sagte er.

„Wenn Sie sich ausgeruht haben, sollten Sie gehen", drängte ich. „Stehen Sie auf und versuchen Sie jetzt einmal zu gehen."

„Danke", sagte er und stand auf, schwankte hin und her und setzte sich dann rücklings in den Staub.

70 „Ich habe Tiere gehütet", sagte er eintönig, aber nicht mehr zu mir. „Ich habe doch nur Tiere gehütet."

Man konnte nichts für ihn tun. Es war Ostersonntag und die Faschisten rückten gegen den Ebro vor. Es war ein grauer, bedeckter Tag mit tief liegenden Wolken, darum waren ihre Flugzeuge nicht am Himmel. Das und die Tatsache, dass Katzen
75 für sich selbst sorgen können, war alles an Glück, was der alte Mann je haben würde.

Ernest Hemingway

Wolfgang Borchert wurde 1921 in Hamburg geboren und ergriff nach seiner Lehre als Buchhändler den Schauspielberuf.
Diesen konnte er nicht lange ausüben, denn 20-jährig wurde er
zum Militärdienst eingezogen. Nach einer schweren Verwun-
dung und seiner Verurteilung zum Tode wegen »Wehrzerset-
zung« kam er zur Bewährung nach Russland. Krankheitshalber
musste er später, bereits vom Tode gezeichnet, aus dem
Wehrdienst entlassen werden. 1947 starb er in Basel. Viele
seiner Bühnenstücke, Erzählungen und Kurzgeschichten
handeln von Krieg, Gefängnis, Heimkehr, zerstörten Städten
oder Bombenangriffen. Aus allen seinen Werken spricht die
Trostlosigkeit der Kriegs- und Nachkriegsjahre – auch aus der
folgenden Kurzgeschichte.

DIE KÜCHENUHR

Sie sahen ihn schon von weitem auf sich zukommen, denn er fiel auf. Er hatte ein
ganz altes Gesicht, aber wie er ging, daran sah man, dass er erst zwanzig war. Er
setzte sich mit seinem alten Gesicht zu ihnen auf die Bank. Und dann zeigte er ihnen, was er in der Hand trug.

5 „Das war unsere Küchenuhr", sagte er und sah sie alle der Reihe nach an, die auf
der Bank in der Sonne saßen. „Ja, ich habe sie noch gefunden. Sie ist übrig geblieben."

Er hielt eine runde tellerweiße Küchenuhr vor sich hin und tupfte mit dem Finger
die blaugemalten Zahlen ab.

10 „Sie hat weiter keinen Wert", meinte er entschuldigend, „das weiß ich auch. Und
sie ist auch nicht so besonders schön. Sie ist nur wie ein Teller, so mit weißem
Lack. Aber die blauen Zahlen sehen doch ganz hübsch aus, finde ich. Die Zeiger
sind natürlich nur aus Blech. Und nun gehen sie auch nicht mehr. Nein. Innerlich
ist sie kaputt, das steht fest. Aber sie sieht noch aus wie immer. Auch wenn sie jetzt

15 nicht mehr geht."

Er machte mit der Fingerspitze einen vorsichtigen Kreis auf dem Rand der Teller-
uhr entlang. Und er sagte leise: „Und sie ist übrig geblieben."

Die auf der Bank in der Sonne saßen, sahen ihn nicht an. Einer sah auf seine Schuhe
und die Frau sah in ihren Kinderwagen.

20 Dann sagte jemand:

„Sie haben wohl alles verloren?"

„Ja, ja", sagte er freudig, „denken Sie, aber auch alles! Nur sie hier, sie ist übrig."
Und er hob die Uhr wieder hoch, als ob die anderen sie noch nicht kannten.

„Aber sie geht doch nicht mehr", sagte die Frau.

25 „Nein, nein, das nicht. Kaputt ist sie, das weiß ich wohl. Aber sonst ist sie doch
noch ganz wie immer: weiß und blau." Und wieder zeigte er ihnen seine Uhr.
„Und was das Schönste ist", fuhr er aufgeregt fort, „das habe ich Ihnen ja noch
überhaupt nicht erzählt. Das Schönste kommt nämlich noch. Denken Sie mal, sie
ist um halb drei stehen geblieben. Ausgerechnet um halb drei, denken Sie mal."

„Dann wurde Ihr Haus sicher um halb drei getroffen", sagte der Mann und schob
wichtig die Unterlippe vor. „Das habe ich schon oft gehört. Wenn die Bombe run-
tergeht, bleiben die Uhren stehen. Das kommt von dem Druck."
Er sah seine Uhr an und schüttelte überlegen den Kopf. „Nein, lieber Herr, nein,
da irren Sie sich. Das hat mit den Bomben nichts zu tun. Sie müssen nicht immer
von den Bomben reden. Nein. Um halb drei war ganz etwas anderes, das wissen
Sie nur nicht. Das ist nämlich der Witz, dass sie gerade um halb drei stehen geblieben ist. Und nicht um Viertel nach Vier oder um sieben. Um halb drei kam ich
nämlich immer nach Hause. Nachts, meine ich. Fast immer um halb drei. Das ist
ja gerade der Witz."
Er sah die anderen an, aber die hatten ihre Augen von ihm weggenommen. Er fand
sie nicht. Da nickte er seiner Uhr zu: „Dann hatte ich natürlich Hunger, nicht
wahr? Und ich ging immer gleich in die Küche. Da war es dann fast immer halb
drei. Und dann, dann kam nämlich meine Mutter. Ich konnte noch so leise die Tür
aufmachen, sie hat mich immer gehört. Und wenn ich in der dunklen Küche etwas
zu essen suchte, ging plötzlich das Licht an. Dann stand sie da in ihrer Wolljacke
und mit einem roten Schal um. Und barfuß. Immer barfuß. Und dabei war unsere
Küche gekachelt. Und sie machte ihre Augen ganz klein, weil ihr das Licht so hell
war. Denn sie hatte ja schon geschlafen. Es war ja Nacht.
So spät wieder, sagte sie dann. Mehr sagte sie nie. Nur: So spät wieder. Und dann
machte sie mir das Abendbrot warm und sah zu, wie ich aß. Dabei scheuerte sie
immer die Füße aneinander, weil die Kacheln so kalt waren. Schuhe zog sie nachts
nie an. Und sie saß so lange bei mir, bis ich satt war. Und dann hörte ich sie noch
die Teller wegsetzen, wenn ich in meinem Zimmer schon das Licht ausgemacht
hatte. Jede Nacht war es so. Und meistens immer um halb drei. Das war ganz
selbstverständlich, fand ich, dass sie mir nachts um halb drei in der Küche das Essen machte. Ich fand das ganz selbstverständlich. Sie tat das ja immer. Und sie hat
nie mehr gesagt als: So spät wieder. Aber das sagte sie jedes Mal. Und ich dachte,
das könnte nie aufhören. Es war mir so selbstverständlich. Das alles war doch immer so gewesen."
Einen Atemzug lang war es ganz still auf der Bank. Dann sagte er leise: „Und
jetzt?" Er sah die anderen an. Aber er fand sie nicht. Da sagte er der Uhr leise ins
weißblaue runde Gesicht: „Jetzt, jetzt weiß ich, dass es das Paradies war. Das richtige Paradies."
Auf der Bank war es ganz still. Dann fragte die Frau: „Und Ihre Familie?"
Er lächelte sie verlegen an: „Ach, Sie meinen meine Eltern? Ja, die sind auch mit
weg. Alles ist weg. Alles, stellen Sie sich vor. Alles weg."
Er lächelte verlegen von einem zum anderen. Aber sie sahen ihn nicht an.
Da hob er wieder die Uhr hoch und er lachte. Er lachte: „Nur sie hier. Sie ist übrig.
Und das Schönste ist ja, dass sie ausgerechnet um halb drei stehen geblieben ist.
Ausgerechnet um halb drei."
Dann sagte er nichts mehr. Aber er hatte ein ganz altes Gesicht. Und der Mann,
der neben ihm saß, sah auf seine Schuhe. Aber er sah seine Schuhe nicht. Er dach-
te immerzu an das Wort Paradies.

Wolfgang Borchert

Siegfried Lenz wurde 1926 in Lyck, einer Kleinstadt in Ostpreußen, geboren. Nach seiner Einberufung zur Marine und einer kurzen Kriegsgefangenschaft kam er 1945 nach Hamburg, wo er nach seinem Studium zunächst als Redakteur für eine große Tageszeitung arbeitete. Seit 1951 ist er als freier Schriftsteller tätig. Lenz zählt zu den großen und bedeutenden Erzählern der Nachkriegszeit. Er wurde mit vielen Auszeichnungen und Ehren bedacht. Sein Werk – er schreibt vor allem Erzählungen und Romane – ist sehr umfangreich. Als sein Meisterwerk gilt der Roman „Deutschstunde".

DIE NACHT IM HOTEL*

Der Nachtportier strich mit seinen abgerissenen Fingerkuppen über eine Kladde[1], hob bedauernd die Schultern und drehte seinen Körper zur linken Seite, wobei sich der Stoff seiner Uniform gefährlich unter dem Arm spannte.

„Das ist die einzige Möglichkeit", sagte er. „Zu so später Stunde werden Sie nir
5 gendwo ein Einzelzimmer bekommen. Es steht Ihnen natürlich frei, in anderen Hotels nachzufragen. Aber ich kann Ihnen schon jetzt sagen, daß wir, wenn Sie ergebnislos zurückkommen, nicht mehr in der Lage sein werden, Ihnen zu dienen. Denn das freie Bett in dem Doppelzimmer, das Sie – ich weiß nicht aus welchen Gründen – nicht nehmen wollen, wird dann auch einen Müden gefunden haben."
10 „Gut", sagte Schwamm, „ich werde das Bett nehmen. Nur, wie Sie vielleicht verstehen werden, möchte ich wissen, mit wem ich das Zimmer zu teilen habe; nicht aus Vorsicht, gewiß nicht, denn ich habe nichts zu fürchten. Ist mein Partner – Leute, mit denen man eine Nacht verbringt, könnte man doch fast Partner nennen – schon da?"
15 „Ja, er ist da und schläft."
„Er schläft", wiederholte Schwamm, ließ sich die Anmeldeformulare geben, füllte sie aus und reichte sie dem Nachtportier zurück; dann ging er hinauf. Unwillkürlich verlangsamte Schwamm, als er die Zimmertür mit der ihm genannten Zahl erblickte, seine Schritte, hielt den Atem an, in der Hoffnung, Geräusche, die der
20 Fremde verursachen könnte, zu hören, und beugte sich dann zum Schlüsselloch hinab. Das Zimmer war dunkel. In diesem Augenblick hörte er jemanden die Treppe heraufkommen und jetzt mußte er handeln. Er konnte fortgehen, selbstverständlich, und so tun, als ob er sich im Korridor geirrt habe. Eine andere Möglichkeit bestand darin, in das Zimmer zu treten, in welches er rechtmäßig einge
25 wiesen worden war und in dessen einem Bett bereits ein Mann schlief.
Schwamm drückte die Klinke herab. Er schloß die Tür wieder und tastete mit flacher Hand nach dem Lichtschalter. Da hielt er plötzlich inne: neben ihm – und er schloß sofort, daß da die Betten stehen müßten – sagte jemand mit einer dunklen, aber auch energischen Stimme:

---

*Text nicht der neuen Rechtschreibung angepasst
[1] Kladde: Geschäftsbuch

30 „Halt! Bitte machen Sie kein Licht. Sie würden mir einen Gefallen tun, wenn Sie das Zimmer dunkel ließen."

„Haben Sie auf mich gewartet?" fragte Schwamm erschrocken; doch er erhielt keine Antwort. Statt dessen sagte der Fremde:

„Stolpern Sie nicht über meine Krücken und seien Sie vorsichtig, daß Sie nicht

35 über meinen Koffer fallen, der ungefähr in der Mitte des Zimmers steht. Ich werde Sie sicher zu Ihrem Bett dirigieren: Gehen Sie drei Schritte an der Wand entlang, und dann wenden Sie sich nach links, und wenn Sie wiederum drei Schritte getan haben, werden Sie den Bettpfosten berühren können."

Schwamm gehorchte; er erreichte sein Bett, entkleidete sich und schlüpfte unter

40 die Decke. Er hörte die Atemzüge des anderen und spürte, daß er vorerst nicht würde einschlafen können.

„Übrigens", sagte er zögernd nach einer Weile, „mein Name ist Schwamm."

„So", sagte der andere.

„Ja."

45 „Sind Sie zu einem Kongress hierher gekommen?"

„Nein. Und Sie?"

„Nein."

„Geschäftlich?"

„Nein, das kann man nicht sagen."

50 „Wahrscheinlich habe ich den merkwürdigsten Grund, den je ein Mensch hatte, um in die Stadt zu fahren", sagte Schwamm. Auf dem nahen Bahnhof rangierte ein Zug. Die Erde zitterte, und die Betten, in denen die Männer lagen, vibrierten.

„Wollen Sie in der Stadt Selbstmord begehen?" fragte der andere.

„Nein", sagte Schwamm, „sehe ich so aus?"

55 „Ich weiß nicht, wie Sie aussehen", sagte der andere, „es ist dunkel."

Schwamm erklärte mit banger Fröhlichkeit in der Stimme:

„Gott bewahre, nein. Ich habe einen Sohn, Herr … (der andere nannte nicht seinen Namen), einen kleinen Lausejungen, und seinetwegen bin ich hierhergefahren."

60 „Ist er im Krankenhaus?"

„Wieso denn? Er ist gesund, ein wenig bleich zwar, das mag sein, aber sonst sehr gesund. Ich wollte Ihnen sagen, warum ich hier bin, hier bei Ihnen, in diesem Zimmer. Wie ich schon sagte, hängt das mit meinem Jungen zusammen. Er ist äußerst sensibel[1], mimosenhaft[2], er reagiert bereits, wenn ein Schatten auf ihn fällt."

65 „Also ist er doch im Krankenhaus."

„Nein", rief Schwamm, „ich sagte schon, daß er gesund ist, in jeder Hinsicht. Aber er ist gefährdet, dieser kleine Bengel hat eine Glasseele, und darum ist er bedroht."

„Warum begeht er nicht Selbstmord?" fragte der andere.

70 „Aber hören Sie, ein Kind wie er, ungereift, in solch einem Alter! Warum sagen Sie das? Nein, mein Junge ist aus folgendem Grunde gefährdet: jeden Morgen, wenn er zur Schule geht – er geht übrigens immer allein – jeden Morgen muß er vor einer Schranke stehenbleiben und warten, bis der Frühzug vorbei ist. Er steht dann da, der kleine Kerl, und winkt, winkt heftig und freundlich und verzweifelt."

---

[1] sensibel: empfindsam, feinfühlig
[2] mimosenhaft: übertrieben empfindlich

„Ja und?"

„Dann", sagte Schwamm, „dann geht er in die Schule, und wenn er nach Hause kommt, ist er verstört und benommen, und manchmal heult er auch. Er ist nicht imstande, seine Schularbeiten zu machen, er mag nicht spielen und nicht sprechen: Das geht nun schon seit Monaten so, jeden lieben Tag. Der Junge geht mir kaputt
80 dabei."

„Was veranlaßt ihn denn zu solchem Verhalten?"

„Sehen Sie", sagte Schwamm, „das ist merkwürdig: Der Junge winkt, und – wie er traurig sieht – es winkt ihm keiner der Reisenden zurück. Und das nimmt er sich so zu Herzen, daß wir – meine Frau und ich – die größten Befürchtungen haben.
85 Er winkt, und keiner winkt zurück, man kann die Reisenden natürlich nicht dazu zwingen, und es wäre absurd und lächerlich, eine diesbezügliche Vorschrift zu erlassen, aber …"

„Und Sie, Herr Schwamm, wollen nun das Elend Ihres Jungen aufsaugen, indem Sie morgen den Frühzug nehmen, um dem Kleinen zu winken?"
90 „Ja", sagte Schwamm, „ja."

„Mich", sagte der Fremde, „gehen Kinder nichts an. Ich hasse sie und weiche ihnen aus, denn ihretwegen habe ich – wenn man's genau nimmt – meine Frau verloren. Sie starb bei der ersten Geburt."

„Das tut mir leid", sagte Schwamm und stützte sich im Bett auf. Eine angenehme
95 Wärme floß durch seinen Körper; er spürte, daß er jetzt würde einschlafen können.

Der andere fragte: „Sie fahren nach Kurzbach, nicht wahr?"

„Ja."

„Und Ihnen kommen keine Bedenken bei Ihrem Vorhaben? Offener gesagt: Sie
100 schämen sich nicht, Ihren Jungen zu betrügen? Denn, was Sie vorhaben, Sie müssen es zugeben, ist doch ein glatter Betrug, eine Hintergehung."

Schwamm sagte aufgebracht: „Was erlauben Sie sich, ich bitte Sie, wie kommen Sie dazu!" Er ließ sich fallen, zog die Decke über den Kopf, lag eine Weile überlegend da und schlief dann ein.
105 Als er am nächsten Morgen erwachte, stellte er fest, daß er allein im Zimmer war. Er blickte auf die Uhr und erschrak: bis zum Morgenzug blieben ihm noch fünf Minuten, es war ausgeschlossen, daß er ihn noch erreichte.

Am Nachmittag – er konnte es sich nicht leisten, noch eine Nacht in der Stadt zu bleiben – kam er niedergeschlagen und enttäuscht zu Hause an.
110 Sein Junge öffnete ihm die Tür, glücklich, außer sich vor Freude. Er warf sich ihm entgegen und hämmerte mit den Fäusten gegen seinen Schenkel und rief: „Einer hat gewinkt, einer hat ganz lange gewinkt."

„Mit einer Krücke?" fragte Schwamm.

„Ja, mit einem Stock. Und zuletzt hat er sein Taschentuch an den Stock gebunden
115 und es so lange aus dem Fenster gehalten, bis ich es nicht mehr sehen konnte."

Siegfried Lenz

Ilse Aichinger wurde 1921 als Tochter eines Lehrers und einer jüdischen Ärztin in Wien geboren. Nach ihrem Abitur durfte sie als Halbjüdin unter dem nationalsozialistischen Regime nicht studieren. Während ihre Zwillingsschwester nach England auswanderte, blieb sie zum Schutz ihrer Mutter in Wien und versteckte diese, damit sie nicht wie andere Verwandte in das KZ verschleppt und umgebracht wurde.

Nach dem Krieg wurde sie Schriftstellerin und mit vielen bedeutenden Preisen ausgezeichnet. Ihre Erzählungen, Kurzgeschichten, Hörspiele und Gedichte sind alle durch eine sehr knappe Sprache gekennzeichnet. Es fällt daher nicht immer leicht, sie zu verstehen.

DAS FENSTER-THEATER

Die Frau lehnte am Fenster und sah hinüber. Der Wind trieb in leichten Stößen vom Fluss herauf und brachte nichts Neues. Die Frau hatte den starren Blick neugieriger Leute, die unersättlich sind. Es hatte ihr noch niemand den Gefallen getan, vor ihrem Haus niedergefahren zu werden. Außerdem wohnte sie im vorletz-
5   ten Stock, die Straße lag zu tief unten. Der Lärm rauschte nur mehr leicht herauf. Alles lag zu tief unten. Als sie sich eben vom Fenster abwenden wollte, bemerkte sie, dass der Alte gegenüber Licht angedreht hatte. Da es noch ganz hell war, blieb dieses Licht für sich und machte den merkwürdigen Eindruck, den aufflammende Straßenlaternen unter der Sonne machen. Als hätte einer an seinen Fenstern die
10 Kerzen angesteckt, noch ehe die Prozession die Kirche verlassen hat. Die Frau blieb am Fenster.
Der Alte öffnete und nickte herüber. Meint er mich?, dachte die Frau. Die Wohnung über ihr stand leer und unterhalb lag eine Werkstatt, die um diese Zeit schon geschlossen war. Sie bewegte leicht den Kopf. Der Alte nickte wieder. Er griff sich
15 an die Stirne, entdeckte, dass er keinen Hut aufhatte, und verschwand im Innern des Zimmers.
Gleich darauf kam er in Hut und Mantel wieder. Er zog den Hut und lächelte. Dann nahm er ein weißes Tuch aus der Tasche und begann zu winken. Erst leicht und dann immer eifriger. Er hing über die Brüstung, dass man Angst bekam, er
20 würde vornüberfallen. Die Frau trat einen Schritt zurück, aber das schien ihn nur zu bestärken. Er ließ das Tuch fallen, löste seinen Schal vom Hals – einen großen bunten Schal – und ließ ihn aus dem Fenster wehen. Dazu lächelte er. Und als sie noch einen weiteren Schritt zurücktrat, warf er den Hut mit einer heftigen Bewegung ab und wand den Schal wie einen Turban um seinen Kopf. Dann kreuzte er
25 die Arme über der Brust und verneigte sich. Sooft er aufsah, kniff er das linke Auge zu, als herrsche zwischen ihnen ein geheimes Einverständnis. Das bereitete ihr solange Vergnügen, bis sie plötzlich nur mehr seine Beine in dünnen, geflickten Samthosen in die Luft ragen sah. Er stand auf dem Kopf. Als sein Gesicht gerötet, erhitzt und freundlich wieder auftauchte, hatte sie schon die Polizei verständigt.
30 Und während er in ein Leintuch gehüllt abwechselnd an beiden Fenstern er-

schien, unterschied sie schon drei Gassen weiter über dem Geklingel der Straßen-
bahnen und dem gedämpften Lärm der Stadt das Hupen des Überfallautos. Denn ihre Erklärung hatte nicht sehr klar und ihre Stimme erregt geklungen. Der alte Mann
lachte jetzt, sodass sich sein Gesicht in tiefe Falten legte, streifte dann mit einer vagen Gebärde darüber, wurde ernst, schien das Lachen eine Sekunde lang in
der hohlen Hand zu halten und warf es dann hinüber. Erst als der Wagen schon
um die Ecke bog, gelang es der Frau, sich von seinem Anblick loszureißen.
Sie kam atemlos unten an. Eine Menschenmenge hatte sich um den Polizeiwagen
gesammelt. Die Polizisten waren abgesprungen und die Menge kam hinter ihnen
und der Frau her. Sobald man die Leute zu verscheuchen suchte, erklärten sie ein-
stimmig in diesem Hause zu wohnen. Einige davon kamen bis zum letzten Stock
mit. Von den Stufen beobachteten sie, wie die Männer, nachdem ihr Klopfen vergeblich blieb und die Glocke allem Anschein nach nicht funktionierte, die Tür auf-

brachen. Sie arbeiteten schnell und mit einer Sicherheit, von der jeder Einbrecher
lernen konnte. Auch in dem Vorraum, dessen Fenster auf den Hof sahen, zöger-
ten sie nicht eine Sekunde. Zwei von ihnen zogen die Stiefel aus und schlichen um
die Ecke. Es war inzwischen finster geworden. Sie stießen an einen Kleiderstän-
der, gewahrten den Lichtschein am Ende des schmalen Ganges und gingen ihm
nach. Die Frau schlich hinter ihnen her.
Als die Tür aufflog, stand der alte Mann mit dem Rücken zu ihnen gewandt noch
immer am Fenster. Er hielt ein großes weißes Kissen auf dem Kopf, das er immer
wieder abnahm, als bedeutete er jemandem, dass er schlafen wolle. Den Teppich,
den er vom Boden genommen hatte, trug er um die Schultern. Da er schwerhörig
war, wandte er sich auch nicht um, als die Männer schon knapp hinter ihm standen
und die Frau über ihn hinweg in ihr eigenes finsteres Fenster sah.
Die Werkstatt unterhalb war, wie sie angenommen hatte, geschlossen. Aber in die
Wohnung oberhalb musste eine neue Partei eingezogen sein. An eines der er-
leuchteten Fenster war ein Gitterbett geschoben, in dem aufrecht ein kleiner Knabe stand. Auch er trug sein Kissen auf dem Kopf und die Bettdecke um die Schultern. Er sprang und winkte herüber und krähte vor Jubel. Er lachte, strich mit der
Hand über das Gesicht, wurde ernst und schien das Lachen eine Sekunde lang in
der hohlen Hand zu halten. Dann warf er es mit aller Kraft den Wachleuten ins
Gesicht.

Ilse Aichinger

ANEKDOTEN UND ANDERE GESCHICHTEN

Der Dichter Heinrich von Kleist (1777 – 1811) entstammte einer preußischen Offiziersfamilie. Bevor er sich der Schriftstellerei zuwandte, war er Offizier in der preußischen Armee. Kleist gilt als der berühmteste Anekdotenerzähler in der deutschen Literatur. Seine Anekdoten veröffentlichte er meist in Zeitungen. In der damaligen Zeit waren diese kleinen Geschichten sehr beliebt.
Die folgende Anekdote schrieb Kleist für die „Berliner Abendblätter":

Anekdote aus dem letzten preußischen Kriege

In einem bei Jena liegenden Dorf, erzählte mir, auf einer Reise nach Frankfurt, der Gastwirt, dass sich mehrere Stunden nach der Schlacht, um die Zeit, da das Dorf schon ganz von der Armee des Prinzen von Hohenlohe verlassen und von Franzosen, die es für besetzt gehalten, umringt gewesen wäre, ein einzelner preußischer Reiter ...

ANEKDOTE AUS DEM LETZTEN PREUSSISCHEN KRIEGE

In einem bei Jena liegenden Dorf, erzählte mir, auf einer Reise nach Frankfurt, der Gastwirt, dass sich mehrere Stunden nach der Schlacht, um die Zeit, da das Dorf schon ganz von der Armee des Prinzen von Hohenlohe verlassen und von Franzosen, die es für besetzt gehalten, umringt gewesen wäre, ein einzelner preußischer
5 Reiter darin gezeigt hätte; und versicherte mir, dass wenn alle Soldaten, die an diesem Tage mitgefochten, so tapfer gewesen wären, wie dieser, die Franzosen hätten geschlagen werden müssen, wären sie auch noch dreimal stärker gewesen, als sie in der Tat waren.

1 Lest euch den Beginn dieser Anekdote mehrmals aufmerksam durch. Ihr habt sicher bemerkt, dass der lange und verschachtelte Einleitungssatz nicht leicht zu verstehen ist. Ihr könnt ihn in leicht verständliche, kurze Sätze zerlegen:

Es war in einem Dorf bei Jena. – Ich war auf einer Reise nach Frankfurt. – Der Gastwirt erzählte mir von einem preußischen Reiter. – Es war mehrere Stunden nach der Schlacht. – Zu dieser Zeit war …

Formt auch den übrigen Text in kleinere und überschaubare Sätze um.

2 Überlegt, warum der Gastwirt den preußischen Reiter als „so tapfer" bezeichnet haben könnte. Welche Heldentaten könnte dieser vollbracht haben?

3 Diese Anekdote ist 1810 entstanden und bezieht sich auf ein geschichtliches Ereignis aus dieser Zeit.

Aus einem Geschichtsbuch:

„Der nächste Schlag Napoleons traf Preußen. In der Doppelschlacht von Jena und Auerstedt im Jahre 1806 wurde die preußische Armee von Napoleon vernichtend geschlagen. Das preußische Heer floh. Französische Reiter verfolgten die Fliehenden. Die Niederlage traf den Staat so unerwartet, dass sich die meisten Festungen ergaben ohne auch nur einen einzigen Schuss abgegeben zu haben. Preußen brach zusammen. Napoleon zog als Sieger in Berlin ein. Im Frieden von Tilsit im Jahre 1807 verlor Preußen alle Gebiete westlich der Elbe und musste große Geldbeträge an Frankreich zahlen; die Festungen blieben von den Franzosen besetzt."

Welche dieser geschichtlichen Einzelheiten findet
ihr auch im vorausgegangenen Textausschnitt?

4 Wir lesen die Anekdote weiter:

... Dieser Kerl, sprach der Wirt, sprengte, ganz von Staub bedeckt, vor meinen
10 Gasthof und rief: „Herr Wirt!", und da ich frage: „Was gibt's?" „Ein Glas Branntewein!", antwortet er, indem er sein Schwert in die Scheide wirft: „Mich dürstet." „Gott im Himmel!", sag ich: „Will er machen, Freund, dass er wegkömmt? Die Franzosen sind ja dicht vor dem Dorf!" „Ei was!", spricht er, indem er dem Pferde den Zügel über den Hals legt. „Ich habe den ganzen Tag nichts genossen." Nun er
15 ist, glaub ich, vom Satan besessen! „He! Liese!", rief ich, „und schaff ihm eine Flasche Danziger herbei", und sage: „Da!", und will ihm die ganze Flasche in die Hand drücken, damit er nur reite. „Ach, was!", spricht er, indem er die Flasche wegstößt, und sich den Hut abnimmt: „Wo soll ich mit dem Quark hin?" Und: „Schenk er ein!", spricht er, indem er sich den Schweiß von der Stirn abtrocknet: „Denn ich
20 habe keine Zeit!" „Nun, er ist ein Kind des Todes", sag ich. „Da!", sag ich und schenk ihm ein; „da! trink er und reit er! Wohl mag's ihm bekommen!" „Noch eins!", spricht der Kerl; während die Schüsse schon von allen Seiten ins Dorf prasseln. Ich sage: „Noch eins? Plagt ihn –?" „Noch eins!", spricht er und streckt mir das Glas hin – „Und gut gemessen", spricht er, indem er sich den Bart wischt und
25 sich vom Pferde herab schneuzt: „Denn es wird bar bezahlt!" Ei, mein Seel, so wollt ich doch, dass ihn –! „Da!", sag ich, und schenk ihm noch, wie er verlangt, ein zweites, und schenk ihm, da er getrunken, noch ein drittes ein und frage: „Ist er nun zufrieden?" „Ach!" – schüttelt sich der Kerl. „Der Schnaps ist gut! – Na!", spricht er und setzt sich den Hut auf: „Was bin ich schuldig?" „Nichts! Nichts!",
30 versetz ich. „Pack er sich, in Teufelsnamen; die Franzosen ziehen augenblicklich ins Dorf!" „Na!", sagt er, indem er in seinen Stiefel greift: „So soll's ihm Gott lohnen", und holt aus dem Stiefel einen Pfeifenstummel hervor und spricht, nachdem er den Kopf ausgeblasen: „Schaff er mir Feuer!" „Feuer?", sag ich: „Plagt ihn –?" „Feuer, ja!", spricht er: „denn ich will mir eine Pfeife Tabak anmachen." Ei,
35 den Kerl reiten Legionen –! „He, Lies", ruf ich das Mädchen, und während der Kerl sich die Pfeife stopft, schafft das Mensch ihm Feuer. „Na!", sagt der Kerl, die Pfeife, die er sich angeschmaucht, im Maul: „Nun sollen doch die Franzosen die Schwerenot kriegen!" Und damit, indem er sich den Hut in die Augen drückt und zum Zügel greift, wendet er das Pferd und zieht vom Leder. „Ein Mordskerl!", sag
40 ich; „ein verfluchter, verwetterter Galgenstrick! Will er sich in Henkers Namen scheren, wo er hingehört? Drei Chasseurs[1] – sieht er nicht? halten ja schon vor dem Tor?" „Ei was!", spricht er, indem er ausspuckt; und fasst die drei Kerls blitzend ins

---
[1] Chasseur: Jäger in der französischen Armee

71

Auge. „Wenn ihrer zehen wären, ich fürcht mich nicht." Und in dem Augenblick reiten auch die drei Franzosen schon ins Dorf.

Obwohl das Dorf längst von den feindlichen Franzosen umringt war, verhält sich der preußische Reiter sehr ungewöhnlich. Erzählt.

5 Lest nach, wie sich der Gastwirt in der geschilderten Situation verhält: erfreut – gleichgültig – erstaunt – erschrocken – humorvoll – aufgebracht – furchtsam – ruhig – ernsthaft – aufgeregt – sachlich – nervös – gelassen – unruhig.

Das Verhalten soll auch beim Leser zum Ausdruck kommen. Wählt euch weitere passende Textstellen aus und lest sie sinngestaltend vor:

Dieser Kerl, ' sprach der Wirt, | sprengte, ' ganz von Staub bedeckt, ' vor meinen Gasthof ' und rief: | „Herr Wirt!", | und da frage ich: ' „Was gibt's?" ❙ „Ein Glas Branntewein!", | antwortet er, ' indem er sein Schwert in die Scheide wirft. ❙

6 So endet die Anekdote:

45 „Bassa Manelka!", ruft der Kerl und gibt seinem Pferde die Sporen und sprengt auf sie ein; sprengt, so wahr Gott lebt, auf sie ein und greift sie, als ob er das ganze Hohenlohische Korps hinter sich hätte, an; dergestalt, dass da die Chasseurs, ungewiss, ob nicht noch mehr Deutsche im Dorf sein mögen, einen Augenblick, wider ihre Gewohnheit stutzen, er, mein Seel, ehe man noch eine Hand umkehrt, alle
50 drei vom Sattel haut, die Pferde, die auf dem Platz herumlaufen, aufgreift, damit bei mir vorbeisprengt, und: „Bassa Teremtetem!" ruft, und: „Sieht er wohl, Herr Wirt?" und „Adies!" und „Auf Wiedersehn!" und „hoho! hoho! hoho!" – – „So einen Kerl", sprach der Wirt, „habe ich zeit meines Lebens nicht gesehen".

Heinrich von Kleist

Erzählt den Ausgang der Anekdote nach. Formt dabei wieder in leicht verständliche Sätze um:

> Der Kerl ruft „Bassa Manelka!"
> Er gibt seinem Pferd ...

7 Diese Anekdote wurde 1810 in Berlin abgedruckt, das zu dieser Zeit von französischen Truppen besetzt war. Überlegt, welche Wirkung diese Anekdote auf die Leser gehabt haben könnte.

8 Anekdoten handeln häufig von besonderen Begebenheiten. Was ist das Besondere in dieser Anekdote: der Krieg zwischen den Preußen und Franzosen – die Belagerung des Dorfes durch die Franzosen – der mutige Kampf des preußischen Reiters mit den drei Chasseurs – die tollkühne Unerschrockenheit des Reiters – die spannende Erzählweise des Gastwirts?

9 Johann Peter Hebel (1760 – 1826) war ein Zeitgenosse Heinrich von Kleists. Der Dichter ist vor allem durch seine Kalendergeschichten bekannt geworden, von denen ihr sicherlich einige schon kennt. Er schrieb aber auch Anekdoten. Die folgende Anekdote handelt ebenfalls vom Krieg Preußens mit Frankreich. Hebel hat sie für die Zeitschrift „Rheinländischer Hausfreund" geschrieben.

SCHLECHTER LOHN

Als im letzten preußischen Krieg der Franzos nach Berlin kam, in die Residenzstadt des Königs von Preußen, da wurde unter anderm viel königliches Eigentum weggenommen und fortgeführt oder verkauft. Denn der Krieg bringt nichts, er holt. Was noch so gut verborgen war, wurde entdeckt und manches davon zur
5 Beute gemacht, doch nicht alles. Ein großer Vorrat von königlichem Bauholz blieb lange unverraten und unversehrt. Doch kam zuletzt noch ein Spitzbube von des Königs eigenen Untertanen, dachte, da ist ein gutes Trinkgeld zu verdienen, und zeigte dem französischen Kommandanten mit schmunzlicher Miene und spitzbübischen Augen an, was für ein schönes Quantum[1] von eichenen und tannenen Bau-
10 stämmen noch da und da beisammenliege, woraus manch tausend Gulden zu lösen wäre. Aber der brave Kommandant gab schlechten Dank für die Verräterei und sagte: „Lasst Ihr die schönen Baustämme nur liegen, wo sie sind. Man muss dem Feind nicht sein Notwendiges nehmen. Denn wenn Euer König wieder ins Land kommt, so braucht er Holz zu neuen Galgen für so ehrliche Untertanen, wie Ihr einer seid."
15

Johann Peter Hebel

Erzählt, von welcher besonderen Begebenheit diese Anekdote handelt.

---

[1] Quantum: eine bestimmte Menge

10 Von der geschilderten Begebenheit hat auch Heinrich von Kleist in der Zeitung „Berliner Abendblätter" geschrieben:

Franzosen-Billigkeit[1]

Zu dem französischen General Hulin kam, während des Kriegs, ein … Bürger und gab, behufs[2] einer kriegsrechtlichen Beschlagnehmung, zu des Feindes Besten, eine Anzahl im Pontonhof[3] liegender Stämme an. Der General, der sich eben anzog, sagte: „Nein, mein Freund; diese Stämme können wir nicht nehmen." – „Warum nicht?", fragte der Bürger. „Es ist königliches Eigentum." – „Eben darum", sprach der General, indem er ihn flüchtig ansah. „Der König von Preußen braucht dergleichen Stämme um solche Schurken daran hängen zu lassen, wie er." –

Heinrich von Kleist

Vergleicht beide Anekdoten miteinander: Wie beginnen sie? Welche Anekdote ist leichter zu verstehen? Wie enden die beiden Geschichten?

Von bekannten Persönlichkeiten

1 Aus einem Lexikon:

Bismarck, Otto von: *1. 4. 1815 in Schönhausen, † 30. 7. 1898 in Friedrichsruh.
1851–59 preußischer Gesandter am Bundestag in Frankfurt, 1859 Gesandter in St. Petersburg und 1862 in Paris, 1862–90 preußischer Ministerpräsident, 1871–90 Reichskanzler.
Eines seiner politischen Ziele war die Vorherrschaft Preußens in Deutschland. Dieses Ziel wurde durch die Gründung des Deutschen Reiches im Jahre 1871 erreicht. 1890 wurde er wegen persönlicher und politischer Meinungsverschiedenheiten von dem jungen Kaiser Wilhelm II. entlassen.

Berichtet, was ihr aus dem Geschichtsunterricht über Otto von Bismarck sonst noch wisst.

2 Über Bismarck wird folgende Anekdote erzählt:

Der schlagfertige Bismarck

Seit Wochen hielt der „Ball der Saison" die Reichshauptstadt in Atem. Alles, was in den achtziger Jahren des vergangenen Jahrhunderts Rang und Namen hatte,

---

[1] Billigkeit: etwas, was richtig und angebracht ist
[2] behufs: aufgrund
[3] Ponton: Brückenschiff

war eingeladen worden. Neben den in Berlin akkreditierten[1] Diplomaten waren auch sämtliche Vertreter der Weltpresse erschienen.

5 Reichskanzler Fürst Otto von Bismarck führte die Gattin eines südländischen Gesandten zu Tisch. Im Laufe des Gesprächs versuchte diese ihm begreiflich zu machen, dass die deutsche Sprache, die sie unter Aufbietung aller Kräfte habe erlernen können, unter „zu vielen Wörtern leide, die alle nur die gleiche Bedeutung hätten". Fürst Bismarck vertrat die Ansicht, dass gerade in dieser vielfachen Aus-

10 drucksmöglichkeit der Reichtum einer Sprache liegen könne und behauptete im Übrigen, dass es in der deutschen Sprache keine Worte mit genau derselben Bedeutung gäbe.

Die Dame ließ sich nicht so ohne weiteres belehren und wollte unbedingt den Unterschied zwischen „speisen" und „essen" wissen.

15 Bismarck erklärte also: „Gnädige Frau, Sie werden wissen, dass Jesus Christus zwar Zehntausende ‚speiste' – allein er ‚aß' sie nicht."

„Nun gut", erwiderte die Dame, „aber zwischen ‚senden' und ‚schicken' gibt es bestimmt keinen Unterschied!"

Fürst Bismarck schmunzelte und sagte gelassen: „Aber, gnädige Frau, ich glaube

20 kaum, dass Sie Ihren Gemahl als einen ‚Geschickten' bezeichnen möchten, wo er doch ein ‚Gesandter' ist."

Frauen lassen sich nur schwer überzeugen. Die Dame war so unvorsichtig den Unterschied zwischen „sicher" und „gewiss" erfahren zu wollen. „Da kann ich Ihnen sogar eine Geschichte erzählen, gnädige Frau", sagte darauf Bismarck mit toderns-

25 ter Miene. „Nehmen wir an, ich ginge mit Ihnen Unter den Linden[2] spazieren. Da entsteht plötzlich eine Volksbewegung, durch die Sie unglücklicherweise ins Gedränge und letztlich in eine sehr unangenehme Lage geraten. Ich biete Ihnen meinen Arm und geleite Sie selbstverständlich an einen ‚sicheren' Ort – nicht aber an einen ‚gewissen'." Die Wissbegierde der Dame war endgültig gestillt.

Ralph G. Bender

Erklärt, welches Problem die Frau des Gesandten mit der deutschen Sprache hatte. Welche Meinung vertrat sie?

3 Aus einem Wörterbuch:

essen: (etwas als Nahrung zu sich nehmen); Brot essen – eine Kleinigkeit essen – was gibt es zu essen? – dem Bettler etwas zu essen geben – viel essen

speisen: (Speise zu sich nehmen, eine Mahlzeit einnehmen, essen, jemandem zu essen geben); wir haben zu Abend gespeist – habt ihr schon gespeist? – die Hungrigen speisen

schicken: (jemanden/etwas schicken, senden, bringen lassen); einen Boten schicken – Blumen schicken – ein Kind in die Schule schicken – nach dem Arzt schicken

senden: (jemanden/etwas senden, schicken, übermitteln); Grüße senden – von Gott gesandt sein; **Gesandter**, der: diplomatischer Vertreter eines Staates, Botschafter

---

[1] akkreditieren: bevollmächtigen, beglaubigen
[2] Unter den Linden: Prachtstraße in Berlin

Wie ist es Bismarck gelungen, die Frau des Gesandten zu überzeugen, dass es in der deutschen Sprache keine Wörter mit genau derselben Bedeutung gibt? Vergleicht die Bedeutungen der einzelnen Wörter miteinander.

4 Steht eine bekannte Persönlichkeit im Mittelpunkt einer Anekdote, erfährt man meist auch etwas über deren Eigenschaften und Charakterzüge. Überlegt, welche Eigenschaft Bismarcks in dieser Anekdote deutlich wird.

5 Auch die folgenden zwei Anekdoten werden über Bismarck erzählt:

WAHRHEIT UND LÜGE

In den Verhandlungen Bismarcks mit Vertretern der deutschen Kleinstaaten gab es verständlicherweise ständig Reibereien und Auseinandersetzungen. Einst musste sich Bismarck eine ebenso lange wie salbungsvolle Rede eines Abgeordneten anhören. Um die Richtigkeit seiner Worte noch zu unterstreichen, meinte dieser

5 zum Schluss seiner Rede: „Meine Herren, man weiß von mir, dass ich seit meiner Jugend mit der Wahrheit verheiratet bin."
Bismarck war so viel Überheblichkeit doch zu viel. „Darf man fragen", wandte er sich höflich an den Sprecher, „wie lange Exzellenz inzwischen Witwer sind?"

Verfasser unbekannt

DIE PISTOLENSCHÜSSE

Während seiner Frankfurter Zeit hatte Bismarck das Pech, bei einem Mann zu wohnen, der sehr geizig und auf alle Preußen schlecht zu sprechen war. Als er einmal die Zimmerglocke verlangte um nicht dauernd nach seinem Diener rufen zu müssen, erklärte der unfreundliche Wirt, er halte sich nicht für verpflichtet seinen

5 Mietern eine Klingel zu besorgen. Bismarck sagte nichts.
Am Abend dröhnten in Bismarcks Zimmer ein paar Pistolenschüsse. Schlotternd vor Angst raste der Hauswirt in das Zimmer seines Mieters. Fassungslos sah er Bismarck seelenruhig an seinem Schreibtisch sitzen, neben ihm noch die rauchende Pistole. „Was ist denn hier passiert?", fragte er ängstlich.

10 „Gar nichts", antwortete Bismarck, „ich habe nur meinem Diener ein Zeichen gegeben." Schon am nächsten Morgen erhielt er die gewünschte Zimmerglocke.

Verfasser unbekannt

Wie wird in diesen Anekdoten die Persönlichkeit Bismarcks charakterisiert? Welche der folgenden Eigenschaften treffen auf ihn zu:

gerecht – überheblich – ehrlich – gefühlskalt – verschlossen – offen – heimtückisch – humorvoll – ernst – geduldig – schlagfertig – verständnisvoll – unüberlegt – ungeduldig – aufbrausend – taktvoll – ungerecht – ironisch – gefühllos – versöhnlich

Sucht für jede der beiden Anekdoten das treffendste Eigenschaftswort.

6 Auch die folgenden Anekdoten handeln von berühmten Persönlichkeiten:

ALBERT EINSTEIN

Einstein lebte sehr sparsam. Auch seine Kleidung verriet es. „Willst du dir nicht gelegentlich einmal einen neuen Mantel kaufen?", fragte ein Freund, als er den Physiker auf einem Spaziergang traf.
„Wozu?", lächelte Einstein. „Hier kennt mich jeder und weiß, wer ich bin ..." Der
5 Freund traf Einstein in demselben Mantel einige Zeit später in New York und meinte: „Du trägst ihn ja immer noch!"
„Warum nicht?", fragte Einstein. „Hier weiß ja niemand, wer ich bin."

Verfasser unbekannt

LUDWIG THOMA

Einmal im Fasching stand meine Mutter mit Ludwig Thoma plaudernd auf der Galerie des Saales, als drunten sich der Vorhang zum Festspiel des Abends hob. Eine Weile hörten sie zu; als aber der Lärm immer größer und der Text immer unverständlicher wurden, sagte meine Mutter lachend zu Thoma: „Geh zu, den
5 Schmarren brauch'n ma doch net anhör'n!" „Hast Recht!", antwortete Thoma und wandte sich zum Gehen ohne auch nur mit einem Wort anzudeuten, dass das Spiel von ihm verfasst war.

Eugen Roth

KONRAD ADENAUER

Bei schwierigen Verhandlungen mit einer Gruppe bayerischer Politiker kam Dr. Adenauer nicht recht weiter. Nach langer, erbittert geführter Debatte meinte einer der bayerischen Wortführer schließlich vorwurfsvoll: „Aber mir san doch net bloß hergekommen, Herr Bundeskanzler, um Ja und Amen zu sagen!" Darauf mit
5 entwaffnender Liebenswürdigkeit der Bundeskanzler: „Dat ist ja auch jar nich nötich, Herr Kollege! Mir genügt es, wenn Sie Ja sagen!"

Helmut Will

Erzählt, was ihr über diese drei Persönlichkeiten bereits wisst. Welche ihrer Eigenschaften und Charakterzüge sind aus diesen Anekdoten herauszulesen?

... und am Ende eine Überraschung!

1 Die folgende Anekdote handelt von einem bekannten Dichter:

THEODOR FONTANE

Theodor Fontane arbeitete viele Jahre hindurch als Theater-
kritiker und hatte die Gewohnheit, nach der Rückkehr von
der Vorstellung noch eine Kleinigkeit zu essen. Damit war
seine Gattin Emilie nicht einverstanden, weil sie meinte, es
5 sei ungesund, kurz vor dem Schlafengehen noch zu essen. Da
sie meist die Ankunft des Gatten nicht abwartete, sondern
früher zu Bett ging, zog sie einfach den Schlüssel zur Speisekammer ab und Theodor hatte dann das Nachsehen.
Einmal aber vergaß sie diese Gewohnheit und daher musste
10 Emilie am nächsten Morgen misstrauisch fragen: „Warst du
gestern Nacht noch in der Speisekammer? Meines Wissens
hatte ich vier Scheiben Wurst aufgehoben, heute sehe ich nur
noch eine?"

?

Verfasser unbekannt

Überlegt, welche Antwort Fontane seiner Frau gegeben haben könnte. Vergleicht eure Vermutungen mit der tatsächlichen Antwort des Dichters.

„Entschuldige, liebe Emilie", antwortete Theodor, „es war so dunkel in der Speisekammer, dass ich die eine übersehen habe."

2 Die Antwort Fontanes kommt für den Leser der Anekdote unerwartet. Die Geschichte bringt
am Ende eine Überraschung (Pointe). Auch die folgende Anekdote bringt für den Leser eine
überraschende Wende:

MARK TWAIN

Als Mark Twain ' sich auf einer Vortragstournee durch
Europa befand, ' tauchte das Gerücht auf, ' der beliebte
Humorist sei plötzlich gestorben. I Man kabelte sofort nach
London, ' ob diese Nachricht wahr sei. I Mark Twain kabelte
zurück: ' „Nachricht von meinem Tode ' stark übertrieben." I

Verfasser unbekannt

Sucht in diesem Text die Pointe und lest sie sinngestaltend
vor. Überlegt, welche Wirkung sie auf den Leser hat.

PETER ROSEGGER

Der Schriftsteller Peter Rosegger traf in Graz auf der Straße seinen Hausarzt und klagte über eine lange Reihe von Leiden: Kopfschmerzen, Rheuma, Magenbeschwerden usw. „Aber Sie sehen doch recht gut aus", erwiderte der Arzt. Darauf Rosegger:

Verfasser unbekannt

Drei verschiedene Möglichkeiten zur Auswahl:

  „Ich danke Ihnen für dieses Kompliment."
  „Als Arzt hätte ich von Ihnen eine andere Antwort erwartet. Sie leben ja von kranken Patienten."
  „Ja, im Gesicht fehlt mir ja nichts."

Welche ist eurer Meinung nach die richtige Pointe? Begründet eure Vermutungen.

4 Die folgende Geschichte lässt sich in eine Anekdote umformen:

DAS GESCHENK

Das Alter eines Pferdes kann man an dessen Zähnen erkennen. Deswegen untersuchen Fachleute beim Pferdekauf das Gebiss des Pferdes. König Ludwig I. von Bayern wollte seinem Stallmeister zum 50. Geburtstag eine Freude machen und schenkte ihm ein Pferd. Der Stallmeister hob nun den Schweif des Pferdes und betrachtete es von hinten. Auf die erstaunte Frage des Königs antwortete er mit einem bekannten Sprichwort.

● Denkt dabei daran, dass die Anekdote von einer besonderen Begebenheit handeln soll.

● Schmückt diese kurze Inhaltsangabe aus, damit die Geschichte lesenswert und anschaulich wird.

● Schreibt in der Vergangenheit. Anekdoten erzählen von einem zurückliegenden Geschehen.

● Verwendet wörtliche Reden. Sie machen die Anekdote lebendig.

● Findet einen Schluss, der überrascht. Anekdoten enden mit einer Pointe.

ANEKDOTE ZUR SENKUNG DER ARBEITSMORAL

In einem Hafen an einer westlichen Küste Europas liegt ein ärmlich gekleideter Mann in seinem Fischerboot und döst. Ein schick angezogener Tourist legt eben einen neuen Farbfilm in seinen Fotoapparat um das idyllische Bild zu fotografieren: blauer Himmel, grüne See mit friedlichen schneeweißen Wellenkämmen,
5 schwarzes Boot, rote Fischermütze. Klick. Noch einmal: klick, und da aller guten Dinge drei sind und sicher sicher ist, ein drittes Mal: klick. Das spröde, fast feindselige Geräusch weckt den dösenden Fischer, der sich schläfrig aufrichtet, schläfrig nach seiner Zigarettenschachtel angelt, aber bevor er das Gesuchte gefunden, hat ihm der eifrige Tourist schon eine Schachtel vor die Nase gehalten, ihm die Zi-
10 garette nicht gerade in den Mund gesteckt, aber in die Hand gelegt, und ein viertes Klick, das des Feuerzeuges, schließt die eilfertige Höflichkeit ab. Durch jenes kaum messbare, nie nachweisbare Zuviel an flinker Höflichkeit ist eine gereizte Verlegenheit entstanden, die der Tourist – der Landessprache mächtig – durch ein Gespräch zu überbrücken versucht.
15 „Sie werden heute einen guten Fang machen."
Kopfschütteln des Fischers.
„Aber man hat mir gesagt, dass das Wetter günstig ist."
Kopfnicken des Fischers.
„Sie werden also nicht ausfahren?" Kopfschütteln des Fischers, steigende Nervo-
20 sität des Touristen. Gewiss liegt ihm das Wohl des ärmlich gekleideten Menschen am Herzen, nagt an ihm die Trauer über die verpasste Gelegenheit. „Oh, Sie fühlen sich nicht wohl?"
Endlich geht der Fischer von der Zeichensprache zum wahrhaft gesprochenen Wort über. „Ich fühle mich großartig", sagt er. „Ich habe mich nie besser gefühlt."
25 Er steht auf, reckt sich, als wollte er demonstrieren, wie athletisch er gebaut ist. „Ich fühle mich fantastisch."
Der Gesichtsausdruck des Touristen wird immer unglücklicher, er kann die Frage nicht mehr unterdrücken, die ihm sozusagen das Herz zu sprengen droht: „Aber warum fahren Sie dann nicht aus?"
30 Die Antwort kommt prompt und knapp. „Weil ich heute morgen schon ausgefahren bin."
„War der Fang gut?"
„Er war so gut, dass ich nicht noch einmal auszufahren brauche, ich habe vier Hummer in meinen Körben gehabt, fast zwei Dutzend Makrelen gefangen …"
35 Der Fischer, endlich erwacht, taut jetzt auf und klopft dem Touristen beruhigend auf die Schultern. Dessen besorgter Gesichtsausdruck erscheint ihm als ein Ausdruck zwar unangebrachter, doch rührender Kümmernis. „Ich habe sogar für morgen und übermorgen genug", sagt er um des Fremden Seele zu erleichtern. „Rauchen Sie eine von meinen?"
40 „Ja, danke."
Zigaretten werden in Münder gesteckt, ein fünftes Klick, der Fremde setzt sich kopfschüttelnd auf den Bootsrand, legt die Kamera aus der Hand, denn er braucht jetzt beide Hände um seiner Rede Nachdruck zu verleihen.

„Ich will mich ja nicht in Ihre persönlichen Angelegenheiten mischen", sagt er,
45 „aber stellen Sie sich mal vor, Sie führen heute ein zweites, ein drittes, vielleicht
sogar ein viertes Mal aus und Sie würden drei, vier, fünf, vielleicht gar zehn Dutzend Makrelen fangen … stellen Sie sich das mal vor."
Der Fischer nickt.
„Sie würden", fährt der Tourist fort, „nicht nur heute, sondern morgen, übermor-
50 gen, ja, an jedem günstigen Tag zwei-, dreimal, vielleicht viermal ausfahren – wissen Sie, was geschehen würde?"
Der Fischer schüttelt den Kopf.
„Sie würden sich in spätestens einem Jahr einen Motor kaufen können, in zwei
Jahren ein zweites Boot, in drei oder vier Jahren könnten Sie vielleicht einen klei-
55 nen Kutter haben, mit zwei Booten oder dem Kutter würden Sie natürlich viel
mehr fangen – eines Tages würden Sie zwei Kutter haben, Sie würden …", die Begeisterung verschlägt ihm für ein paar Augenblicke die Stimme, „Sie würden ein
kleines Kühlhaus bauen, vielleicht eine Räucherei, später eine Marinadenfabrik[1],
mit einem eigenen Hubschrauber rundfliegen, die Fischschwärme ausmachen und
60 ihren Kuttern per Funk Anweisungen geben, Sie könnten die Lachsrechte erwer-
ben, ein Fischrestaurant eröffnen, den Hummer ohne Zwischenhändler direkt
nach Paris exportieren – und dann …", wieder verschlägt die Begeisterung dem
Fremden die Sprache. Kopfschüttelnd, im tiefsten Herzen betrübt, seiner Ur-
laubsfreude schon fast verlustig, blickt er auf die friedlich hereinrollende Flut, in
65 der die ungefangenen Fische munter springen.
„Und dann", sagt er, aber wieder verschlägt ihm die Erregung die Sprache. Der Fischer klopft ihm auf den Rücken, wie einem Kind, das sich verschluckt hat. „Was
dann?", fragte er leise.
„Dann", sagte der Fremde mit stiller Begeisterung, „dann könnten Sie beruhigt
70 hier im Hafen sitzen, in der Sonne dösen – und auf das herrliche Meer blicken."
„Aber das tu ich ja schon jetzt", sagt der Fischer, „ich sitze beruhigt am Hafen und
döse, nur Ihr Klicken hat mich dabei gestört."
Tatsächlich zog der solcherlei belehrte Tourist nachdenklich von dannen, denn
früher hatte er auch einmal geglaubt, er arbeite um eines Tages einmal nicht mehr
75 arbeiten zu müssen, und es blieb keine Spur von Mitleid mit dem ärmlich gekleideten Fischer in ihm zurück, nur ein wenig Neid.

Heinrich Böll

DREI WORTE

Ein windiger Geselle in Endingen im Wirtshaus erblickte einen Kaufherrn, der
ihm bekannt vorkam. „Habt Ihr gute Geschäfte gemacht auf der Messe? Wenn Ihr
gute Geschäfte gemacht habt – um einen Taler, Ihr könnt mir drei Worte nicht
nachsagen."
5 Der Kaufherr, er war aus Gersau, dachte: Ein paar Franken hin oder her. „Lass
hören!"
Der Geselle sagte: „Messerschmied."
Der Gersauer: „Messerschmied."
„Dudelsack."

---

[1] Marinade: in würzige Tunke eingelegter Fisch

„Dudelsack.“

Da schmunzelte der Spitzbube und sagte: „Falsch!“

Da dachte der Gersauer hin und her, wo er könnte gefehlt haben. Aber der andere zog eine Kreide aus der Tasche und machte damit einen Strich. „Einmal gewonnen.“

15 „Noch einmal!“, sagte der Kaufherr.

Der Spitzbube sagte: „Baumöl.“

Der Kaufherr: „Baumöl.“

„Rotgerber.“

„Rotgerber.“

20 Da schmunzelte der Spitzbube abermals und sagte: „Falsch“ und so trieben sie's zum sechsten Mal.

Als sie's zum sechsten Mal so getrieben hatten, sagte der Kaufherr: „Nun will ich dich bezahlen, wenn du mich überzeugen kannst, wo ich gefehlt habe.“

Der Spitzbube sagte: „Ihr habt mir das dritte Wort nie nachgesprochen. ‚Falsch‘

25 war das dritte Wort, das habt Ihr mir nie nachgesprochen, und also war die Wette gewonnen.“

Johann Peter Hebel

FLUNKEREIEN

„Oh weh, oh weh!“, sagt der Vater beim Frühstück und erscheint ehrlich erschrocken: „Es steht sogar schon in der Zeitung, dass der Thomas so ungezogen ist. – Hör zu, Mammi!“

Auch die Mutter ist nun sichtlich betroffen und gar der Thomas rutscht unbehag-
5 lich auf seinem Stuhl herum, wie jetzt der Vater ohne Stocken aus dem Morgenblatt vorliest, dass der fünfjährige Sohn Thomas des bekannten Schriftstellers Doktor Eugen Roth in der Fuststraße sich zu einem Lausbuben zu entwickeln scheine, der bereits der Schrecken der gesamten Nachbarschaft zu werden drohe. Dem in der Gegend patrouillierenden Schutzmann werde geraten, ein wachsames Auge
10 auf den Burschen zu haben.

Thomas ist von dieser Nachricht offenbar tief beeindruckt, aber sein Wissensdrang ist noch stärker als seine Angst. „Papi, was heißt das: patrulieren?“ Die Mammi lacht. Der Vater aber bleibt ernst: „Patrouillieren“, sagt er sachlich, „kommt aus dem Französischen und heißt so viel wie beobachtend durch das Gelände mar-
15 schieren – du hast ja wohl selbst schon den Schutzmann vorn an der Ecke stehen sehen; aber –“, so fährt der Vater drohend fort und wirft einen strengen Blick auf die Mutter, „wenn auch die Mammi lacht, es ist nichts zum Lachen, wenn man sehen muss, dass alle Welt schon weiß, was für ein Bösewicht du bist – und dabei versprichst du immer, dass du ein liebes Kind sein willst.“

20 Thomas lächelt nicht; würdevoll und bescheiden bittet er einen Blick in die Zeitung tun zu dürfen. „Du kannst ja noch gar nicht lesen“, will der Vater abwehren, aber schon hat Thomas das Blatt ergriffen und lässt seine Augen ohne auch nur eine Miene zu verziehen, über die Seite schweifen. Und – „Halt!“, ruft er plötzlich: „Da steht ja noch was.“ Und er liest den staunenden Eltern ernsthaft und fließend vor:
25 „Thomas könnte vermutlich ein liebes Kind werden, wenn er nicht immer gehaut würde.“ Legt die Zeitung hin und frühstückt weiter, als ob nichts gewesen wäre.

Eugen Roth

Brief an den Vater vom 9. Juli 1778

Monsieur mon très cher Père![1]

Ich hoffe sie werden bereitet seyn, eine der trauerigsten und schmerzhaftesten nachrichten mit standhaftigkeit anzuhören – sie werden durch mein leztes von 3ten in die lage gesetzt worden seyn, nichts gutes hören zu dürfen – den nemlichen
5 Tag den 3ten ist meine Mutter abends um 10 uhr 21 minuten in gott seelig entschlafen; – als ich ihnen aber schriebe, war sie schon im genuss der Himmlischen freuden – alles war schon vorbey – ich schriebe ihnen in der Nacht – ich hoffe sie und meine liebe schwester werden mir diesen kleinen und sehr nothwendigen betrug verzeihen denn nachdemm ich nach meinen schmerzen und trauerigkeit auf
10 die ihrige schloss, so konnte ich es ohnmöglich übers herz bringen, sie sogleich mit dieser schröcklichen nachricht zu überraschen – Nun hoffe ich aber werden sie sich beyde gefast gemacht haben, das schlimmste zu hören, und, nach allen natürlichen und nun gar zu billigen schmerzen, und weinen, endlich sich in willen gottes zu geben, und seine unerforschliche, unergründliche, und allerweiseste vorsehung an-
15 zubeten – sie werden sich leicht vorstellen können, was ich ausgestanden – was ich für Muth und standhaftigkeit nothwendig hatte, um alles, so nach und nach immer ärger, immer schlimmer, mit gelassenheit zu übertragen – und doch, der gütige gott hat mir diese gnade verliehen – ich habe schmerzen genug empfunden, habe genug geweint – was nutzte es aber? – ich musste mich also trösten; machen sie es
20 auch so, mein lieber vatter und liebe schwester! – weinen sie, weinen sie sich recht aus – trösten sie sich aber endlich, – bedencken sie dass es der Allmächtige gott also hat haben wollen – und was wollen wir wieder ihn machen? – wir wollen lieber betten, und ihm dancken dass es so gut abgelaufen ist – dann sie ist sehr glücklich gestorben; – in jenen betrübten umständen habe ich mich mit drey sachen getröstet,
25 nemlich durch meine gänzliche vertrauensvolle ergebung in willen gottes – dann durch die gegenwart ihres so leichten und schönen tods, indemm ich mir vorstellte, wie sie nun in einen augenblick so glücklich wird – wie viel glücklicher das sie nun ist, als wir so, dass ich mir gewunschen hatte in diesem augenblick mit ihr zu reisen – aus diesen wunsch, und aus dieser begierde entwickelte sich endlich mein
30 dritter trost, nemlich, dass sie nicht auf Ewig für uns verlohren ist – dass wir sie wieder sehen werden – vergnügter und glücklicher beisammen seyn werden, als auf dieser welt; Nur die zeit ist uns unbekannt – das macht mir aber gar nicht bang – wann gott will, dann will ich auch – Nun, der göttliche, allerheiligste willen ist vollbracht – betten wir also einen andächtigen vatter unser für ihre Seele – und schrei-
35 ten wir zu andern sachen, es hat alles seine Zeit – ich schreibe dieses im hause der Madame d'Epinai und des Monsieur grimm, wo ich nun logire[2], ein hübsches zimmerl mit einer sehr angenehmen aussicht habe – und, wie es nur immer mein zustand zuläst, vergnügt bin – eine große hülfe zu meiner möglichen zufriedenheit wird seyn, wenn ich hören werde, dass mein lieber vatter und meine liebe schwes-
40 ter sich mit gelassenheit und standhaftigkeit gänzlich in willen des herrn geben, – sich ihm von ganzen herzen vertrauen, in der vesten überzeugung dass er alles zu unseren besten anordnet – Allerliebster vatter! – schonen sie sich! – liebste schwes-

---

[1] Sehr geehrter Herr, mein teuerster Vater
[2] logieren: als Gast wohnen

ter – schone dich – du hast noch nichts von den guten herzen deines bruders genossen – weil er es noch nicht in stande war – Meine liebste beyde! habt sorge auf
45 eure gesundheit – dencket, dass Ihr einen sohn habt einen bruder – der all seine
kräften anwendet, um euch glücklich zu machen – wohl wissend, dass ihr ihm auch
einstens seinen wunsch, und sein vergnügen – welches ihm gewis Ehre macht, nicht
versagen werdet, und auch alles anwenden werdet, um ihn glücklich zu sehen – o,
dann wollen wir so ruhig, so Ehrlich, so vergnügt, (wie es nur immer auf dieser welt
50 möglich ist) leben – und Endlich wenn gott will, dort wieder zusammenkommen –
wofür wir bestimmt, und erschafen sind – …
Adieu. ich küsse ihnen 100 000 mahl ihre hände, und meine schwester umarme ich
von ganzen herzen, und bin dero gehorsamster sohn

Wolfgang Amadeus Mozart

DER HILFLOSE KNABE*

Herr Keuner sprach über die Unart, erlittenes Unrecht stillschweigend in sich hin-
einzufressen, und erzählte folgende Geschichte: „Einen vor sich hin weinenden
Jungen fragte ein Vorübergehender nach dem Grund seines Kummers. ‚Ich hatte
zwei Groschen für das Kino beisammen‘, sagte der Knabe, ‚da kam ein Junge und
5 riß mir einen aus der Hand‘, und er zeigte auf einen Jungen, der in einiger Entfernung zu sehen war. ‚Hast du denn nicht um Hilfe geschrien?‘ fragte der Mann.
‚Doch‘, sagte der Junge und schluchzte ein wenig stärker. ‚Hat dich niemand
gehört?‘ fragte ihn der Mann weiter, ihn liebevoll streichelnd. ‚Nein‘, schluchzte
der Junge. ‚Kannst du denn nicht lauter schreien?‘ fragte der Mann. ‚Nein‘, sagte
10 der Junge und blickte ihn mit neuer Hoffnung an. Denn der Mann lächelte. ‚Dann
gib auch den her‘, sagte er, nahm ihm den letzten Groschen aus der Hand und ging
unbekümmert weiter.“

Bertolt Brecht

HERR KEUNER UND DIE FLUT*

Herr Keuner ging durch ein Tal, als er plötzlich bemerkte, daß seine Füße in Wasser gingen. Da erkannte er, daß sein Tal in Wirklichkeit ein Meeresarm war und
daß die Zeit der Flut herannahte. Er blieb sofort stehen, um sich nach einem Kahn
umzusehen, und solange er auf einen Kahn hoffte, blieb er stehen. Als aber kein
5 Kahn in Sicht kam, gab er diese Hoffnung auf und hoffte, daß das Wasser nicht
mehr steigen möchte. Erst als ihm das Wasser bis ans Kinn ging, gab er auch diese
Hoffnung auf und schwamm. Er hatte erkannt, daß er selber ein Kahn war.

Bertolt Brecht

DER DENKENDE UND DER FALSCHE SCHÜLER

Zu Herrn Keuner, dem Denkenden, kam ein falscher Schüler und erzählte ihm:
„In Amerika gibt es ein Kalb mit fünf Köpfen. Was sagst du darüber?“ Herr Keuner sagte: „Ich sage nichts.“ Da freute sich der falsche Schüler und sagte: „Je weiser du wärest, desto mehr könntest du darüber sagen.“
5 Der Dumme erwartet viel. Der Denkende sagt wenig.

Bertolt Brecht

---
* Text nicht der neuen Rechtschreibung angepasst

APPLAUS! APPLAUS!

Spielen ohne Worte

Die Schauspielerin spricht auf der Bühne kein einziges Wort, sie
hält auch nichts in ihren Händen – und doch verfolgen alle
interessiert ihr Spiel. Ihre Haltung und ihre Gebärden sagen mehr
als viele Worte. Der Ausdruck des Gesichts und die
Bewegungen der Hände und des Körpers lassen in der
Fantasie des Publikums lebendige Bilder entstehen:
die Enttäuschung eines kleinen Mädchens über ihr schlechtes
Zeugnis, die Unsicherheit einer alten Frau beim Überqueren der
Straße, die Friseurin bei ihrer Arbeit, …
Dieses Spiel ohne Sprache nennen wir „Pantomime".

Besonders wirkungsvoll ist es,
bei einem pantomimischen Spiel
eine weiße Maske zu verwenden
oder bestimmte Teile des Gesichts
zu schminken. Wird vorher die Haut
mit einer Fettcreme dünn eingecremt, lassen sich die Schmink-
farben leichter auftragen und entfernen. Es empfiehlt sich, beim Ab-
schminken die Farbe mit weichen
Haushaltstüchern abzuwischen und
anschließend das Gesicht mit lau-
warmem Wasser und Seife von den
Farbresten zu reinigen.

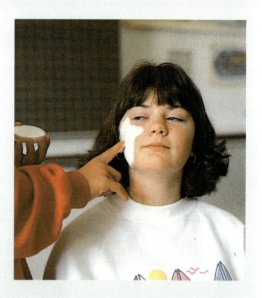

Beim Spielen werden keine Kostü-
me verwendet. Gut eignet sich zum
Beispiel ein dunkles Sporttrikot.
Es liegt eng am Körper an, behindert den Spieler nicht und lässt jede
Körperbewegung deutlich werden.
Zusätzlich können Kleidungsstücke
wie Hut, Kopftuch, Weste, Rock, …
getragen werden.

Wenn ein beweglicher Scheinwerfer
benutzt wird, können auch bei einer
größeren Veranstaltung der Gesichtsausdruck und die Bewegungen
der Hände und des Körpers selbst in
den letzten Zuschauerreihen noch
gut gesehen werden. Das Scheinwerferlicht wird auf den Spieler gerichtet und verfolgt ihn.
Geräusche und Musik sollten
sparsam und überlegt eingesetzt werden.

Wichtig ist, sich vor dem Spiel den Ablauf der einzelnen Bewegungen genau zu überlegen und dann mehrmals einzuüben. Manchmal ist es ratsam, einen Vorgang – zum Beispiel das Aufhängen eines Wandbildes – zunächst in Wirklichkeit auszuführen und die Bewegungen genau zu studieren. Da die Zuschauerinnen und Zuschauer die einzelnen Bewegungen richtig deuten müssen, sollten sie betont langsam ausgeführt werden. Nebensächliches oder Überflüssiges wird weggelassen.

Bei einer guten Pantomime stimmt der Gesichtsausdruck stets mit der Körperbewegung überein. Zieht man an einem Seil, zeigt das Gesicht, ob man dies mit großer Anstrengung oder mit Leichtigkeit tut. Öffnet man ein Paket, muss das Publikum an dem Gesichtsausdruck ablesen können, ob man überrascht, enttäuscht oder erfreut ist.

Eine gute Vorübung zur pantomimischen Darstellung ist die Reihenpantomime. Mehrere Mitschülerinnen oder Mitschüler werden aus dem Klassenzimmer geschickt. Die Klasse vereinbart, was dargestellt werden soll: Fensterputzen, eine Balletttänzerin, Aufstehen am Morgen, … Nun wird die erste Spielerin oder der erste Spieler hereingeholt. Jemand stellt den Vorgang pantomimisch dar. Jetzt kommt der zweite Spieler und der erste Spieler wiederholt die soeben vorgeführte Szene. Dies wird bis zum letzten Spieler so fortgesetzt. Dieser muss dann sagen, was er gesehen hat.

Wir tragen …
einen schweren Koffer
ein Tablett mit Gläsern
einen Stapel Bücher
eine kleine Dose
einen schweren Balken auf der Schulter
ein volles Glas Wasser
einen großen Sack auf der Schulter

Wir öffnen …
eine Limonadenflasche
ein Federmäppchen mit Reißverschluss
eine Zahnpastatube
eine knarrende, schwere Eisentür
einen Geldschrank
eine Konservendose
ein Paket
einen Briefumschlag
ein Gartentor

Wir gehen …
durch tiefen Schnee
auf Glatteis
wie ein Betrunkener
barfuß auf einer heißen Straße
durch eiskaltes Wasser
wie ein alter gebrechlicher Mensch
durch ein Kaufhaus
durch eine belebte Einkaufsstraße
wie ein Soldat
barfuß auf spitzen Steinen
auf einem Seil über der Erde

Wir greifen …
in heißes Wasser
in eine Schachtel mit Reißnägeln
nach einem brennenden Streichholz
in einen Kübel mit Tapetenkleister
nach einem Ball
auf eine heiße Ofenplatte
nach einem Fisch im Wasser
nach einer wertvollen Vase
nach einem Luftballon und bringen ihn
    zum Platzen

Wir essen …
ein Stück zähes Fleisch
eine Orange
eine Praline
einen Fisch mit Gräten
eine Banane
einen sauren Apfel
eine Walnuss
ein Eis
mit den Fingern ein Brathähnchen

Wir trinken …
mit Strohhalm Limonade
aus einem Wasserkrug
aus einem Sektglas und nippen dabei
einen kleinen Schluck aus einer Tasse
aus einer Flasche
langsam mit einem Zug einen Becher
    leer

Wir sind …
müde nach einer langen Wanderung
erfreut, weil wir eine gute Nachricht
    hören
ängstlich, weil uns in der Nacht jemand
    auf der Straße verfolgt
erschrocken, weil uns ein Hund an-
    knurrt
ärgerlich, weil wir den Haustürschlüs-
    sel nicht finden
zornig, weil uns der kleine Bruder bei
    der Hausaufgabe stört

Wir schauen zu …
bei einem Boxkampf
beim Autorennen
bei einem Tennisspiel
einem Speerwerfer
beim Sackhüpfen
bei einem lustigen Theaterspiel

Sucht euch Aufgaben aus, übt sie ein und spielt sie in der Klasse vor. Die Mitschülerinnen und Mitschüler sollen erkennen, welche von diesen Szenen ihr darstellt.

3 Dies sind weitere Situationen, die sich gut mithilfe der Körpersprache darstellen lassen:

PENG!

Alle sitzen in einem Kreis. Ein Schüler tritt in die Mitte, nimmt einen Gegenstand
aus der Hosentasche (Luftballon) und bläst ihn auf. Er bindet ihn zu, setzt sich wieder auf seinen Platz und übergibt ihn seiner Nachbarin. Diese nimmt ihn vorsichtig
mit beiden Händen, tritt in die Kreismitte und beginnt mit ihm zu spielen. Sie wirft
ihn in die Luft, fängt ihn wieder auf ... So zeigt jeder Spieler, was man mit einem
Luftballon alles machen kann, bis ...

HÖCHSTE EISENBAHN!

Birgit steht in einer langen Schlange vor dem Fahrkartenschalter. Sie hat es eilig,
denn gleich fährt ihr Zug. Noch drei Personen sind vor ihr. Die alte Frau am Schal-
ter ist schnell abgefertigt. Gott sei Dank! Nun kommt ein Mann an die Reihe.
Recht behäbig rückt er seinen Koffer nach vorne, unterhält sich lange mit dem
Schalterbeamten, löst sich eine Fahrkarte, sucht ewig lange nach seiner Briefta-
sche. Da versucht sich ein Herr an Birgit vorbeizudrängen ...

EINE ÜBERRASCHUNG

Ein Paket trifft ein. Elke und Timo streiten sich, wer es öffnen darf. Da greift Elke
zur Schere und zerschneidet die Schnur. Beide entfernen das Packpapier und heben vorsichtig den Deckel auf. Neugierig blicken sie auf den Inhalt. Elke ist ent-
zückt, Udo sichtlich enttäuscht. Langsam greift Elke ...

VOR DEM FERNSEHER

Du sitzt in deinem Fernsehsessel, informierst dich kurz in einer Fernsehzeitschrift
und schaltest das Fernsehgerät ein. Die Sendung ist langweilig, du wählst ein anderes Programm. Endlich etwas Interessantes! Richtig spannend! Da kommt deine
Schwester, setzt sich neben dich, schält sich eine Banane und beginnt zu essen. Sie
will sich mit dir unterhalten, doch du hörst ihr nicht zu. Da greift sie ebenfalls zur
Fernsehzeitschrift, ...

Sucht euch eine Spielsituation aus. Entscheidet, wie sie weitergehen soll, und führt sie der
Klasse vor. Sprecht über jede Darstellung: Hat das Publikum verstanden, was dargestellt
wurde? Haben die Spielerinnen und Spieler ihre Hände und ihren Körper richtig eingesetzt?
Passte das Mienenspiel des Gesichts zu der jeweiligen Situation?

Wir spielen Theater

Bis zur Aufführung eines Theaterstücks ist es ein langer Weg.
Und jeder Schritt bedeutet Mühe und Arbeit –
aber auch sehr viel Spaß.

Ein Theaterstück könnt ihr euch auch selber schreiben.
Das ist gar nicht so schwer. Dazu braucht ihr zunächst
einen passenden Erzähltext.

DER KULAK[1] UND DER KNECHT

Es war einmal ein geiziger, schlauer Kulak, der seine Knechte vom Morgen bis in die Nacht arbeiten ließ
und ihnen dabei nur einmal am Tage zu essen gab.
Das ging so zu: Morgens gab der Kulak dem Knecht das Frühstück, setzte ihm aber nicht mehr vor, als auf
einer Mückennase Platz hat. Das verzehrte der Knecht ohne recht zu merken, ob er überhaupt etwas in
5 den Magen kriegte.
„Vielleicht willst du gleichzeitig zu Mittag essen?", fragte der Kulak daraufhin. „Dann brauchst du nicht
aufs Feld mitzuschleppen."
„Gut", willigte der Knecht ein, „gib mir auch gleich das Mittagessen." Und hatte er das verzehrt, dar
fragte der Kulak wieder: „Willst du vielleicht auch zu Abend essen? Dann verlierst du nach A
10 beitsschluss keine Zeit und kannst sofort zu Bett gehen."

1 Beim Umschreiben eines Erzähltextes in ein Textbuch
   sind verschiedene Arbeitsschritte notwendig:

Erzähltext

Sammeln von Spielideen

Einteilen in Spielszenen

Festlegen der Rollen

Stegreifspiele

Schreiben des Textbuches:
Rollentexte und Spielanleitungen

Sprecht darüber, welche Vorbereitungsarbeiten nach diesem Arbeitsplan für das Erstellen eines Textbuches notwendig sind. Und wie wollt ihr vorgehen? Sucht nach eigenen Wegen.

---

[1] Kulak: russischer Großbauer im früheren Zarenreich

„Ja, gib mir auch das Abendessen", sagte der hungrige Knecht, verzehrte es, arbeitete den ganzen Tag und ging dann hungrig zu Bett.

Viele Knechte arbeiteten bei dem geizigen Kulaken, aber länger als eine Woche hielt keiner dieses Leben aus.

Doch einmal fand sich einer, der den Kulaken überlistete. Er frühstückte, aß zu Mittag und zu Abend und fragte dann: „Und wo kann man bei Euch schlafen, Herr?" „Wieso schlafen?", fragte der Kulak erstaunt. „Und wer macht die Arbeit?" „Bist du von Sinnen, Herr?", versetzte der Knecht. „Wo hätte man je erlebt, dass anständige Leute nach dem Abendessen zur Arbeit gehen! Nein, nach dem Abendessen gehört man ins Bett."

Und er streckte sich auf dem Sofa aus und schnarchte, was das Zeug hielt.

Verfasser unbekannt

2 Lest euch den Text genau durch und besprecht ihn ausführlich: Was ist der Kulak für ein Mensch? Wie behandelt er seine Knechte? Lassen diese sich alles gefallen? …

3 Wie wird aus dieser Geschichte ein Theaterstück? Gefragt sind zunächst möglichst gute Spielideen:

Könnten wir nicht das Stück in der heutigen Zeit spielen lassen?

Es könnten noch andere Personen vorkommen.

Die Geschichte ist sehr kurz. Wir müssen das Textbuch ausführlicher schreiben.

Das ist eine recht lustige Geschichte. Die Zuschauer sollen viel lachen.

Vielleicht könnten wir in das Stück eine besondere Überraschung einbauen – eine Pantomime oder ein Schattenspiel?

Wenn wir das Textbuch schreiben, können wir die wörtlichen Reden im Text verwenden.

Was haltet ihr von diesen Schülerbeiträgen? Macht nun auch eigene Vorschläge.

4 Der nächste Schritt ist die Einteilung des Erzähltextes in Spielszenen:
An welchen Orten spielt die Handlung? Welche Personen sollen auftreten?

1. Szene

Stube des Bauern

2. Szene

Auf dem Feld

3. Szene

Stube des Bauern

Und was geschieht in jeder Szene?

1. Szene

Mitspieler:
Kulak Stepan Astachow
Seine Frau Dunja
Magd Marja
Knecht Sergej
Knecht Grischa

✪ Der Kulak geht unruhig in der Stube auf
und ab; er ist unwillig, weil sein neuer
Knecht noch nicht erschienen ist.
✪ Seine Frau deckt wortlos den Tisch
und trägt das Frühstück auf.
✪ Der Kulak setzt sich an den Tisch,
beginnt mit dem Frühstück und
ruft nach der Magd.
…
✪ Der Knecht Sergej isst hastig fertig,
steht auf, nimmt seine Mütze und verlässt das
Zimmer.

Überlegt euch nun selber einen möglichen Handlungsverlauf für die drei Spielszenen und
schreibt ihn in Stichpunkten auf.

5 Nun beginnt die wichtigste Arbeit: die Ausarbeitung der Szenen. Was die einzelnen Personen
sagen sollen, könnt ihr in Stegreifspielen erproben.

Aus einem Wörterbuch:

Stegreif
Aus dem Stegreif sprechen: ohne Vorbereitung reden. – Stegreif
hieß früher die einfache Ringform des Steigbügels. Königs- und
Fürstenkuriere verlasen die Erlasse ihres Herrn ohne abzusitzen
„aus dem Stegreif", um dann eiligst weiterzureiten.

Die erste Szene könnte so beginnen:

> *Wo nur der neue Knecht so lange bleibt!*
> *Er sollte längst auf dem Feld sein! Marja! Maaarja!*

oder so:

> *Der neue Knecht wird gleich kommen.*
> *Er ist ein kräftiger Kerl. Mein Gott, er wird mich arm*
> *essen! Nun, sein Verstand ist nicht größer als ein*
> *Taubenei. Ich weiß schon …*

oder auch so:

> *Marja, hol mir den neuen Knecht! Sag ihm,*
> *dass es Frühstück gibt – ein kräftiges Frühstück.*
> *Wer tüchtig arbeitet, muss auch tüchtig essen.*

Diskutiert, welche dieser Spielideen sich für das spätere Textbuch am besten eignen könnte. Versucht nun die einzelnen Szenen ohne viel Vorbereitung aus dem Stegreif darzustellen. Sprecht frei und sagt, was euch gerade einfällt. Nehmt eure Gespräche auf ein Tonband auf.

6 Die Tonbandaufzeichnungen eurer Stegreifspiele helfen euch bei der Ausarbeitung des Spieltextes und bei der Erstellung des endgültigen Textbuches.

TIPPS:

1. In dem Stück gibt es keinen Erzähler.
   Deswegen muss alles Wichtige gespielt werden.
2. Vermeidet lange, umständliche Reden.
3. Neben den Sprechtexten brauchen die Spielerinnen
   und Spieler möglichst genaue Regieanweisungen.

Ein Vorschlag:

> *Der Kulak geht unruhig in der Stube auf und ab; er spricht halblaut vor sich hin. Seine Frau deckt wortlos den Tisch und trägt das Frühstück auf.*
>
> KULAK: *(ärgerlich)* Wo nur der neue Knecht so lange bleibt! Er sollte längst auf dem Feld sein! *(setzt sich an den Tisch, ruft laut und mürrisch)* Marja! Maaarja!
>
> *Die Magd Marja kommt atemlos zur Tür hereingestürzt, wischt sich die Hände an ihrer Schürze ab.*
>
> MARJA: Ja, Herr?

KULAK: Hol Sergej, den neuen Knecht! Treib ihn aus seinem Bett, den Faulpelz!
Die Magd Marja läuft aus dem Zimmer. Der Kulak setzt sein Frühstück fort. Er wendet sich an seine Frau, die am Tisch Platz genommen hat.
KULAK: Nichts als Ärger, nichts als Ärger mit den Dienstboten!
Ein lautes Klopfen an der Tür; der neue Knecht Sergej tritt ein.
SERGEJ: Du hast mich rufen lassen, Stepan Astachow?
KULAK: *(wütend)* Wo bleibst du nur so lange? Du solltest längst auf dem Feld sein! Die Arbeit wartet nicht.
SERGEJ: *(erstaunt, aber höflich)* Verzeih, Stepan Astachow, mein letzter Herr …
KULAK: *(unterbricht ihn)* Bei mir stehen die Knechte mit den Hühnern auf. Setz dich her und iss dein Frühstück! *(laut)* Marja, das Frühstück für den Knecht!
…

Schreibt nun das Theaterstück nach euren Vorstellungen zu Ende.

> ### AUCH DAS SPRECHEN
> ### WILL GELERNT SEIN

Selbst das interessanteste, spannendste und fantasievollste Textbuch ist noch keine Garantie dafür, dass eine Aufführung bei den Zuschauern auch tatsächlich ankommt. Wichtig ist auch, wie die Texte von den Spielerinnen und Spielern vorgetragen werden.

So könnt ihr eure Sprechtexte vorbereiten:

KULAK: Wo nur der neue Knecht ' so lang bleibt! |
Er sollte längst ' auf dem Feld sein! |
Marja! | Maaarja! |
MARJA: Ja, ' Herr? |
KULAK: Hol Sergej, ' den neuen Knecht! | Treib ihn aus seinem Bett, ' den Faulpelz! |
Nichts als Ärger, ' nichts als Ärger ' mit den Dienstboten! |
SERGEJ: Du hast ' mich rufen lassen, ' Stepan Astachow? |
KULAK: Wo bleibst du nur so lange? | Du solltest längst auf dem Feld sein! |
Die Arbeit ' wartet nicht. |
SERGEJ: Verzeih, ' Stepan Astachow, | mein letzter Herr …
KULAK: Bei mir ' stehen die Knechte ' mit den Hühnern auf. | Setz dich her ' und iss dein Frühstück! | Marja, ' das Frühstück für den Knecht! |

TIPPS:
1. Welchen Klang muss eure Stimme haben: fragend, hasserfüllt, gütig, verletzend, ärgerlich, überheblich, beruhigend, befehlend, schmeichelnd, besorgt, … ?

2. Mal langsam, mal schnell – wechselt je nach Situation mit dem Sprechtempo ab.

3. Sinnvolle Pausen beim Sprechen fördern das Textverständnis bei den Zuhörern.

4. Ein Text ohne richtige Betonungen wirkt wie „aufgesagt".

5. Um eine deutliche Aussprache muss sich jeder Spieler bemühen, sonst wird er nicht verstanden.

Bereitet eure Sprechtexte auf ähnliche Weise vor.

Vor und nach der Theateraufführung oder auch zwischen den einzelnen Szenen sind gute Ideen gefragt. Eurer Fantasie sind hier keine Grenzen gesetzt!

Zwei Beispiele:

Nach der ersten Szene wird in einem Schattenspiel gezeigt, wie der Knecht Sergej von morgens bis abends ohne Unterbrechung schwer arbeitet. Er mäht Gras, lädt Heu auf, … Eine (selbst gebastelte) Uhr, die hinter der Bühne bewegt wird, zeigt dabei die verschiedenen Tageszeiten an.

Als Zwischenspiel wird nach der zweiten Szene eine Pantomime eingeplant: Der Knecht Sergej packt seine Habseligkeiten ein und verlässt den Hof. Der neue Knecht Grischa kommt und packt seine Sachen aus.

Und welche Ideen und Vorschläge habt ihr?

DER BABYSITTER

Der Junge (möglichst kleiner Knirps) steht vor der Wohnungstür, drückt auf den (imaginären[1]) Klingelknopf und läutet Sturm. Die Frau kommt ärgerlich heran und öffnet die (ebenfalls imaginäre) Wohnungstür.

FRAU: Junge! Wenn nicht sofort aufgemacht wird, muss man doch nicht gleich Sturm läuten.

JUNGE: Tja, das ist Temperamentssache.

FRAU: Was willst du überhaupt?

5 JUNGE: Ich bin der Rainer. Sie haben mich doch für heute Abend bestellt.

FRAU: Ich dich? Wozu?

JUNGE: Ich bin der Sitter.

FRAU: Was für ein Sitter?

JUNGE: Der Babysitter.

10 FRAU: Du? Du brauchst doch selber noch einen.

JUNGE: Na, erlauben Sie mal, Frau Pagel. Auf solche Scherze reagier ich empfindlich.

FRAU *unglücklich:* Ich dachte, Herr Benndorf schickt mir einen viel älteren Jungen … besser noch ein Mädchen.

15 JUNGE: Ich dachte, es gibt so was wie Gleichberechtigung.

FRAU: Das schon … natürlich … aber Mädchen können wohl besser mit Babys umgehen …

JUNGE: Die Ansicht ist aber sehr überholt, Frau Pagel. Heute sind es die Männer, die mehr auf Kinder stehen als ihre Frauen.

20 FRAU: Ja, Männer … aber du …

JUNGE: Ich bin sehr kinderlieb.

FRAU: Hm … bist du nicht etwas zu energisch für ein Baby … wenn ich an dein Klingeln denke …

JUNGE: Mit Babys bin ich sehr behutsam. Da hab ich Hände wie'n Friseur.

25 FRAU *misstrauisch:* So. Was machst du denn zum Beispiel, wenn mein Mann und ich weggehen.

JUNGE: Da wird zuerst mal gewindelt.

FRAU: Du windelst?

JUNGE: Ich windle wie nichts. Reine Routinesache.

30 FRAU: Worauf muss man dabei achten?

JUNGE: Dass das Baby keine Sicherheitsnadeln schluckt.

FRAU: Aha.

JUNGE: Wenn aber doch – sofort Finger in den Hals stecken. Garantiert sichere Methode.

35 FRAU: Also das ist mir neu.

JUNGE: Sehen Sie. Selbst als Mutter kann man noch dazulernen.

FRAU: Was machst du dann?

---

[1] imaginär: gedacht, vorgestellt

JUNGE: Dann wird das Fläschchen gewärmt. Dabei muss das Baby splittersicher untergebracht werden, falls die Flasche explodiert.

40 FRAU: Und dann?

JUNGE *demonstriert es:* Flasche an die Wange halten, damit die Milch nicht zu heiß ist. Notfalls Flasche wieder abkühlen.

FRAU: Ausgezeichnet. Du scheinst wirklich ein Experte zu sein.

JUNGE: Bin ich. Ich lebe vom Sitten.

45 FRAU: Und dann?

JUNGE: Dann wird das Baby gefüttert, spazieren getragen, Bäuerchen gemacht, Baby zu Bett gebracht.

FRAU: Das klingt aber sehr gut. Und was machst du dann?

JUNGE *versonnen:* Dann hol ich einige Freunde rauf, dann wird ein bisschen ge-
50 tobt und Ball gespielt, aber das Baby bleibt immer außer Schussweite.

FRAU *wieder besorgter:* So. Getobt. In der Wohnung.

JUNGE: Hören Sie, nach dem Stress hat man doch ein bisschen Erholung verdient. Es geht aber kaum etwas kaputt.

FRAU *unruhig:* Hast du denn Referenzen[1] ... ich meine, könnte man Familien an-
55 rufen, bei denen du schon gesittet hast?

JUNGE *winkt ab:* Ich hab sogar'n Empfehlungsschreiben. Zieht einen zerknüllten Zettel aus der Hosentasche.

FRAU *glättet den einstigen Briefbogen, liest vor:* „... hat Rainer von 8 bis 11 Uhr auf unser Baby aufgepasst. Bei unserer Rückkehr war das Kind noch am
60 Leben ..."

JUNGE *geht an ihr vorbei in die Wohnung.* Sehen Sie, was sag ich ...

Horst Pillau

IN DER APOTHEKE

VALENTIN: Guten Tag, Herr Apotheker.

KARLSTADT: Guten Tag, mein Herr, Sie wünschen?

VALENTIN: Ja, das ist schwer zu sagen.

KARLSTADT: Aha, gewiss ein lateinisches Wort?

5 VALENTIN: Nein, nein, vergessen hab ichs.

KARLSTADT: Na ja, da kommen wir schon drauf, haben Sie kein Rezept?

VALENTIN: Nein!

KARLSTADT: Was fehlt Ihnen denn eigentlich?

VALENTIN: Nun ja, das Rezept fehlt mir.

10 KARLSTADT: Nein, ich meine, sind Sie krank?

VALENTIN: Wie kommen Sie denn auf so eine Idee. Schau ich krank aus?

KARLSTADT: Nein, ich meine, gehört die Medizin für Sie oder für eine andere Person?

VALENTIN: Nein, für mein Kind.

15 KARLSTADT: Ach so, für Ihr Kind. Also, das Kind ist krank. Was fehlt denn dem Kind?

---

[1] Referenz: Empfehlung

VALENTIN:	Dem Kind fehlt die Mutter.
KARLSTADT:	Ach, das Kind hat keine Mutter?
VALENTIN:	Schon, aber nicht die richtige Mutter.
20 KARLSTADT:	Ach so, das Kind hat eine Stiefmutter.
VALENTIN:	Ja ja, leider, die Mutter ist nur stief statt richtig, und deshalb muss sich das Kind erkältet haben.
KARLSTADT:	Hustet das Kind?
VALENTIN:	Nein, es schreit nur.
25 KARLSTADT:	Vielleicht hat es Schmerzen?

VALENTIN:	Möglich, aber es ist schwer. Das Kind sagt nicht, wo es ihm weh tut. Die Stiefmutter und ich geben uns die größte Mühe. Heut hab ich zu dem Kind gsagt, wenn du schön sagst, wo es dir weh tut, kriegst du später mal ein schönes Motorrad.
30 KARLSTADT:	Und?
VALENTIN:	Das Kind sagt es nicht, es ist so verstockt.
KARLSTADT:	Wie alt ist denn das Kind?
VALENTIN:	Sechs Monate alt.
KARLSTADT:	Na, mit sechs Monaten kann doch ein Kind noch nicht sprechen.
35 VALENTIN:	Das nicht, aber deuten könnte es doch, wo es die Schmerzen hat, wenn schon ein Kind so schreien kann, dann könnts auch deuten, damit man weiß, wo der Krankheitsherd steckt.
KARLSTADT:	Hats vielleicht die Finger immer im Mund stecken?
VALENTIN:	Ja, stimmt!
40 KARLSTADT:	Dann kriegt es schon die ersten Zähne.
VALENTIN:	Von wem?
KARLSTADT:	Na ja, von der Natur.

VALENTIN:	Von der Natur, das kann schon sein, da brauchts aber doch net schrein, denn wenn man was kriegt, schreit man doch nicht, dann freut man sich doch. Nein, nein, das Kind ist krank und meine Frau hat gsagt: Geh in d'Apothekn und hol einen – –?
KARLSTADT:	Kamillentee?
VALENTIN:	Nein, zum Trinken ghörts nicht.
KARLSTADT:	Vielleicht hats Würmer, das Kind.
VALENTIN:	Nein, nein, die tät man ja sehn.
KARLSTADT:	Nein, ich mein innen.
VALENTIN:	Ja so, innen, da haben wir noch nicht reingschaut.
KARLSTADT:	Ja, mein lieber Herr, das ist eine schwierige Sache für einen Apotheker, wenn er nicht erfährt, was der Kunde will!
VALENTIN:	D' Frau hat gsagt, wenn ich den Namen nicht mehr weiß, dann soll ich an schönen Gruß vom Kind ausrichten, von der Frau vielmehr, und das Kind kann nicht schlafen, weils immer so unruhig ist.
KARLSTADT:	Unruhig? Da nehmen Sie eben ein Beruhigungsmittel. Am besten vielleicht: Isopropilprophemilbarbitursauresphenildimethildimenthylaminophirazolon.
VALENTIN:	Was sagns?
KARLSTADT:	Isopropilprophemilbarbitursauresphenildimethildimenthylaminophirazolon.
VALENTIN:	Wie heißt des?
KARLSTADT:	Isopropilprophemilbarbitursauresphenildimethildimenthylaminophirazolon.
VALENTIN:	Jaaaa! Des is! So einfach, und man kann sichs doch nicht merken!

Karl Valentin

FERNSEHABEND*

Ein Ehepaar sitzt vor dem Fernsehgerät. Obwohl die Bildröhre ausgefallen ist und die Mattscheibe dunkel bleibt, starrt das Ehepaar zur gewohnten Stunde in die gewohnte Richtung.

SIE:	Wieso geht der Fernseher denn grade heute kaputt?
ER:	Die bauen die Geräte absichtlich so, daß sie schnell kaputtgehen … *(Pause)*
SIE:	Ich muß nicht unbedingt fernsehen …
ER:	Ich auch nicht … nicht nur, weil heute der Apparat kaputt ist … ich meine sowieso … ich sehe sowieso nicht gern Fernsehen …
SIE:	Es ist ja auch wirklich nichts im Fernsehen, was man gern sehen möchte … *(Pause)*
ER:	Heute brauchen wir Gott sei Dank überhaupt nicht erst in den blöden Kasten zu gucken …
SIE:	Nee … *(Pause)* … Es sieht aber so aus, als ob du hinguckst …
ER:	Ich?
SIE:	Ja …
ER:	Nein … ich sehe nur ganz allgemein in diese Richtung … aber du guckst hin … Du guckst da immer hin!

---

* Text nicht der neuen Rechtschreibung angepasst

15 SIE: Ich? Ich gucke da hin? Wie kommst du denn darauf?

ER: Es sieht so aus …

SIE: Das kann gar nicht so aussehen … ich gucke nämlich vorbei … ich gucke absichtlich vorbei … und wenn du ein kleines bißchen mehr auf mich achten würdest, hättest du bemerken können, daß ich absichtlich vorbeigucke, aber

20 du interessierst dich ja überhaupt nicht für mich …

ER *(fällt ihr ins Wort)*: Jaaa … jaaa … jaaa … jaaa …

SIE: Wir können doch einfach mal ganz woandershin gucken …

ER: Woanders? … Wohin denn?

SIE: Zur Seite … oder nach hinten …

25 ER: Nach hinten? Ich soll nach hinten sehen? … Nur weil der Fernseher kaputt ist, soll ich nach hinten sehen? Ich lass' mir doch von einem Fernsehgerät nicht vorschreiben, wo ich hinsehen soll! *(Pause)*

SIE: Was wäre denn heute für ein Programm gewesen?

ER: Eine Unterhaltungssendung …

30 SIE: Ach …

ER: Es ist schon eine Un-ver-schämtheit, was einem so Abend für Abend im Fernsehen geboten wird. Ich weiß gar nicht, warum man sich das überhaupt noch ansieht! … Lesen könnte man statt dessen. Kartenspielen oder ins Kino gehen … oder ins Theater … statt dessen sitzt man da und glotzt auf

35 dieses blöde Fernsehprogramm!

SIE: Heute ist der Apparat ja nun kaputt …

ER: Gott sei Dank!

SIE: Ja …

ER: Da kann man sich wenigstens mal unterhalten …

40 SIE: Oder früh ins Bett gehen …

ER: Ich gehe nach den Spätnachrichten der Tagesschau ins Bett …

SIE: Aber der Fernseher ist doch kaputt!

ER *(energisch)*: Ich lasse mir von einem kaputten Fernseher nicht vorschreiben, wann ich ins Bett zu gehen habe!

Loriot

DER LOTTOGEWINNER*

Der Rentner Erwin Lindemann sitzt im Lehnstuhl seines bescheidenen Wohnzimmers. Den größten Teil des Raumes nimmt ein Fernsehteam ein. Kamera, Scheinwerfer und Mikrophon sind auf Lindemann gerichtet.

KAMERAMANN:	*(hält den Belichtungsmesser an das Gesicht des Rentners)* Gib noch was drauf … noch … Stop … *(geht zur Kamera)* … und mit der Kamera etwas näher ran …
REGISSEUR:	Also, Herr Lindemann, Sie wissen ja, um was es sich handelt. Ein kleiner Film für den Kulturbericht der Abendschau. Sie sagen uns kurz, wie Sie heißen …

LINDEMANN:	Lindemann …
REGISSEUR:	Richtig … und daß Sie 500 000 D-Mark[1] im Lotto gewonnen haben … und was Sie damit machen wollen. Wir probieren es jetzt mal … ohne Kamera … bitte sehr …
LINDEMANN:	… Ja … eben … daß ich Erwin Lindemann heiße …
REGISSEUR:	Im ganzen Satz … Ich … heiße … Erwin … Lindemann …
LINDEMANN:	Ich … heiße … Erwin … Lindemann, bin Rentner und 66 Jahre … mit meinem Lottogewinn von 500 000 D-Mark mache ich erst mal eine Reise nach Island … dann fahre ich mit meiner Tochter nach Rom und besuche eine Papstaudienz … und im Herbst eröffne ich dann in Wuppertal eine Herren-Boutique.
REGISSEUR:	Ge … nau … so! Können wir?
KAMERAMANN:	Wir können … Ton ab!
TONMEISTER:	Läuft!
KAMERAMANN:	Klappe!
KAMERAASSISTENT:	Lottogewinner, die erste … *(schlägt Klappe)*

---

* Text nicht der neuen Rechtschreibung angepasst
[1] ≈ 255.646 €

LINDEMANN:	*(erschrickt)*
25 REGISSEUR:	Bitte, Herr Lindemann ... genau wie eben ... und ganz entspannt ...
LINDEMANN:	Ja, ich heiße Erwin Lindemann, bin Rentner, 66 Jahre, und mit meinem Lottogewinn von 500 000 D-Mark ...
KAMERAMANN:	Aus ... Das geht mit dem Licht so nicht ... Geh mal mit dem
30	Halb-K.W. noch weiter rüber ...
BELEUCHTER:	*(verstellt den Scheinwerfer)*
KAMERAMANN:	Gut! ... Wir können ... Ton ab!
TONMEISTER:	Läuft!
KAMERAMANN:	Klappe!
35 KAMERAASSISTENT:	Lottogewinner, die zweite ... *(schlägt Klappe)*
REGISSEUR:	Bitte!
LINDEMANN:	*(hat die Tätigkeit des Teams irritiert verfolgt)* Ich heiße Erwin Lindemann, ich bin 500 000 Jahre ... halt ... falsch ...
REGISSEUR:	Ganz ruhig ... gleich nochmal ... ohne Klappe ...
40 LINDEMANN:	Ich heiße Erwin Lindemann ... ich bin Rentner und 66 Jahre ... *(das Licht geht aus)* ... mit meinem Lottogewinn von 500 000 D-Mark mache ich erst mal eine Reise nach Island, dann fahre ich mit meiner Tochter nach Rom und besuche eine Papstaudienz, und im
45	Herbst eröffne ich dann in Wuppertal eine Herren-Boutique ...
REGISSEUR:	Aus! ... was ist denn das nun wieder?!
BELEUCHTER:	Guck mal nach der Sicherung ...
TONMEISTER:	Der Ton läuft!
50 KAMERAMANN:	Kamera auch! ... Und die Birnen?
BELEUCHTER:	Weiß nicht ... sind noch zu heiß ... ah! ... Der Stecker is' raus! *(das Licht geht an)*
LINDEMANN:	War es so richtig?
REGISSEUR:	Hervorragend ... aber wir hatten da ein Problem ... bitte noch
55	einmal, Herr Lindemann ... und ganz locker ...
TONMEISTER:	Ton läuft!
KAMERAMANN:	Klappe!
KAMERAASSISTENT:	Lottogewinner, die dritte ... *(schlägt Klappe)*
REGISSEUR:	*(gibt Lindemann ein Zeichen)*
60 LINDEMANN:	Ich heiße Erwin Lindemann, bin Rentner, 66 Jahre und ... und ein Lottogewinn von 500 000 D-Mark. Erst mal mache ich mit meiner Wupper ... äh ... mit meiner Tochter eine Reise nach Wuppertal und eröffne dann in ... Island eine Herren-Boutique ...
65 REGISSEUR:	Aus! ... Entschuldigen Sie, wenn ich Sie unterbreche, aber Sie planten doch erst eine Reise nach Island und wollten dann mit Ihrem Fräulein Tochter nach Rom zur Papstaudienz, und im Herbst eröffnen Sie eine Herren-Boutique in Wuppertal ...
LINDEMANN:	Jawohl ...
70 REGISSEUR:	Na, dann erzählen Sie das doch einfach ... Also neue Klappe ...

TONMEISTER:	Ton läuft!
KAMERAMANN:	Klappe!
KAMERAASSISTENT:	Lotto, die vierte … *(schlägt Klappe)*
75 REGISSEUR:	Bitte!
LINDEMANN:	Ich heiße Erwin Lottemann …
REGISSEUR:	Aus! … Wie heißen Sie?!
LINDEMANN:	Lottemann … äh … Lindemann!
REGISSEUR:	Bitte neue Klappe …
80 KAMERAASSISTENT:	Lotto, die fünfte … *(schlägt Klappe)*
REGISSEUR:	Bitte!
LINDEMANN:	Ich heiße Lindemann, bin seit 66 Jahren Rentner …
REGISSEUR:	*(schlägt sich aufs Knie)* Aus!
LINDEMANN:	… und habe 500 000 D-Mark gemacht mit meiner Tochter in
85	Wuppertal … nee!
REGISSEUR:	Herr Lindemann …
LINDEMANN:	Jetzt weiß ich …
REGISSEUR:	Klappe!
KAMERAASSISTENT:	Lotto, die sechste … *(schlägt Klappe)*
90 REGISSEUR:	Bitte!
LINDEMANN:	Ich heiße Erwin …
KAMERAMANN:	Halt … Mikro im Bild …
REGISSEUR:	Gleich weiter … ohne Klappe …
KAMERAASSISTENT:	Wir haben noch 5 Meter!
95 REGISSEUR:	Bitte!
LINDEMANN:	Ich heiße … na! … Erwin … ich heiße Erwin und bin Rentner. Und in 66 Jahren fahre ich nach Island … und da mache ich einen Gewinn von 500 000 D-Mark … und im Herbst eröffnet dann der Papst mit meiner Tochter eine Herren-Boutique in
100	Wuppertal …
REGISSEUR:	Danke … das war's.

Loriot

EIN MENSCH VOR DEM GERICHT DER TIERE

Im Gerichtssaal sind fast alle Tiere versammelt. Der angeklagte Mensch wird vom Schwein hereingeführt.

GERICHTSPRÄSIDENT (LÖWE): Darf ich Sie um Ihre Personalien bitten?

MENSCH: Mensch, geborener Affe, auf die Welt gekommen vor etwa 40 000 Jahren, wohnhaft überall auf der Erde.

LÖWE: Der Schreiber wird uns jetzt die Anklageschrift verlesen.

5 SCHREIBER (TINTENFISCH): Mensch, Sie sind angeklagt, eine unermesslich große Zahl von unschuldigen Tieren umgebracht, gefressen, gequält, geschlachtet, hingerichtet, gejagt, erschossen und überfahren zu haben. Wegen Ihrer untierischen Quälereien und Massenmorde stehen Sie vor dem Gericht der Tiere.

10 LÖWE: Bekennen Sie sich schuldig?

MENSCH:	Nicht schuldig.
LÖWE:	Dann schreiten wir zur Einvernahme der Zeugen. Herr Staatsanwalt, darf ich bitten?
STAATSANWALT (FUCHS):	Mein erster Zeuge ist der Igel.

15 IGEL *(weinerlich)*: Ich wollte eigentlich gar nicht zu dieser Gerichtsverhandlung kommen. Gerade in der heutigen Nacht ist mein lieber Mann, der unvergessliche Kasimir, von einem Eisenteufel überfahren worden. Und ein Mensch saß drin und kümmerte sich überhaupt nicht um ihn.

20 LÖWE: Wir werden Sie in der Gerichtsverhandlung schonen, wenn es möglich ist. *(zu Fuchs und Katze, Verteidiger)* Haben Sie noch Fragen an unseren Igel?

FUCHS/KATZE: Nein.

LÖWE: Wer ist Ihr nächster Zeuge, Herr Staatsanwalt?

25 FUCHS: Der Frosch.

FROSCH: Es ist doch wirklich eine Schweinerei ...

SCHWEIN: Ich protestiere, mein Name darf nicht so missbraucht werden!

FROSCH: Entschuldigung, ich wollte niemanden beleidigen. Es ist doch wirklich eine Menscherei, wie die Menschen unsere Weiher

30 und kleinen Seen verschmutzen! In diesem Waschmittel-Schaum kann doch niemand mehr leben! Aber noch schlimmer ist, dass jedes Frühjahr Millionen von Fröschen überfahren werden von diesen merkwürdigen Blechbüchsen, in denen Menschen sitzen.

35 FUCHS: Das ist ja schrecklich! Und was passiert sonst noch mit deinen Freunden und Verwandten?

FROSCH: Ach ja, die schlimmste Quälerei habe ich doch beinahe vergessen. Diese gemeinen Hunde ...

HUND: Also, ich bin mit diesem Wort wohl kaum gemeint ...

40 FROSCH: Oh, Entschuldigung, diese gemeinen Menschen reißen uns Fröschen bei lebendigem Leib die Beine aus und braten sie, um sie dann als sogenannte Delikatesse zu verspeisen. Wir armen Frösche müssen in einem stundenlangen Todeskampf zugrunde gehen. Ich bin dafür, dass man auch einmal einem

45 Menschen alle seine Beine ausreißt ...

LÖWE: Den Strafantrag stellt später der Staatsanwalt, dazu haben Sie nichts zu sagen! Sind noch Fragen an den Zeugen Frosch?

VERTEIDIGER (KATZE): Haben Sie auch schon die kleinen Zäune gesehen, die von den Menschen nur darum gemacht wurden, damit die Frösche

50 nicht überfahren werden?

FROSCH: Ja schon, aber die sind doch nur da, weil die Menschen uns lieber essen als überfahren!

FUCHS: Meine nächste Zeugin ist die Schnecke.

SCHWEIN: Die Schnecke ist leider noch nicht da, ich glaube, sie hat sich

55 ein wenig verspätet.

FUCHS: Gut, dann rufe ich zuerst die Schlange in den Zeugenstand.

SCHLANGE: Dass ich jetzt noch lebe und zu Ihnen sprechen kann, und dass ich nicht schon in Form eines Geldbeutels oder einer Damen-

	handtasche vor Ihnen stehe, habe ich nur meiner Intelligenz und meinem feinen Tastsinn zu verdanken, sonst hätten mich die Menschen schon lange umgebracht …
KATZE:	Aber Sie waren doch einst sehr gut befreundet mit den Menschen, wenn man so an die Eva im Paradies denkt …
SCHLANGE:	Das war nur ein raffinierter Trick von mir, sonst hätten die Menschen auch aus dem Paradies einen Schweinestall gemacht!
SCHWEIN:	Ich protestiere …
SCHLANGE:	Ja natürlich, ich entschuldige mich in aller Form, ich meine natürlich einen Menschenstall!
FUCHS:	Ich bitte das Huhn in den Zeugenstand.
HUHN:	Ja, ich warte schon lange darauf, endlich einmal auszupacken! Ich lebe unter unhühnlichen Verhältnissen in einer Geflügelbatterie. Meine ungeborenen Kinder werden mir weggenommen und von den Menschen als Eier gegessen. Mit fünf anderen Hühnern bin ich in einem kleinen Käfig eingesperrt. Ich hoffe nur möglichst bald als Brathuhn gegessen zu werden, damit diese Qual endlich ein Ende hat.
KATZE:	Aber wer bringt dir jeden Tag das Futter?
HUHN:	Die Menschen natürlich, aber die füttern mich nicht aus reiner Nächstenliebe, sondern, weil sie nicht gern zu Skeletten abgemagerte Hühner essen!
FUCHS:	Mein nächster Zeuge ist der Blaubock.
	(Niemand erscheint, die Tiere werden unruhig.)
LÖWE:	Ich glaube, Herr Staatsanwalt, es ist Ihrer Aufmerksamkeit entgangen, dass der Blaubock von den Menschen ausgerottet wurde.
	(Entrüstungssturm, die Tiere sprechen durcheinander.)
FUCHS:	Ja, das ist traurig und wenn wir dieser Morderei nicht bald einen Riegel vorschieben, sind alle meine Zeugen von diesem untierischen Monstrum Mensch ausgerottet!
	Mein nächster Zeuge ist der Leopard.
LEOPARD:	Ich finde auch, dass man etwas dagegen unternehmen muss, das sieht ja jedes Tier, dass es nicht mehr so weitergehen kann. Wenn ich an meine Verwandten denke, die umgebracht wurden ohne Grund! Mäntel hat man aus ihnen gemacht und Bettvorleger. Die Menschen bringen doch einfach alles um, was ihnen über den Weg läuft, sogar sich selber. Man sollte diesen Menschen einmal das Fell über die Ohren ziehen, dann hätten wir Ruhe!
KATZE:	Wovon leben Sie eigentlich, Leopard? Wie ernähren Sie sich?
LEOPARD:	Also, äh, ich muss doch auch etwas essen! Gras ist für mich unverdaulich, deshalb muss ich leider ab und zu, nur so ganz selten, nur so ein kleines Tier …
KATZE:	Aha, da haben wir es, Sie jagen also auch!
LEOPARD:	Aber nicht zu meinem persönlichen Vergnügen, nur weil ich Hunger habe.

(Endlich kommt die Schnecke „angesaust", sie ist ganz außer Atem.)

SCHNECKE: Entschuldigung, dass ich mich verspätet habe, aber der Weg
110 war so weit und ich bin nicht so schnell …

FUCHS: Beruhigen Sie sich, Sie sind ja jetzt da. Nun erzählen Sie doch im Zeugenstand einmal, was Ihnen der Mensch alles zuleide tut.

KATZE: Ich erhebe Einspruch, das ist Beeinflussung der Zeugin!

115 LÖWE: Jawohl, das stimmt, formulieren Sie Ihre Fragen bitte anders.

FUCHS: Also, was tut Ihnen der Mensch alles zuliebe?

SCHNECKE: Was zuliebe, gar nichts tut er mir zuliebe. Giftkörner streut er im Garten, sodass wir armen Schnecken unter schrecklichen Bauchkrämpfen sterben müssen! Meine Mutter wurde von ei-
120 nem kleinen Knaben zerstampft, mein Vater von einem Metallmonster überfahren und zwei meiner Brüder wurden von einem Menschen eingesammelt, dann hat man sie umgebracht und mit Knoblauch und Kräuterbutter wurden sie von einer sogenannten Dame gefressen!

125 SCHWEIN: Und das geht nicht nur den Schnecken so! Meine 300 Kinder, die ich auf die Welt gesetzt habe, sind gefressen worden!

LÖWE: Sei endlich still, du bist nicht als Zeuge geladen.

FUCHS: Aber wahr ist es, was unser liebes Schwein sagt. Ich möchte jetzt nur noch den Affen in den Zeugenstand bitten, dann
130 habe ich die wichtigsten Tatsachen zusammen.

AFFE: Ich wollte schon am Anfang protestieren! Was bildet sich eigentlich dieser Mensch da ein? Er hat gesagt, er stamme von den Affen ab. Das ist die gemeinste Lüge, die ich je gehört habe. Ich bin doch nicht der Stammvater dieses Monstrums!
135 »Homo sapiens«, weiser Mensch, nennt sich dieses Ungeheuer. Es ist für mich das schlimmste Schimpfwort, wenn meine Kollegen zu mir sagen: „Du blöder Mensch!"

FUCHS: Nun möchten wir aber doch wissen, warum du auf die Menschen so wütend bist.

140 AFFE: Weil wir Affen gequält werden! Hunderte sind schon draufgegangen bei wissenschaftlichen Versuchen, bei grausamen Experimenten mit Kriegswaffen zum Beispiel! Dann werden Tausende von Affen abgeschossen und als Köder gebraucht, um Ozelots zu fangen!

145 KATZE: Aber die Affen im Zoo haben doch ein schönes Leben.

AFFE: Ja, das muss ich zugeben. Und sie amüsieren sich köstlich, wenn sie die dummen Gesichter der Menschen hinter den Gittern anschauen können. Aber das ist nur die eine Seite! Fünf von sechs Affen kommen beim Transport in die zoologi-
150 schen Gärten und Tierhandlungen um.

LÖWE: Ich danke dem Herrn Staatsanwalt für die Zeugeneinvernahme, nun ist der Verteidiger an der Reihe.

KATZE: *(Will etwas sagen, wird ausgepfiffen.)*

LÖWE: Ich bitte um Ruhe. Wir wollen einen fairen Prozess! Wir sind

155   doch keine Menschen!

KATZE: Mein erster Zeuge ist der Hund.

HUND: Nun, ich kann mich eigentlich nicht beklagen. Ich werde anständig gefüttert, gut behandelt …

FUCHS: Ich bin dagegen, dass man diese Zeugenaussage ins Protokoll
160   aufnimmt. Der Hund als bester Freund des Menschen ist ein Verräter, ein Mensch im Hundepelz sozusagen!

LÖWE: Dieser Einspruch ist abgewiesen, jedes Tier hat das Recht sich zu äußern.

HUND: Also, ich werde gut behandelt, die Kinder lieben mich, mein
165   Meister geht mit mir spazieren, ich bin zufrieden. Ich glaube nicht, dass die Menschen so schlimm sind, wie ihr jetzt alle glaubt, vielleicht sind sie manchmal ein wenig gedankenlos.

IGEL: Also für mich ist es kein Unterschied, ob ich aus Grausamkeit oder aus Gedankenlosigkeit überfahren werde.

170 KATZE: Sei jetzt ruhig. Mein nächster Zeuge ist der Bandwurm.

BANDWURM: Ich appelliere an die Solidarität und an die Freundschaft aller Tiere. Wenn ihr dem Menschen etwas antut, trefft ihr auch mich, und ich muss doch auch existieren können …

FROSCH: Also, ich sehe nicht ein, warum wir wegen dieses Schmarot-
175   zers auf eine gerechte Strafe verzichten sollten!

LÖWE: Ich bitte um Ruhe. Sie sind jetzt nicht gefragt. Fahren Sie bitte fort, Bandwurm.

BANDWURM: Mir kann es ja egal sein, wenn ihr die Menschen umbringt, aber in diesem Fall muss sich ein anderes Tier als Opfer zur
180   Verfügung stellen.

(Entrüstungssturm)

KATZE: Ihr seht, dass die Sache nicht so einfach ist, wie ihr euch vorgestellt habt. Die Menschen sind doch Tiere wie wir und alle sind voneinander abhängig.

185   Ich rufe die Maus in den Zeugenstand.

MAUS:	*(Hat sich schon seit geraumer Zeit hinter den anderen Tieren versteckt, will jetzt davonrennen.)*
KATZE:	Halt, lauf jetzt nicht weg! Hopp, in den Zeugenstand!
MAUS *(ängstlich)*:	Da habe ich aber die Katze im Sack gekauft. Ich konnte doch nicht wissen, dass Sie der Verteidiger sind. Ich fühle mich gar nicht wohl in der Höhle des Löwen.
KATZE:	Aber es passiert dir gar nichts, wenn du jetzt nichts Falsches sagst.
MAUS:	Also, alle Menschen sind sehr lieb …
FUCHS:	Ich erhebe Einspruch, das ist Einschüchterung und Beeinflussung eines Zeugen!
LÖWE:	Stattgegeben. Stellen Sie Ihre Frage bitte korrekt!
KATZE:	Gut, liebes Mäuschen, wie stehst du zu den Menschen?
MAUS:	Ich kann mich eigentlich nicht beklagen. Natürlich wird ab und zu eine Maus gefangen, aber wir haben die Fallen schon längst durchschaut. Aber wenn es keine Menschen gäbe, hätten wir keine Häuser und darauf sind wir doch angewiesen, auch auf den Käse im Keller und auf die Konfitüre.
FUCHS:	Aber du könntest ja auch auf dem Feld leben …
MAUS:	Was meinen Sie eigentlich? Ich bin doch keine Feldmaus, ich brauche ein anständiges Haus.
KATZE:	Dann bitte ich den Leoparden und den Affen, meinen letzten Zeugen, den Hai, hereinzutragen.
	(Als die beiden den Hai im Planschbecken hereinbringen, erschrecken die Tiere und laufen kopflos davon.)
LÖWE:	Sofort kommen alle wieder hierher, wir wollen einen ordentlichen Prozess in aller Freundschaft.
HAI *(gähnt)*:	Nur keine Angst, ich habe heute schon drei Schiffbrüchige gefressen …
SCHWEIN:	Da haben wir aber Schwein gehabt!
HAI:	Ich bin dagegen, dass man den Menschen etwas antut. Ich sage das nicht aus Nächstenliebe, sondern weil ich nicht auf einen abwechslungsreichen Speisezettel verzichten möchte. Immer nur Fische ist doch langweilig!
SCHLANGE *(zischt)*:	Egoist!
HAI:	Halt dein freches Maul! Ich verlange von dir ja auch nicht auf deine Delikatessen zu verzichten! Mit dir werde ich noch ein Hühnchen rupfen!
HUHN *(schreit)*:	Hilfe!
LÖWE:	So, hört jetzt auf mit diesen Streitereien. Ein Prozess ist eine ernste Angelegenheit. Was soll denn der Angeklagte von uns denken? Wir kommen jetzt zu den Schlussplädoyers[1].

Helen Gori

Spielt das Stück nach euren eigenen Vorstellungen zu Ende.

---

[1] Plädoyer: Rede, bei der man für etwas eintritt

WIR LERNEN GEDICHTE KENNEN

So äußern sich Schülerinnen und Schüler zu Gedichten. Und wie ist es in eurer Klasse?

SOMMERBILD

Ich sah des Sommers letzte Rose stehn,
Sie war, als ob sie bluten könne, rot;
Da sprach ich schaudernd im Vorübergehn:
So weit im Leben, ist zu nah am Tod!

Es regte sich kein Hauch am heißen Tag,
Nur leise strich ein weißer Schmetterling;
Doch, ob auch kaum die Luft sein Flügelschlag
Bewegte, sie empfand es und verging.

Friedrich Hebbel

1 In diesem Gedicht schreibt der Dichter von der Jahreszeit Sommer. Lest nach, was er beobachtet. Welches Bild des Sommers beschreibt er?

2 Friedrich Hebbel verwendet zwei Bilder, die für die Aussage des Gedichts sehr wichtig sind: das Bild einer verblühenden Rose und das Bild eines weißen Schmetterlings. Versucht diese Sprachbilder zu deuten.

3 Das Thema dieses Gedichts ist in Wirklichkeit nicht die sommerliche Jahreszeit. Woran erinnert den Dichter das „Sommerbild"?

4 An einer Stelle sagt der Verfasser, dass man sich in das Unabänderliche fügen und nicht dagegen ankämpfen soll. Sucht diese Textstelle und lest diese Stelle sinngestaltend vor.

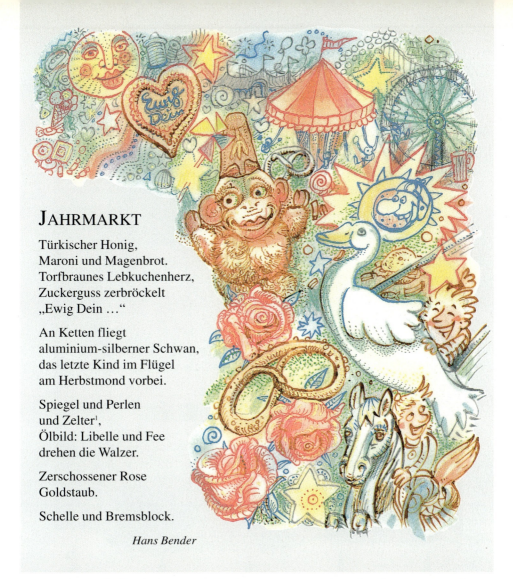

JAHRMARKT

Türkischer Honig,
Maroni und Magenbrot.
Torfbraunes Lebkuchenherz,
Zuckerguss zerbröckelt
„Ewig Dein …"

An Ketten fliegt
aluminium-silberner Schwan,
das letzte Kind im Flügel
am Herbstmond vorbei.

Spiegel und Perlen
und Zelter[1],
Ölbild: Libelle und Fee
drehen die Walzer.

Zerschossener Rose
Goldstaub.

Schelle und Bremsblock.

Hans Bender

1 Erzählt von euren Erlebnissen und Eindrücken auf einem Jahrmarkt oder einem ähnlichen Fest, bevor ihr das Gedicht lest.

2 Der Autor Hans Bender beschreibt in den fünf Strophen des Gedichts fünf verschiedene Plätze auf einem Jahrmarkt: Pferdekarussell – Zuckerbäckerbude – Kettenkarussell – Schiffschaukel – Schießbude.
Ordnet diese fünf Schauplätze den einzelnen Strophen zu und begründet eure Meinung.

3 Dieses Gedicht ist ein Stimmungsgedicht. In der zweiten und dritten Strophe herrscht eine heitere, frohe und fast ausgelassene Stimmung, in den beiden letzten eine ernsthafte und düstere. Lest nach. Überlegt, was der Dichter damit beabsichtigt.

4 In dem Gedicht kommen drei schwierig zu verstehende Sprachbilder vor: „zerbröckelt", „zerschossen" und „Bremsblock". Versucht sie zu deuten.

---

[1] Zelter: abgerichtetes Damenreitpferd

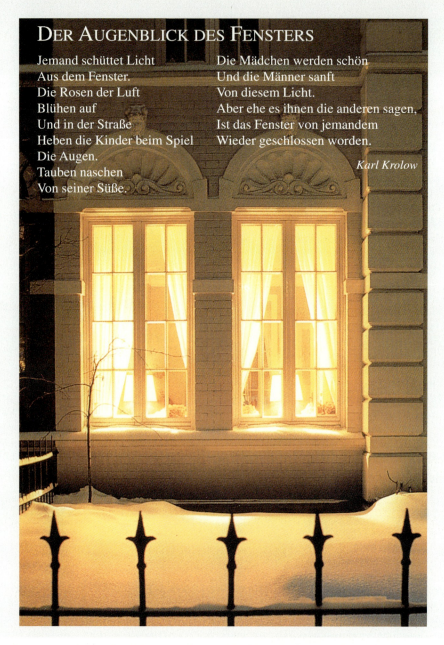

DER AUGENBLICK DES FENSTERS

Jemand schüttet Licht
Aus dem Fenster.
Die Rosen der Luft
Blühen auf
Und in der Straße
Heben die Kinder beim Spiel
Die Augen.
Tauben naschen
Von seiner Süße.

Die Mädchen werden schön
Und die Männer sanft
Von diesem Licht.
Aber ehe es ihnen die anderen sagen,
Ist das Fenster von jemandem
Wieder geschlossen worden.

Karl Krolow

1 Warum kann man dieses Gedicht auch als ein „Rätselgedicht" bezeichnen?

2 Lest und besprecht zunächst all die Textstellen, die ihr gut verstehen könnt. Welche Aussagen helfen euch die Lösung des Rätsels zu finden? Welche Sprachbilder könnt ihr nicht sofort deuten?

3 Eine Schlüsselstelle des Gedichts ist das Sprachbild „schüttet Licht". Was könnte damit gemeint sein?

4 Überlegt nun gemeinsam, was der Autor des Gedichts mitteilen will.

VERFALL

Am Abend, wenn die Glocken Frieden läuten,
Folg ich der Vögel wundervollen Flügen,
Die lang geschart, gleich frommen Pilgerzügen,
Entschwinden in den herbstlich klaren Weiten.

Hinwandelnd durch den dämmervollen Garten
Träum ich nach ihren helleren Geschicken
Und fühl der Stunden Weiser kaum mehr rücken.
So folg ich über den Wolken ihren Fahrten.

Da macht ein Hauch mich von Verfall erzittern.
Die Amsel klagt in den entlaubten Zweigen.
Es schwankt der rote Wein an rostigen Gittern,

Indes wie blasser Kinder Todesreigen
Um dunkle Brunnenränder, die verwittern,
Im Wind sich fröstelnd blaue Astern neigen.

Georg Trakl

NIEMAND

Hinter all den Türen wohnt NIEMAND,
niemand für mich,
dachte der Mann,
der die Treppe emporstieg,
und unter dem Dache
prüfte er lange die Wäscheleinen.
Kurz vorher war an seiner Türe
NIEMAND vorbei in den Keller gegangen,
dort prüfte er lang einen Mauerhaken.
Zufällig trafen die beiden einander
auf dem Rückweg und grüßten erschrocken.
Und jeder stand noch ein Weilchen hinter
einer Türe, wo NIEMAND wohnte.

Christine Busta

LAUTLOS

Das ist die weiße Mittagskatze!
Über die glühenden Dächer
des Sommers
wandert sie lautlos
auf nackten Zehen.
Manchmal hebt sie
die samtene Pfote und schlägt
den Rauch aus dem Schornstein
zu Boden.

Linus Kefer

115

GARTEN IM OKTOBER

Der Purpur am Zaun
Wurde faulig und braun,
Das silberne Blau, die Rose verging,
Ohne Treu wie der Schmetterling.

Nur die Sonnenblumen tun noch ihre Pflicht,
Den Garten zu schmücken,
Und schieben und rücken
Die goldenen Teller
Heller und greller
Ins Mittagslicht.
Als ob sie schwebten,
Ohne Gewicht,
Engelgleich glänzt ihr Gesicht.

Verglühender Endreim
Im Sommergedicht,
Tun sie, als lebten
Sie ewiglich.

Georg Britting

DER GESANG DES MEERES

Wolken, meine Kinder, wandern gehen
wollt ihr? Fahret wohl! Auf Wiedersehen!
Eure wandellustigen Gestalten
kann ich nicht in Mutterbanden halten.

Ihr langweilt euch auf meinen Wogen,
dort die Erde hat euch angezogen:
Küsten, Klippen und des Leuchtturms Feuer.
Ziehet, Kinder! Geht auf Abenteuer!

Segelt, kühne Schiffer, in den Lüften!
Sucht die Gipfel, ruhet über Klüften!
Brauet Stürme! Blitzet! Liefert Schlachten!
Traget glüh'nden Kampfes Purpurtrachten!

Rauscht im Regen! Murmelt in den Quellen!
Füllt die Brunnen! Rieselt in die Wellen!
Braust in Strömen durch die Lande nieder. –
Kommet, meine Kinder, kommet wieder!

Conrad Ferdinand Meyer

EIN LICHT IN DER BRUST

Um Mitternacht, auf pfadlos weitem Meer,
wann alle Lichter längst im Schiff erloschen,
wann auch am Himmel nirgends glänzt ein Stern,
dann glüht ein Lämpchen noch auf dem Verdeck,
ein Docht, vor Windesungestüm verwahrt,
und hält dem Steuermann die Nadel hell,
die ihm untrüglich seine Richtung weist.
Ja! wenn wir's hüten, führt durch jedes Dunkel
ein Licht uns, stille brennend in der Brust.

Ludwig Uhland

FRAU SORGE

In meines Glückes Sonnenglanz,
Da gaukelte fröhlich der Mückentanz.
Die lieben Freunde liebten mich
Und teilten mit mir brüderlich
Wohl meinen besten Braten
Und meinen letzten Dukaten.

Das Glück ist fort, der Beutel leer,
Und hab auch keine Freunde mehr;
Erloschen ist der Sonnenglanz,
Zerstoben ist der Mückentanz,
Die Freunde, so wie die Mücke,
Verschwinden mit dem Glücke.

An meinem Bett in der Winternacht
Als Wärterin die Sorge wacht.
Sie trägt eine weiße Unterjack',
Ein schwarzes Mützchen, und schnupft Tabak.
Die Dose knarrt so grässlich,
Die Alte nickt so hässlich.

Mir träumt manchmal, gekommen sei
Zurück das Glück und der junge Mai
Und die Freundschaft und der Mückenschwarm –
Da knarrt die Dose – dass Gott erbarm,
Es platzt die Seifenblase –
Die Alte schneuzt die Nase.

Heinrich Heine

ÜBER DIE HEIDE

Über die Heide hallet mein Schritt;
Dumpf aus der Erde wandert es mit.

Herbst ist gekommen, Frühling ist weit –
Gab es denn einmal selige Zeit?

Brauende Nebel geistern umher;
Schwarz ist das Kraut und der Himmel so leer.

Wär ich hier nur nicht gegangen im Mai!
Leben und Liebe – wie flog es vorbei!

Theodor Storm

IN DER FRÜHE

Kein Schlaf noch kühlt das Auge mir,
Dort gehet schon der Tag herfür
An meinem Kammerfenster.
Es wühlet mein verstörter Sinn
Noch zwischen Zweifeln her und hin
Und schaffet Nachtgespenster.

– Ängste, quäle
Dich nicht länger, meine Seele!
Freu dich! schon sind da und dorten
Morgenglocken wach geworden.

Eduard Mörike

BEHERZIGUNG

Ach, was soll der Mensch verlangen?
Ist es besser, ruhig bleiben?
Klammernd fest sich anzuhangen?
Ist es besser, sich zu treiben?
Soll er sich ein Häuschen bauen?
Soll er unter Zelten leben?
Soll er auf die Felsen trauen?
Selbst die festen Felsen beben.

Eines schickt sich nicht für alle.
Sehe jeder, wie er's treibe,
Sehe jeder, wo er bleibe,
Und, wer steht, dass er nicht falle.

Johann Wolfgang von Goethe

Bänkellieder und Balladen

Als es noch keine Zeitungen gab, Bücher noch sehr teuer waren und nur wenige Menschen lesen konnten, sorgten reisende Händler, Wandergesellen oder Jahrmarktschreier für die Verbreitung von Nachrichten und Neuigkeiten. Vor allem die Bänkelsänger fanden mit ihren schaurigen Geschichten von Mord und Totschlag, Raub, Familientragödien, Unglücksfällen und Naturkatastrophen interessierte Zuhörer. Sie zogen von Ort zu Ort, von Straße zu Straße und begleiteten ihre Lieder mit Drehorgeln, Flöten, Gitarren oder Fideln. Um von den Umstehenden besser gesehen zu werden, stiegen sie auf eine Holzbank, ein Bänkel, und erläuterten ihren Gesang mithilfe von Bildtafeln.

1 Dies ist eine der schauerlichen Geschichten, die in früheren Zeiten von Bänkelsängern vorgetragen wurden:

Höchst schauderhafte Begebenheit,
welche voriges Jahr am dreißigsten Februar ist begangen worden.

Ihr Leute merkt und nehmt zu Herzen
Die traurige Geschicht';
Der Diebstahl, der bringt große Schmerzen,
Und nie kein Segen nicht.

Sabine war ein Frauenzimmer,
Sie war auch tugendhaft;
Deshalben war zufrieden immer
Mit ihr auch die Herrschaft.

Da kam einstmals von Treuenbrietzen
Ein junger Mensch daher
Und sprach: Ich möchte sie besitzen.
Es war ein Schuhmacher.

Sie hat sich nicht sehr lang bedenket
Und sprach: Es mag so sein!
Sie hat zu leicht Vertrau'n geschenket
Des Schusters falschem Schein.

Er kommt allnächtlich zu Sabinen
Und seufzt: Ich steck' in Not;
Gerührt von seinen bitter'n Mienen
Gibt sie ihm, was sie hat.

Da tut er es sogleich verschwenden
In Schnaps und auch in Bier;
Und tut sich nochmals an sie wenden,
Will wieder Geld von ihr.

Sie kann nicht mehr kein Geld sich leihen;
Drum geht sie auf der Stell'
Und muss der Herrschaft veruntreuen
Zwei silberne Löffel.

Als aber sind zwei Tag' vergangen,
Da kommt der Diebstahl 'raus;
Die Herrschaft jug[1] mit Schimpf und Schanden
Sabinen aus dem Haus.

Sie klagt's in ihren Gewissensbissen,
Ihr ist das Herz so schwer;
Doch will jetzt nichts mehr von ihr wissen
Der Treuenbrietzener.

Sie seufzt: Du böser Pflichtvergess'ner,
Du rabenschwarze Seel'!
Da nimmt er schnell ein Tranchiermesser[2]
Und schneid't ihr ab die Kehl'.

In Ketten und in Eisenbanden,
Bei Wasser und bei Brot,
Hat er reumütig eingestanden
Die schwarze Freveltat.

Am Galgen wurd' der Treuenbrietzner
Gehängt durch einen Strick;
Dazu hat ihn gebracht die Untreu'
Und auch die falsche Tück'.

Drum soll man keine Kehl' abschneiden,
Es tut kein Gut ja nicht.
Der Krug, der geht solang zu Wasser,
Bis ihm sein Henkel bricht.

Verfasser unbekannt

Nun könnt ihr sicherlich eine Erklärung dafür finden, warum solche Bänkellieder auch Moritaten genannt wurden. Der nebenstehende Ausschnitt aus einem Wörterbuch kann euch sicher dabei helfen.

Moritat, die: -, en; durch zerdehnendes Singen des Wortes Mordtat: von einem Bänkelsänger (mit Drehorgelbegleitung) vorgetragenes Lied mit meist eintöniger Melodie, das eine schauerliche oder rührselige (auf einer Tafel in Bildern dargestellte) Geschichte zum Inhalt hat und mit einer belehrenden Moral endet.

---

[1] jug: jagte
[2] Tranchiermesser: Messer zum Zerlegen

2 Auf Bildtafeln aus Leinwand oder Wachstuch war das Geschehen, von dem der Bänkelsänger berichtete, in Bildern dargestellt:

Erzählt mithilfe dieser Bildtafeln die Moritat nach.

3 Das Gewerbe der Bänkelsänger war früher wenig angesehen. Man zählte sie zu den Landstreichern, Spielleuten, Fahrensleuten, Marktschreiern und Quacksalbern. Beschreibt, wie die Bänkelsänger auf früheren Bildern dargestellt sind.

4 Der Bänkelsänger oder ein Helfer verkaufte dem Publikum gedruckte Blätter oder Bänkelsängerheftchen, in denen die vorgetragenen Moritaten nachzulesen waren. Überlegt, wozu der Auftritt des Bänkelsängers und sein Gesang also dienten.

5 So enden andere Moritaten:

Ja, so geht es bösen Menschen.
Schließlich kriegt man seinen Lohn.
Darum, o ihr lieben Eltern,
Gebt doch Acht auf euern Sohn.

Ein jeder nehme sich in Acht
vor Satans bösen Wegen;
Wer stets für seine Seele wacht,
Genießt des Himmels Segen.

Und die Moral: Nichts ist so fein gesponnen,
Und wer es hier nicht glauben will, der irrt,
Es kommt doch einmal an die Sonnen,
Und jede Moritat gerochen wird.

Hieraus kannst du ersehen,
O wohlgebor'ner Christ,
Wie unter jedem Umstand
Die Habsucht schrecklich ist.

Überlegt, welche Wirkung solch ein Schluss auf die Zuhörer gehabt haben könnte.

6 Die von den Bänkelsängern meist selbst verfassten Liedertexte wurden von den damaligen Zuhörern begeistert aufgenommen. Sie waren recht einprägsam und lebensnah. Welche Wirkung haben sie heute? Wie wirken sie auf euch?

7 Zu der auf Seite 120 abgedruckten „höchst schauderhaften Begebenheit" gibt es noch eine andere Fassung, die als so genanntes „Küchenlied" sehr bekannt geworden ist. Solche Lieder sangen früher vor allem die Dienstmädchen und Mägde in ihrer Kammer, im geselligen Kreis und auch bei der Arbeit in der Küche.

Sabinchen war ein Frauenzimmer

Sa-bin-chen war ein Frauenzimmer, da-bei auch tu-gend-haft, sie dien-te treu und red-lich immer bei ih-rer Dienstherr-schaft. Da kam aus Treu-en-brietzen ein Kerl des Wegs da-her, der woll-te das Sa-bin-chen be-sit-zen, er war ein Schuhma-cher.

Übt diese Strophe ein. Solch eine Melodie wurde früher als „herzergreifend" bezeichnet. Wie wirkt sie heute auf euch?

8 An dieser Strophe einer anderen Moritat lässt sich gut aufzeigen, welche Mittel Bänkelsänger einsetzten:

Die Zuhörer werden direkt angesprochen.

Aufforderung zum Zuhören

Hinweis, dass das Ereignis tatsächlich stattgefunden hat

„Menschen, höret die Geschichte,
Die erst kürzlich ist gescheh'n.
Die ich treulich euch berichte,
Lasst uns dran ein Beispiel seh'n.
Lasst uns redlich hier nur handeln,
Treu erfüllen uns're Pflicht,
Stets der Tugend Pfad nur wandeln,
Tugend gibt uns reines Licht."

Aufforderung, aus der Geschichte etwas zu lernen

Lest nach, welche dieser vier Gesichtspunkte auch bei der Moritat auf Seite 120 zutreffen.

9 In der heutigen Literatur lebt die Bänkelsänger-Ballade als Lied (Song) wieder auf. Wolf Biermann ist als Liedermacher solch ein moderner „Bänkelsänger". Er wurde 1936 in Hamburg geboren und übersiedelte 17-jährig in die damalige DDR. Wegen seiner kritischen Gedichte und Lieder erhielt er Auftrittsverbot und wurde 1976 wegen „Staatsfeindlichkeit" ausgebürgert. In seinen Liedern, die er meist zur Gitarre vorträgt, setzt er sich kritisch mit den Zuständen in der heutigen Gesellschaft auseinander.

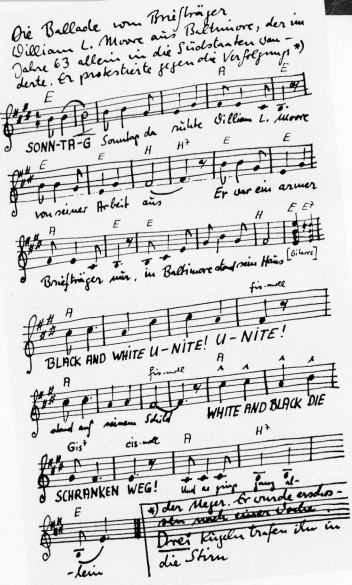

DIE BALLADE VON DEM BRIEFTRÄGER WILLIAM L. MOORE AUS BALTIMORE,

der im Jahre '63 allein in die Südstaaten wanderte.
Er protestierte gegen die Verfolgung der Neger.
Er wurde erschossen nach einer Woche.
Drei Kugeln trafen ihn in die Stirn.

SONNTAG
Sonntag, da ruhte William L. Moore
von seiner Arbeit aus.
Er war ein armer Briefträger nur,
in Baltimore stand sein Haus.

MONTAG
Montag, ein Tag in Baltimore,
sprach er zu seiner Frau:
„Ich will nicht länger Briefträger sein,
ich geh nach Süden auf Tour – (that's sure)"
    BLACK AND WHITE, UNITE! UNITE!
    schrieb er auf ein Schild.
    White and black – die Schranken weg!
    Und er ging ganz allein.

DIENSTAG
Dienstag, ein Tag im Eisenbahnzug,
fragte William L. Moore
manch einer nach dem Schild, das er trug,
und wünscht ihm Glück für die Tour.
    BLACK AND WHITE, UNITE! UNITE!
    stand auf seinem Schild …

MITTWOCH

Mittwoch, in Alabama ein Tag,
ging er auf der Chaussee[1],
weit war der Weg nach Birmingham,
taten die Füße ihm weh.
    BLACK AND WHITE, UNITE! UNITE!

DONNERSTAG

Donnerstag hielt der Sheriff ihn an,
sagte „Du bist doch weiß!"
Sagte „Was geh'n die Nigger dich an?
Junge, bedenke den Preis!"
    BLACK AND WHITE, UNITE! UNITE!

FREITAG

Freitag lief ihm ein Hund hinterher,
wurde sein guter Freund.
Abends schon trafen Steine sie schwer –
sie gingen weiter zu zweit.
    BLACK AND WHITE, UNITE! UNITE!

SONNA'MT

Sonna'mt, ein Tag, war furchtbar heiß,
kam eine weiße Frau,
gab ihm ein'n Drink und heimlich sprach sie:
„Ich denk wie Sie ganz genau."
    BLACK AND WHITE, UNITE! UNITE!

LAST DAY

Sonntag, ein blauer Sommertag,
lag er im grünen Gras –
blühten drei rote Nelken blutrot
auf seiner Stirne, so blass.
    BLACK AND WHITE, UNITE! UNITE!
    steht auf seinem Schild.
    White and black – die Schranken weg!
    Und er starb ganz allein.
    Und er bleibt nicht allein.

Wolf Biermann

Überlegt, welche Absicht der Autor Wolf Biermann mit diesem
Lied verfolgt. Vergleicht mit der Absicht der Bänkelsänger.

---

[1] Chaussee: Landstraße

Pressemeldung in der „Zürcherischen Freitagszeitung" vom 2. Januar 1880:

„England. Während eines furchtbaren Windsturmes brach am 29. nachts die große Eisenbahnbrücke über den Taystrom in Schottland zusammen, im Moment, als der Zug darüber fuhr. 90 Personen, nach anderen 300, kamen dabei ums Leben: Der verunglückte Zug hatte nämlich sieben Wagen, die alle fast voll waren, und er stürzte über 100 Fuß hoch ins Wasser hinunter. Alle 13 Brückenspannungen sind samt den Säulen, worauf sie standen, verschwunden. Die Öffnung der Brücke ist eine halbe englische Meile lang. Der Bau der Brücke hat seinerzeit 350 000 Pfund Sterling gekostet und sie wurde im Frühjahr 1878 auf ihre Festigkeit hin geprüft. Bis jetzt waren alle Versuche zur Auffindung der Leichen oder des Trains[2] vergeblich."

[1] Tand: wertloses Zeug, Spielzeug
[2] Train: Zug

Schottland

Tay

Dundee
Firth of Tay
Firth of For

Edinburgh

England

London

1 Berichtet mit eigenen Worten über das in diesem Zeitungsartikel geschilderte Eisenbahnunglück. Sucht auch in eurem
Atlas den Ort des Geschehens. Diese Skizze hilft euch dabei.

2 Über dieses Unglück in Schottland wurde auch in der
Vossischen Zeitung (Berlin) vom 30. Dezember 1879 berichtet:

Das Unglück an der Tay-Brücke

Die telegrafischen Meldungen über das Unglück besagen Folgendes: Ein entsetzlicher Sturm fegte heute (Sonntag) Nacht über Dundee hin und riss einen Teil der Tay-Brücke nieder, auf welcher sich der um 7 1/2 Uhr fällige Eisenbahnzug von Edinburgh befand. Man nimmt an, dass der Zug im Wasser begraben ist, allein der Sturm ist noch immer so heftig, dass kein Dampfboot imstande war sich der Brücke zu nähern.

Von der Fifeseite war gehörig signalisiert worden, dass der Zug 14 Minuten nach 7 Uhr die Dundee-Brücke überschritten habe: Man hat denselben auch auf der Brücke gesehen und kurz darauf einen plötzlichen Feuerstrahl. Man glaubt, dass der Zug die Schienen verlassen und über die Brücke gestürzt sei.

Diejenigen, welche das Unglück mit angesehen, eilten sofort zur Tay-Brückenstation in Dundee und erteilten dem Stationsvorsteher Bericht. Derselbe setzte sich sofort in telegrafische Verbindung mit dem Signalisten auf der Nordseite der Brücke: Als man den Telegraf über die Brücke spielen lassen wollte, ergab es sich, dass die Drähte zerrissen waren. Der Stationsvorsteher und der Lokomotivsuperintendent entschlossen sich hierauf ungeachtet des furchtbaren Sturmes so weit als möglich auf der Brücke vorzudringen, um sich über den Umfang des Unglücks zu vergewissern: Die beiden waren imstande eine beträchtliche Entfernung vorzurücken; das Erste, was sie erblickten, war ein Wasserstrahl aus einer zerbrochenen Röhre, welche Newport mit Wasser versorgt und der Brücke entlang geführt ist. Etwas weiter vordringend konnten sie bei dem hellen Mondlicht deutlich eine große Lücke entdecken, welche durch den Einsturz entstanden war; nach ihrer Schätzung etwa zwei oder drei der wichtigsten Bögen. Sie glaubten jedoch am anderen Ende der Brücke ein rotes Licht zu entdecken und gaben sich der Hoffnung hin, dass der Zug zum Stillstand gebracht worden, nachdem der Maschinist den Einsturz der Brücke bemerkte. Diese Hoffnung erwies sich aber leider als eine trügerische.

An der Broughty Ferry, vier Meilen unterhalb der Brücke, wurden mehrere Postbeutel ans Ufer geschwemmt und es herrscht jetzt kein Zweifel mehr darüber, dass der Zug im Flusse liegt. Über die Anzahl der Passagiere, welche sich im Zuge befanden, verlautet bislang nichts Bestimmtes, man spricht unterschiedlich von 150 bis 200 Personen …

Stellt nach diesen beiden Zeitungsberichten einen kurzen mündlichen Bericht über den Ablauf des Eisenbahnunglücks zusammen. Untersucht auch, wie sich die beiden Zeitungsartikel voneinander unterscheiden.

3 Theodor Fontane (1819 – 1898) wurde in Neuruppin (Mark Brandenburg) geboren, später lebte er bis zu seinem Tode in Berlin. Er war zunächst wie sein Vater Apotheker; mit dreißig Jahren gab er diesen Beruf jedoch auf und wurde Journalist und Schriftsteller. Berühmt wurde er vor allem durch seine Romane. Er schrieb aber auch bekannte Gedichte und Balladen. Am 6. Januar 1880, also kurz nach dem Erscheinen der Zeitungsberichte über das Aufsehen erregende Zugunglück, veröffentlichte er die Ballade „Die Brück' am Tay".

DIE BRÜCK' AM TAY

(28. DEZEMBER 1879)

When shall we three meet again?[1]
Macbeth

„Wann treffen wir drei wieder zusamm?"
    „Um die siebente Stund', am Brückendamm."
       „Am Mittelpfeiler."
         „Ich lösche die Flamm."
„Ich mit."
    „Ich komme vom Norden her."
„Und ich vom Süden."
    „Und ich vom Meer."
„Hei, das gibt einen Ringelreih'n,
Und die Brücke muss in den Grund hinein."
„Und der Zug, der in die Brücke tritt
Um die siebente Stund'?"
    „Ei, der muss mit."
„Muss mit."
    „Tand, Tand
Ist das Gebilde von Menschenhand!"

Auf der Norderseite, das Brückenhaus –
Alle Fenster sehen nach Süden aus
Und die Brücknersleut' ohne Rast und Ruh'
Und in Bangen sehen nach Süden zu,
Sehen und warten, ob nicht ein Licht
Übers Wasser hin „Ich komme" spricht,
„Ich komme, trotz Nacht und Sturmesflug,
Ich, der Edinburgher Zug."

---

[1] „When shall we three meet again?" – So beginnt das Drama „Macbeth" des bekannten englischen Dichters William Shakespeare, in dem ebenfalls drei Hexen auftreten.

Und der Brückner jetzt: „Ich seh einen Schein
Am anderen Ufer. Das muss er sein.
Nun, Mutter, weg mit dem bangen Traum,
Unser Johnie kommt und will seinen Baum,
Und was noch am Baume von Lichtern ist,
Zünd alles an wie zum Heiligen Christ,
Der will heuer *zweimal* mit uns sein –
Und in elf Minuten ist er herein."

Und es war der Zug. Am Süderturm
Keucht er vorbei jetzt gegen den Sturm,
Und Johnie spricht: „Die Brücke noch!
Aber was tut es, wir zwingen es doch.
Ein fester Kessel, ein doppelter Dampf,
Die bleiben Sieger in solchem Kampf.
Und wie's auch rast und ringt und rennt,
Wir kriegen es unter, das Element.

Und unser Stolz ist unsre Brück';
Ich lache, denk ich an früher zurück,
An all den Jammer und all die Not
Mit dem elend alten Schifferboot;
Wie manche liebe Christfestnacht
Hab ich im Fährhaus zugebracht
Und sah unsrer Fenster lichten Schein
Und zählte und konnte nicht drüben sein."

Auf der Norderseite, das Brückenhaus –
Alle Fenster sehen nach Süden aus.
Und die Brücknersleut' ohne Rast und Ruh'
Und in Bangen sehen nach Süden zu;
Denn wütender wurde der Winde Spiel,
Und jetzt, als ob Feuer vom Himmel fiel',
Erglüht es in niederschießender Pracht
Überm Wasser unten ... Und wieder ist Nacht.

„Wann treffen wir drei wieder zusamm?"
    „Um Mitternacht, am Bergeskamm."
        „Auf dem hohen Moor, am Erlenstamm."
„Ich komme."
    „Ich mit."
        „Ich nenn euch die Zahl."
„Und ich die Namen."
        „Und ich die Qual."
„Hei!
    Wie Splitter brach das Gebälk entzwei."
        „Tand, Tand
Ist das Gebilde von Menschenhand."

Theodor Fontane

Theodor Fontane schrieb diese Ballade unmittelbar unter dem Eindruck des Zeitungsartikels der Berliner Vossischen Zeitung vom 30. Dezember 1879. Lest nach, was der Dichter in seiner Ballade aus diesem Zeitungsbericht verwendet. Was hat er selbst hinzugefügt?

4 Die Ballade „Die Brück' am Tay" handelt an verschiedenen Schauplätzen:

Ordnet die passenden Strophen des Erzählgedichts diesen Zeichnungen zu und erzählt den spannenden Ablauf der Handlung nach. Welche Wirkung hat der Szenen- und Ortswechsel auf den Leser?

5 Wie gelingt es dem Dichter Theodor Fontane, die Spannung des Lesers zu steigern? An welcher Stelle des Gedichts liegt der Höhepunkt des Geschehens?

6 Die eigentliche Handlung des Erzählgedichts wird von zwei Rahmenstrophen eingerahmt:

Stellt heraus, wie sich die beiden Randstrophen vom Mittelteil der Ballade unterscheiden. Mit welchen sprachlichen Mitteln stellt der Dichter den Übermut der drei Sturmhexen sowie das gespenstische und grausige Geschehen dar? Achtet auch auf die verwendeten Laute.

Die Eisenbahnbrücke über den Firth of Tay galt zur Zeit ihrer Erbauung als eines der stolzesten Meisterwerke der Technik. Sie umspannte den Mündungstrichter des 200 km langen Tay-Flusses. Der Erbauer, der Ingenieur Thomas Bouch (1822 – 1880), hatte erstmals für die Brückenkonstruktion Gusseisen verwendet. Nach einer fünfjährigen Bauzeit und einer dreijährigen Erprobungszeit wurde die Brücke 1877 für den Verkehr freigegeben. Über die Eigenschaft des Gusseisens wusste man damals noch wenig, auch über den Luftdruck auf die Gitterbalken bei Sturm gab es noch keine Erkenntnisse. Aber bereits während des Baus gab es warnende Stimmen von anderen Technikern. Offenbar hat der Seitendruck, welchen der Orkan ausübte, den Zug samt der Brücke ins Wasser geworfen. Ursache des Unglücks waren demnach die falschen Berechnungen des Erbauers der Brücke, also menschliches Versagen.

Sieht Theodor Fontane in seiner Ballade als Ursache für das Unglück auch menschliches Versagen an?

8 Auch die folgende Ballade hat Theodor Fontane geschrieben:

JOHN MAYNARD

John Maynard!
„Wer ist John Maynard?"
„John Maynard war unser Steuermann,
aushielt er, bis er das Ufer gewann,
er hat uns gerettet, er trägt die Kron',
er starb für uns, unsre Liebe sein Lohn.
John Maynard."

Die „Schwalbe" fliegt über den Erie-See,
Gischt schäumt um den Bug wie Flocken von Schnee;
von Detroit fliegt sie nach Buffalo –
Die Herzen aber sind frei und froh
und die Passagiere mit Kindern und Frau'n
im Dämmerlicht schon das Ufer schau'n,
und plaudernd an John Maynard heran
tritt alles: „Wie weit noch, Steuermann?"
Der schaut nach vorn und schaut in die Rund':
„Noch dreißig Minuten … Halbe Stund'."

Alle Herzen sind froh, alle Herzen sind frei –
da klingt's aus dem Schiffsraum her wie Schrei,
„Feuer!", war es, was da klang,
ein Qualm aus Kajüt' und Luke drang,
ein Qualm, dann Flammen lichterloh,
und noch zwanzig Minuten bis Buffalo.

Und die Passagiere, bunt gemengt,
am Bugspriet[1] steh'n sie zusammengedrängt,
am Bugspriet vorn ist noch Luft und Licht,
am Steuer aber lagert sich's dicht,
und ein Jammern wird laut: „Wo sind wir? wo?"
Und noch fünfzehn Minuten bis Buffalo. –

Der Zugwind wächst, doch die Qualmwolke steht,
der Kapitän nach dem Steuer späht,
er sieht nicht mehr seinen Steuermann,
aber durchs Sprachrohr fragt er an:
„Noch da, John Maynard?" „Ja, Herr. Ich bin."
„Auf den Strand! In die Brandung!" „Ich halte drauf hin."
Und das Schiffsvolk jubelt: „Halt aus! Hallo!"
Und noch zehn Minuten bis Buffalo. –

„Noch da, John Maynard?" Und Antwort schallt's
mit ersterbender Stimme: „Ja, Herr, ich halt's!"
Und in die Brandung, was Klippe, was Stein,
jagt er die „Schwalbe" mitten hinein.
Soll Rettung kommen, so kommt sie nur so.
Rettung: Der Strand von Buffalo!

Das Schiff geborsten. Das Feuer verschwelt.
Gerettet alle. Nur e i n e r fehlt!

Alle Glocken geh'n; ihre Töne schwell'n
himmelan aus Kirchen und Kapell'n,
ein Klingen und Läuten, sonst schweigt die Stadt.
E i n Dienst nur, den sie heute hat:
Zehntausend folgen oder mehr,
und kein Aug' im Zuge, das tränenleer.
Sie lassen den Sarg in Blumen hinab,
mit Blumen schließen sie das Grab
und mit goldner Schrift in den Marmorstein
schreibt die Stadt ihren Dankspruch ein:

„Hier ruht John Maynard. In Qualm und Brand
hielt er das Steuer fest in der Hand.
Er hat uns gerettet, er trägt die Kron',
er starb für uns, unsre Liebe sein Lohn.
John Maynard."

Theodor Fontane

Vergleicht mit der Ballade „Die Brück' am Tay".
Wiederholt dabei, was ihr bereits über Balladen gelernt habt.

---

[1] Bugspriet: über den Bug hinausragende Segelstange

Ein Hörbild – wir gestalten und spielen eine Ballade

Gedichte kann man vortragen, spielen, umgestalten, mit Musikinstrumenten begleiten, zeichnen, mit Bildern illustrieren und auch als Hörbild gestalten.

1. SZENE

Eine Schülerin tritt vor die Klasse und liest den bereits im Unterricht behandelten Zeitungsbericht aus der „Zürcherischen Freitagszeitung" vom 2. Januar 1880 vor:

„𝕰𝖓𝖌𝖑𝖆𝖓𝖉. 𝖂𝖆̈𝖍𝖗𝖊𝖓𝖉 𝖊𝖎𝖓𝖊𝖘 𝖋𝖚𝖗𝖈𝖍𝖙𝖇𝖆𝖗𝖊𝖓 𝖂𝖎𝖓𝖉𝖘𝖙𝖚𝖗𝖒𝖊𝖘 … 𝖜𝖆𝖗𝖊𝖓 𝖆𝖑𝖑𝖊 𝖁𝖊𝖗𝖘𝖚𝖈𝖍𝖊 𝖟𝖚𝖗 𝕬𝖚𝖋𝖋𝖎𝖓𝖉𝖚𝖓𝖌 𝖉𝖊𝖗 𝕷𝖊𝖎𝖈𝖍𝖊𝖓 𝖔𝖉𝖊𝖗 𝖉𝖊𝖘 𝕿𝖗𝖆𝖎𝖓𝖘 𝖛𝖊𝖗𝖌𝖊𝖇𝖑𝖎𝖈𝖍 … ."* (s. S. 127.)

2. SZENE

Ein Sprecher tritt auf und stellt kurz den Dichter Theodor Fontane vor. (s. S. 129.) Der Vortrag kann durch einige Bilder illustriert werden:

Hier in der Potsdamer Straße in Berlin lebte Fontane bis zu seinem Tod.

Frau Emilie Fontane mit einem ihrer Kinder

Fontane kurz vor seinem Tode an seinem Schreibtisch

Fontane-Denkmal im Tiergarten in Berlin

3. SZENE

Eine Schülerin trägt das Gedicht sinngestaltend der Klasse vor. Sehr wirkungsvoll ist ein auswendiger Vortrag.

4. SZENE

Ein Schüler und eine Schülerin berichten abwechselnd von der gemeinsamen Arbeit an der Ballade: Was hat uns an der Ballade besonders gut gefallen? Was haben wir gemeinsam erarbeitet? Wer hat besonders gute Beiträge geliefert? Was haben wir Neues gelernt? …

5. SZENE

Die Klasse stellt die Ballade szenisch dar. Das Gedicht wird mit verteilten Rollen vorgelesen. Es sprechen: 3 Hexen, Erzähler, Brückner, Zug, Johnie.

ERZÄHLER: Die Brück' am Tay
1. HEXE: Wann treffen wir drei wieder zusamm?
2. HEXE: Um die siebente Stund', am Brückendamm.
3. HEXE: Am Mittelpfeiler.
1. HEXE: Ich lösche die Flamm.
2. HEXE: Ich mit.
1. HEXE: Ich komme vom Norden her.
2. HEXE: Und ich vom Süden.
3. HEXE: Und ich vom Meer.
1. HEXE: Hei, das gibt ein Ringelreih'n,
               Und die Brücke muss in den Grund hinein.
2. HEXE: Und der Zug, der …

Zum Vortrag der ersten und letzten Strophe wird ein Schattenspiel aufgeführt. Die drei Sturmhexen reiten auf Besenstielen durch die Luft. Auf einer Musikkassette hört man Donner und das Heulen des Windes sowie schrille und kreischende Stimmen der Hexen.

Bestimmte Textstellen werden mit musikalischen Mitteln untermalt, verdeutlicht, betont und gesteigert: die teuflische Absicht der drei Hexen, das bange Warten der Brücknersleute, der Gedanke an Weihnachten, das Nahen des Zuges, …

6. SZENE

Zum Abschluss zeigt ein Schüler Bilder von Naturkatastrophen in der heutigen Zeit. Sie werden kurz kommentiert: Bei einem schweren Zugunglück im amerikanischen Bundesstaat Alabama sind am 22. September 1993 44 Menschen getötet worden. Vermutlich beschädigte ein Schleppkahn unmittelbar vor dem Eintreffen des Zuges die Brücke über den Mobile-Fluss. Sieben der elf Wagen einschließlich der drei Loks des Schnellzuges waren ins bis zu zehn Meter tiefe Wasser gestürzt und fingen teilweise Feuer, als der Zug bei Nebel und Dunkelheit auf der Brücke entgleiste.
…

DIE MORITAT VON MACKIE MESSER*

Blues - Tempo

1. Und der Hai-fisch, der hat Zäh-ne, und die trägt er im Ge-sicht, und Ma-cheath der_ hat ein Mes-ser, doch das Mes-ser sieht man nicht.___

2. Ach, es sind des Haifischs Flossen
   rot, wenn dieser Blut vergießt!
   Mackie Messer trägt 'nen Handschuh,
   drauf man keine Untat liest.

3. An 'nem schönen blauen Sonntag
   liegt ein toter Mann am Strand,
   und ein Mensch geht um die Ecke,
   den man Mackie Messer nennt.

4. Und Schmul Meier bleibt verschwunden
   und so mancher reiche Mann,
   und sein Geld hat Mackie Messer,
   dem man nichts beweisen kann.

5. Jenny Towler ward gefunden
   mit 'nem Messer in der Brust,
   und am Kay geht Mackie Messer,
   der von allem nichts gewußt.

6. Und das große Feuer in Soho –
   sieben Kinder und ein Greis –
   in der Menge Mackie Messer, den
   man nicht fragt und der nichts weiß.

7. Und die minderjährige Witwe,
   deren Namen jeder weiß,
   wachte auf und war geschändet –
   Mackie, welches war dein Preis?

Bertolt Brecht

* Text nicht der neuen Rechtschreibung angepasst

DIE BÜRGSCHAFT

Zu Dionys, dem Tyrannen, schlich
Damon, den Dolch im Gewande;
Ihn schlugen die Häscher in Bande.
„Was wolltest du mit dem Dolche? Sprich!",
5 Entgegnet ihm finster der Wüterich.
„Die Stadt vom Tyrannen befreien!"
„Das sollst du am Kreuze bereuen!"

„Ich bin", spricht jener, „zu sterben bereit
Und bitte nicht um mein Leben;
10 Doch willst du Gnade mir geben,
Ich flehe dich um drei Tage Zeit,
Bis ich die Schwester dem Gatten gefreit.
Ich lasse den Freund dir als Bürgen,
Ihn magst du, entrinn ich, erwürgen."

15 Da lächelt der König mit arger List
Und spricht nach kurzem Bedenken:
„Drei Tage will ich dir schenken;
Doch wisse, wenn sie verstrichen, die Frist,
Eh du zurück mir gegeben bist,
20 So muss er statt deiner erblassen,
Doch dir ist die Strafe erlassen."

Und er kommt zum Freunde: „Der König gebeut[1],
Dass ich am Kreuz mit dem Leben
Bezahle das frevelnde Streben;
25 Doch will er mir gönnen drei Tage Zeit,
Bis ich die Schwester dem Gatten gefreit;
So bleib du dem König zum Pfande,
Bis ich komme zu lösen die Bande."

Und schweigend umarmt ihn der treue Freund
30 Und liefert sich aus dem Tyrannen;
Der andere ziehet von dannen.
Und ehe das dritte Morgenrot scheint,
Hat er schnell mit dem Gatten die Schwester vereint,
Eilt heim mit sorgender Seele,
35 Damit er die Frist nicht verfehle.

Da gießt unendlicher Regen herab,
Von den Bergen stürzen die Quellen
Und die Bäche, die Ströme schwellen.
Und er kommt ans Ufer mit wanderndem Stab,
40 Da reißet die Brücke der Strudel hinab
Und donnernd sprengen die Wogen
Des Gewölbes krachenden Bogen.

Und trostlos irrt er an Ufers Rand;
Wie weit er auch spähet und blicket
45 Und die Stimme, die rufende, schicket,

---

[1] gebeut: befiehlt

138

Da stößet kein Nachen vom sichern Strand,
Der ihn setze an das gewünschte Land;
Kein Schiffer lenket die Fähre
Und der wilde Strom wird zum Meere.

50 Da sinkt er ans Ufer und weint und fleht,
Die Hände zum Zeus erhoben:
„Oh, hemme des Stromes Toben!
Es eilen die Stunden, im Mittag steht
Die Sonne, und wenn sie niedergeht
55 Und ich kann die Stadt nicht erreichen,
So muss der Freund mir erbleichen."

Doch wachsend erneut sich des Stromes Wut
Und Welle auf Welle zerrinnet
Und Stunde auf Stunde entrinnet.
60 Da treibet die Angst ihn, da fasst er sich Mut
Und wirft sich hinein in die brausende Flut
Und teilt mit gewaltigen Armen
Den Strom – und ein Gott hat Erbarmen.

Und gewinnt das Ufer und eilet fort
65 Und danket dem rettenden Gotte,
Da stürzet die raubende Rotte
Hervor aus des Waldes nächtlichem Ort,
Den Pfad ihm sperrend und schnaubet Mord
Und hemmet des Wanderers Eile
70 Mit drohend geschwungener Keule.

„Was wollt ihr?", ruft er, vor Schrecken bleich,
„Ich habe nichts als mein Leben,
Das muss ich dem Könige geben!"
Und entreißet die Keule dem Nächsten gleich:
75 „Um des Freundes willen erbarmet euch!"
Und drei mit gewaltigen Streichen
Erlegt er, die andern entweichen.

Und die Sonne versendet glühenden Brand
Und von der unendlichen Mühe
80 Ermattet, sinken die Kniee.
„Oh, hast du mich gnädig aus Räubershand,
Aus dem Strom mich gerettet ans heilige Land
Und soll hier verschmachtend verderben
Und der Freund mir, der liebende, sterben?"

85 Und horch! Da sprudelt es silberhell
Ganz nahe wie rieselndes Rauschen
Und stille hält er zu lauschen;
Und sieh, aus dem Felsen, geschwätzig, schnell,
Springt murmelnd hervor ein lebendiger Quell,
90 Und freudig bückt er sich nieder
Und erfrischet die brennenden Glieder.

Und die Sonne blickt durch der Zweige Grün
Und malt auf den glänzenden Matten
Der Bäume gigantische Schatten;

95 Und zwei Wanderer sieht er die Straße ziehn,
   Will eilenden Laufes vorüberfliehn,
   Da hört er die Worte sie sagen:
   „Jetzt wird er ans Kreuz geschlagen."

   Und die Angst beflügelt den eilenden Fuß,
100 Ihn jagen der Sorgen Qualen.
   Da schimmern in Abendrots Strahlen
   Von ferne die Zinnen von Syrakus
   Und entgegen kommt ihm Philostratus,
   Des Hauses redlicher Hüter,
105 Der erkennet entsetzt den Gebieter:

   „Zurück! Du rettest den Freund nicht mehr,
   So rette das eigene Leben!
   Den Tod erleidet er eben.
   Von Stunde zu Stunde gewartet' er
110 Mit hoffender Seele der Wiederkehr,
   Ihm konnte den mutigen Glauben
   Der Hohn des Tyrannen nicht rauben."

   „Und ist es zu spät und kann ich ihm nicht,
   Ein Retter, willkommen erscheinen,
115 So soll mich der Tod ihm vereinen.
   Des rühme der blut'ge Tyrann sich nicht,
   Dass der Freund dem Freunde gebrochen die Pflicht;
   Er schlachte der Opfer zweie
   Und glaube an Liebe und Treue."

120 Und die Sonne geht unter, da steht er am Tor
   Und sieht das Kreuz schon erhöhet,
   Das die Menge gaffend umstehet.
   An dem Seile schon zieht man den Freund empor,
   Da zertrennt er gewaltig den dichten Chor:
125 „Mich, Henker!", ruft er, „erwürget!
   Da bin ich, für den er gebürget!"

   Und Erstaunen ergreifet das Volk umher,
   In den Armen liegen sich beide
   Und weinen vor Schmerzen und Freude.
130 Da sieht man kein Auge tränenleer
   Und zum König bringt man die Wundermär[1].
   Der fühlt ein menschliches Rühren,
   Lässt schnell vor den Thron sie führen.

   Und blicket sie lange verwundert an.
135 Drauf spricht er: „Es ist euch gelungen,
   Ihr habt das Herz mir bezwungen;
   Und die Treue, sie ist doch kein leerer Wahn!
   So nehmet auch mich zum Genossen an!
   Ich sei, gewährt mir die Bitte,
140 In eurem Bunde der Dritte."

Friedrich von Schiller

---

[1] Mär: (veraltet für) Kunde, Nachricht

GEDICHTE LESEN – DAS MACHT SPASS!

Wer liest mit – wer liest was?

Bertolt Brecht (1898 – 1956) wurde als Sohn eines Fabrikdirektors in Augsburg geboren. Er zählt zu den bedeutendsten Dichtern unseres Jahrhunderts. Als Verfasser von Theaterstücken, Erzählungen und Gedichten wurde er in aller Welt bekannt.

Als Marxist wollte er die Gesellschaft verändern und menschlicher gestalten. In seinen Schriften tritt Brecht vor allem für die Schwachen und Unterdrückten ein und stellt sich gegen die Mächtigen und Herrschenden. In vielen seiner Gedichte regt er deshalb seine Leserschaft zum kritischen Nachdenken an und fordert sie auf sich nicht mit den augenblicklichen Zuständen zufrieden zu geben.

FRAGEN EINES LESENDEN ARBEITERS*

Wer baute das siebentorige Theben?
In den Büchern stehen die Namen von Königen.
Haben die Könige die Felsbrocken herbeigeschleppt?
Und das mehrmals zerstörte Babylon –
Wer baute es so viele Male auf? In welchen Häusern
Des goldstrahlenden Lima wohnten die Bauleute?
Wohin gingen an dem Abend, wo die chinesische Mauer fertig war,
Die Maurer? Das große Rom
Ist voll von Triumphbögen. Wer errichtete sie? Über wen
Triumphierten die Cäsaren? Hatte das vielbesungene Byzanz
Nur Paläste für seine Bewohner? Selbst in dem sagenhaften Atlantis
Brüllten in der Nacht, wo das Meer es verschlang,
Die Ersaufenden nach ihren Sklaven.

Der junge Alexander eroberte Indien.
Er allein?
Cäsar schlug die Gallier.
Hatte er nicht wenigstens einen Koch bei sich?
Philipp von Spanien weinte, als seine Flotte
Untergegangen war. Weinte sonst niemand?
Friedrich der Zweite siegte im Siebenjährigen Krieg. Wer
Siegte außer ihm?

---

* Text nicht der neuen Rechtschreibung angepasst

Jede Seite ein Sieg.
Wer kochte den Siegesschmaus?
Alle zehn Jahre ein großer Mann.
Wer bezahlte die Spesen?

So viele Berichte.
So viele Fragen.

Bertolt Brecht

1 In diesem Gedicht stellt der Autor Fragen, die die Leserinnen und Leser selbst beantworten müssen. Überlegt euch darauf Antworten.

2 Auf Seite 141 findet ihr Informationen über den Autor dieses Gedichts. Lest sie nach und versucht zu erklären, mit welcher Absicht Brecht dieses Gedicht verfasst haben könnte.

3 Das Gedicht kann man auch mit verteilten Rollen lesen:

1. Sprecher:	**Fragen eines lesenden Arbeiters von Bertolt Brecht**
1. Sprecherin:	**Wer baute das siebentorige Theben?**
2. Sprecher:	**In den Büchern stehen die Namen von Königen.**

?

1. Sprecher:	**Jede Seite ein Sieg.**
Chor *(alle Mädchen):*	**Wer kochte den Siegesschmaus?**
1. Sprecherin:	**Alle zehn Jahre ein großer Mann.**
Chor *(alle Knaben):*	**Wer bezahlte die Spesen?**
Chor *(alle Knaben und Mädchen):*	**So viele Berichte. So viele Fragen.**

Auch den übrigen Text kann man mit verteilten Rollen lesen. Überlegt euch gemeinsam die Verteilung der Sprecherrollen: Wann wird der Sprecher gewechselt? Wann sprechen mehrere im Chor? … Probiert verschiedene Möglichkeiten aus.

4 Verteilt nun die Rollen und lest das Gedicht vor. Überlegt euch, warum solch ein Vortrag auch dazu beitragen kann, das Gedicht besser zu verstehen.

AUGEN IN DER GROSSSTADT*

Wenn du zur Arbeit gehst
am frühen Morgen,
wenn du am Bahnhof stehst
mit deinen Sorgen:
5 da zeigt die Stadt
dir asphaltglatt im Menschentrichter
Millionen Gesichter:
Zwei fremde Augen, ein kurzer Blick,
die Braue, Pupillen, die Lider –
10 Was war das? Vielleicht dein Lebensglück …
Vorbei, verweht, nie wieder.

Du gehst dein Leben lang
auf tausend Straßen;
du siehst auf deinem Gang,
15 die dich vergaßen.
Ein Auge winkt,
die Seele klingt;
du hast's gefunden,
nur für Sekunden …
20 Zwei fremde Augen, ein kurzer Blick,
die Braue, Pupillen, die Lider;
was war das? Kein Mensch dreht die Zeit zurück …
Vorbei, verweht, nie wieder.

Du mußt auf deinem Gang
25 durch Städte wandern;
siehst einen Pulsschlag lang
den fremden Andern.
Es kann ein Feind sein,
es kann ein Freund sein,
30 es kann im Kampfe dein
Genosse sein.
Es sieht hinüber
und zieht vorüber …
Zwei fremde Augen, ein kurzer Blick,
35 die Braue, Pupillen, die Lider.
Was war das?
Von der großen Menschheit ein Stück!
Vorbei, verweht, nie wieder.

Kurt Tucholsky

---

* Text nicht der neuen Rechtschreibung angepasst

SOMMERGESANG

Geh aus, mein Herz, und suche Freud
In dieser lieben Sommerzeit
An deines Gottes Gaben;
Schau an der schönen Gärten Zier
Und siehe, wie sie mir und dir
Sich ausgeschmücket haben.

Die Bäume stehen voller Laub,
Das Erdreich decket seinen Staub
Mit einem grünen Kleide;
Narzissus und die Tulipan,
Die ziehen sich viel schöner an,
Als Salomonis Seide.

Die Lerche schwingt sich in die Luft,
Das Täublein fleucht aus seiner Kluft
Und macht sich in die Wälder;
Die hoch begabte Nachtigall
Ergötzt und füllt mit ihrem Schall
Berg, Hügel, Tal und Felder.

Die Glucke führt ihr Völklein aus,
Der Storch baut und bewohnt sein Haus,
Das Schwälblein speist die Jungen;
Der schnelle Hirsch, das leichte Reh
Ist froh und kommt aus seiner Höh'
Ins tiefe Gras gesprungen.

Die Bächlein rauschen in dem Sand
Und malen sich in ihrem Rand
Mit schattenreichen Myrten;
Die Wiesen liegen hart dabei
Und klingen ganz von Lustgeschrei
Der Schaf und ihrer Hirten.

Die unverdross'ne Bienenschar
zeucht hin und her, sucht hier und dar
Ihr edle Honigspeise;
Des süßen Weinstocks starker Saft
Bringt täglich neue Stärk' und Kraft
In seinem schwachen Reise.

Der Weizen wachset mit Gewalt,
Darüber jauchzet Jung und Alt,
Und rühmt die große Güte
Des, der so überflüssig labt
Und mit so manchem Gut begabt
Das menschliche Gemüte.

Ich selbsten kann und mag nicht ruh'n,
Des großen Gottes großes Tun
Erweckt mir alle Sinnen;
Ich singe mit, wenn alles singt,
Und lasse, was dem Höchsten klingt,
Aus meinem Herzen rinnen.

Paul Gerhardt

ICH KAM, WEISS NICHT WOHER

Ich kam, weiß nicht woher,
ich bin und weiß nicht wer,
ich leb, weiß nicht wie lang,
ich sterb und weiß nicht wann,
ich fahr, weiß nicht wohin,
mich wundert's, dass ich so fröhlich bin.

Alter Volksspruch

Schülerarbeit

DER RAUCH

Das kleine Haus unter
Bäumen am See.
Vom Dach steigt Rauch.
Fehlte er,
Wie trostlos dann wären
Haus, Bäume und See.

Bertolt Brecht

1 Das Gedicht vermittelt den Leserinnen und Lesern ein Bild von einer Landschaft. Beschreibt diese mit eigenen Worten.

2 Dieses Gedicht ist sehr einfach geschrieben. Es ist aber nicht ganz leicht zu verstehen. Überlegt, was der Dichter mit dem Bild des Rauches ausdrücken will.

3 Ein Schüler hat versucht die Aussage des Gedichts mithilfe eines Holzschnitts zu deuten. Sprecht darüber, ob ihm dies gelungen ist. Welches Bild würdet ihr zu dem Gedicht malen?

4 Auch die Aussage des folgenden Gedichts haben
Schüler durch eine Zeichnung zu deuten versucht:

SCHULTAG

Aus den Schreibwarenhandlungen
stürzen Kinder
mit frisch gespitzten Bleistiften.
Der gekritzelte Tag
entsteht auf liniertem Papier.
Das Schulheft riecht
nach Luft und dünnen Strichen.
Im lustigen Wetter leben
die Rechenaufgaben,
die Botanik[1] mit getrockneten
Jahreszeiten.
Alles wird zur Zeichnung,
mit dem Lehrer
in der unteren Ecke,
mit den Ferien oben.

Karl Krolow

Wie gefällt euch diese Schülerarbeit?
Illustriert das Gedicht nun nach
euren Vorstellungen.

5 Ein Gedicht zum Zeichnen und Malen:

KINDERZEICHNUNG

Der Himmel ist ein alter Schneemann.
In seinem Gesicht
hocken Dächer und Schornsteine.

Er weint.

Seine Tränen sind ein großes Dach.
Größer als alle Dächer zusammen.
Unter seinen Tränen
kann ich spazieren gehen.

Günter Bruno Fuchs

Versucht dieses Gedicht zeichnerisch zu deuten.
Besprecht anschließend eure Arbeitsergebnisse.

---

[1] Botanik: Pflanzenkunde

IM NEBEL

Seltsam, im Nebel zu wandern!
Einsam ist jeder Busch und Stein,
Kein Baum sieht den andern,
Jeder ist allein.

Voll von Freunden war mir die Welt,
Als noch mein Leben licht war;
Nun, da der Nebel fällt,
Ist keiner mehr sichtbar.

Wahrlich, keiner ist weise,
Der nicht das Dunkel kennt,
Das unentrinnbar und leise
Von allen ihn trennt.

Seltsam, im Nebel zu wandern!
Leben ist Einsamsein.
Kein Mensch kennt den andern,
Jeder ist allein.

Hermann Hesse

1 Lest zunächst nur die Überschrift dieses Gedichts. Wovon könnte der Autor Hermann Hesse schreiben? Vergleicht eure Erwartungen dann mit dem, woran der Dichter denkt.

2 Beschreibt die Stimmung, in die der Dichter Hermann Hesse seine Leserinnen und Leser versetzt. Welche Gefühle werden in ihnen wachgerufen?

3 Passt das Bild zu dem Text? Gibt es die Stimmung des Gedichts wieder? Welche Gefühle ruft es bei euch wach?

4 Überlegt, welche Bilder noch zu diesem Gedicht passen würden und begründet eure Meinungen. Sucht solche Bilder und stellt sie mit dem Gedicht an einer Wand eures Klassenzimmers zusammen.

5 Man kann ein Gedicht nicht nur mithilfe eines Bildes illustrieren. Schülerinnen und Schüler einer anderen Klasse haben auch versucht mit einem Bild die Aussage des Gedichts zu deuten:

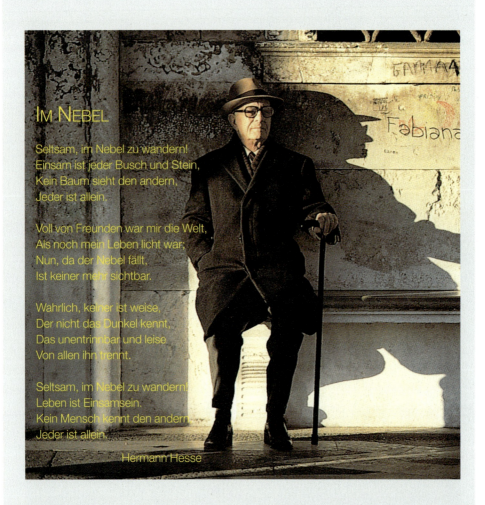

IM NEBEL

Seltsam, im Nebel zu wandern!
Einsam ist jeder Busch und Stein,
Kein Baum sieht den andern,
Jeder ist allein.

Voll von Freunden war mir die Welt,
Als noch mein Leben licht war;
Nun, da der Nebel fällt,
Ist keiner mehr sichtbar.

Wahrlich, keiner ist weise,
Der nicht das Dunkel kennt,
Das unentrinnbar und leise
Von allen ihn trennt.

Seltsam, im Nebel zu wandern!
Leben ist Einsamsein.
Kein Mensch kennt den andern,
Jeder ist allein.

Hermann Hesse

Haben die Schülerinnen und Schüler den Sinn des Gedichts erfasst?
Welche Textstellen passen eurer Meinung nach besonders gut zu dem Bild?

ASSOZIATION[1]

Seine speckigen Hände
entfalten die Morgenzeitung.

Er liest: Hunger grassiert –
Neger wie Ungeziefer verreckt.

Und zornig
erinnert der Mann sich –
Er brüllt:
„Wo bleibt nur mein Frühstück?!"

Kurt Bartsch

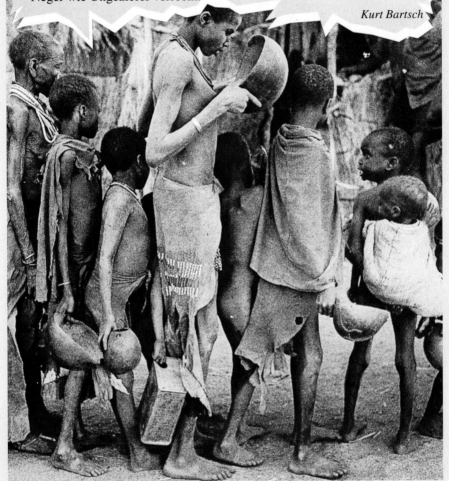

1 Welche „Assoziationen" habt ihr beim Lesen einer Zeitungsmeldung wie „Hunger grassiert –
Neger wie Ungeziefer verreckt"?

2 Dieses Gedicht ist ein Aufruf des Autors an seine Leser. Wozu will er sie auffordern?

3 Sprecht darüber, was das Gedicht und das Bild gemeinsam haben. Was will das Gedicht
ausdrücken? Was das Bild? Hilft euch das Bild die Aussage des Autors besser zu verstehen?

4 Sucht selbst Bilder, die gut zu dem Gedicht passen und die Aussage des Autors verdeutlichen.

---

[1] Assoziation: Verknüpfung von Vorstellungen

5 Schülerinnen und Schüler einer 8. Jahrgangsstufe haben
   sich zu diesem Text folgende Bildercollage ausgedacht:

ASSOZIATION

Seine speckigen Hände
entfalten die Morgenzeitung.

Er liest: Hunger grassiert –
Neger wie Ungeziefer verreckt.

Und zornig
 erinnert der Mann sich –
  Er brüllt:
   „Wo bleibt nur mein Frühstück?!"

Kurt Bartsch

Passen diese Bilder zu dem Gedicht?
Wie wurde hier die Aussage des Autors gedeutet?

Aids-Lawine

Mutter Erde in Not
Ein Versuch zur Rettung unseres Planeten

Streit um Atomwaffen

Blackout im Cockpit

"Riesen"-Bakterie entdeckt

Hunger: Afrika vor größter Katastrophe seit 50 Jahren

Umweltkatastrophe in der Seine
200 Tonnen tote Fische

Nordseefische mit Aids-Virus infiziert

"Supersprengung"

Explosion in geheimer Atomfabrik

Explosion in Chemiefabrik

Wahres Ausmaß des Treibhauseffekts

Sommer-Smog greift um sich

Flammen bedrohen Raketenlager

Ozon-Alarm

nänie[1] auf den apfel

hier lag der apfel
hier stand der tisch
das war das haus
das war die stadt
hier ruht das land.

dieser apfel dort
ist die erde
ein schönes gestirn
auf dem es äpfel gab
und esser von äpfeln.

Hans Magnus Enzensberger

1 Ein recht sonderbares Gedicht. Vergleicht es mit den Gedichten, die ihr bereits kennt.

2 Das Wort „apfel" hat in dem Gedicht zwei verschiedene Bedeutungen. Lest im Text nach. Welcher „apfel" ist in der Überschrift gemeint?

3 Überlegt, worauf der Autor seine Leserinnen und Leser hinweisen will. Denkt dabei vor allem über den Vers „hier ruht das land" nach.

Das Wort „ruhen" kann verschiedene Bedeutungen haben:

Aus einem Wörterbuch:

ru_hen, ruhte, hat geruht
1. *sich durch Nichtstun erholen; zum Ausruhen liegen:* nach dem Essen eine Stunde lang ruhen; die Glieder, den Körper r. lassen *(entspannen).* 2. *begraben sein:* hier ruhen seine Angehörigen; die gefallenen Soldaten ruhen in fremder Erde *(sind im Ausland begraben).* 3. *nicht in Bewegung, Gang, Tätigkeit sein:* die Kugel, der Ball, die Maschine ruht; bildl.: die Arbeit ruht *(es wird nicht gearbeitet);* der Vertrag ruht *(ist vorübergehend außer Kraft).* 4. *fest stehen (auf etwas):* die Brücke ruht auf drei Pfeilern; das Denkmal ruht auf einem hohen Sockel; bildl.: die ganze Last, Verantwortung ruht auf seinen Schultern *(er trägt die ganze Last, Verantwortung allein).*

4 Schülerinnen und Schüler hatten die Idee, die Aussage dieses Gedichts mithilfe von Überschriften aus Zeitungen zu verdeutlichen. Sprecht darüber, ob dies in der abgebildeten Schülerarbeit gelungen ist.

---

[1] Nänie: Totenklage

5 Auch die folgenden Gedichte handeln von der drohenden
Zerstörung unserer menschlichen Lebenswelt:

NATUR

Hierher, sagen mir Bekannte, bauen wir
unser Häuschen.
Auf ihrem Grundstück grasen Kühe
und Blumen wachsen im Klee.
Hier ist noch alles so natürlich, sagen sie, die Luft
und der Wald, Hügel und Felder
hier werden wir wohnen …

Ohne euch
sag ich
würde es so bleiben.

Ludwig Fels

ILLUSION

Bäume
auf graue Wände malen
um den letzten Vögeln
einen Platz
für den Nestbau
zu sichern.

Dittmar Werner

RAUMORDNUNG

Über den Himmel
zieht mit ruhigen Schwingen
der Milan[2]
wir
ziehen mit Bebauungsplänen
über die Erde morgen ist der
Himmel
leer.

Wilfried Klute

LAIKA[1]

In einer Kugel aus Metall,
Dem besten, das wir besitzen,
Fliegt Tag für Tag ein toter Hund
Um unsere Erde
Als Warnung,
Dass so einmal kreisen könnte,
Jahr für Jahr um die Sonne,
Beladen mit einer toten Menschheit,
Der Planet Erde,
Der beste, den wir besitzen.

Günter Kunert

Wählt eines dieser Gedichte aus. Versucht nun selbst mithilfe von Überschriften
aus Zeitungen oder Zeitschriften die Aussage des Autors zu verdeutlichen.

---

[1] Laika: 1963 wurde die Hündin Laika als erstes Lebewesen in den Weltraum geschossen
[2] Milan: Tagraubvogel

1 Ihr seht, was man mit ein wenig Fantasie mit den Buchstaben eines Wortes alles machen kann. Überlegt, welche Beziehungen die Form dieser „Bildwörter" zu ihren Bedeutungen hat.

2 Auch die folgenden Wörter eignen sich gut für solche Wortspiele:

Brücke	wackeln	lang
Treppe	knallen	steil
Haus	versinken	einsam
Schirm	fliegen	sonnig
Schlange	biegen	verloren
Gruppe	tröpfeln	versteckt
Schnecke	untergehen	spitz
Fehler	aufheben	aufwärts

Mit den Buchstaben dieser Wörter könnt ihr vielerlei anfangen: verstreuen, neu ordnen, verdrehen, eng zusammenrücken, unterschiedlich groß schreiben, verschiedene Farben verwenden, mit unterschiedlichen Schriften darstellen, …

3 Findet auch selbst Wörter, die sich gut für solche Buchstabenspiele eignen.

ICH UND MEIN REGENSCHIRM

Wenn es regnet,
lacht mein Schirm,
macht sich dick und breit.
Arm in Arm geh'n wir spazieren,
stillvergnügt zu zweit.

Lacht die Sonne,
mault mein Schirm
irgendwo im Flur,
schimpft aufs Wetter,
auf die Leute
und verhält sich stur.

Heute stand ich seinetwegen
eine Stunde lang im Guss,
weil solch kleiner Dauerregen
seine Laune bessern muss.

Hanna Hanisch

EINE SCHÜLERARBEIT:

und mein Regen^{schirm}

Wenn es regnet,
lacht mein schirm,
macht sich **dick** und breit.
Arm in Arm gehn wir spazieren,
stillvergnügt zu 2t.
...

Beschreibt, wie manche Wörter des Textes umgestaltet wurden.
Welche Wirkungen wurden damit erzielt? Setzt diese Schülerarbeit fort.

PAUL

Neunzehnhundertsiebzehn
an einem Tag unter Null geboren,

rannte er wild über den Kinderspielplatz,
fiel, und rannte weiter,

den Ball werfend über den Schulhof,
fiel, und rannte weiter,

das Gewehr im Arm über das Übungs-
gelände,
fiel, und rannte weiter

an einem Tag unter Null
in ein russisches Sperrfeuer

und fiel.

Rainer Brambach

Wählt einen dieser Texte aus und gestaltet ihn
nach euren Vorstellungen. Beachtet dabei:
Durch die Veränderungen soll die Aussage des
Gedichts verdeutlicht werden.

DER SPECHT

Auf der Holztrommel klopft
der Specht, rot beschopft.
Er hackt und hackt
hölzernen Takt.

Wie ein Schlangenhals ruckt und zuckt
der Hals, wenn er Larven schluckt.
Senkrecht presst
er den Leib ans Geäst.

Streicht er ab, streift
ruckweis fort er und pfeift.
Die Tonleiter hallt
scharf durch den Wald.

Weht der Märzwind nass,
dröhnt der Wald wie ein Fass.
Der Zweig tropft und tropft.
Die Spechtstrommel klopft.

Friedrich Georg Jünger

markierung einer wende

1944	1945
krieg	krieg
krieg	krieg
krieg	krieg
krieg	krieg
krieg	mai
krieg	
krieg	
krieg	
krieg	
krieg	
krieg	
krieg	

Ernst Jandl

1 Dieses Gedicht von Ernst Jandl unterscheidet sich von anderen Gedichten. Beschreibt seine Eigentümlichkeiten.

2 Erklärt, was der Autor in diesem Gedicht aussagen will. Was versteht er mit der „markierung einer wende"? Wie ist es ihm gelungen, diese Wende im Gedicht besonders deutlich zu machen?

3 Mit einem einzigen Wort beschreibt Ernst Jandl die Schrecken und Leiden eines Krieges. Versucht dies beim Lesen zum Ausdruck zu bringen.

4 Dieses Gedicht lässt sich gut umgestalten, ohne dass seine Aussageabsicht verloren geht. Ihr könnt zum Beispiel jedes Wort „Krieg" durch ein geschichtliches Ereignis ersetzen:

markierung einer wende

1944:	millionen starben in gaskammern
1944:	zehntausende von toten an der westfront
1944:	verhaftungen der gestapo
1944:	deutsche soldaten in kriegsgefangenschaft
1944:	widerstandskämpfer gaben ihr leben
...	

Sucht auch selbst nach weiteren Möglichkeiten dieses Gedicht umzugestalten.

Gedichte zum Selbermachen

GEHEN

Wie geht's?
Es geht.
Das Geschäft geht doch gut.
Danach kannst du nicht gehen.
Geht es abwärts?
Es geht über meine Kräfte.
Lass dich nicht gehen.
Hier geht es ums Ganze.
Es geht um Kopf und Kragen.
Dann geh an die Arbeit!
Ich gehe auf Reisen.
Das geht zu weit!
Das geht dich nichts an.
Dann geh zum Kuckuck!
Das geht nicht.

Du gehst mir auf die Nerven!
Geh mir aus den Augen!
Wenn es geht.
Der Zug geht über Frankfurt.
Deine Stimme geht mir
durch und durch.
Musik geht über alles.
Arbeit geht vor.
Die Uhr geht vor.
Der Teig geht.
Die Tür geht.
Es geht ein Wind.
Ich muss jetzt auch gehen.
Ach, geh!
Lass mich gehen!

Na, geh!

Rosemarie Künzler-Behncke

1 Unter „gehen" verstehen wir meist eine Fortbewegung zu Fuß. In welchen Bedeutungen wird dieses Wort in dem Gedicht noch verwendet?

2 In dem Text sprechen Personen miteinander. Er lässt sich daher gut mit verteilten Rollen lesen. Probiert verschiedene Möglichkeiten aus.

3 Ihr könnt zu dem Zeitwort „stehen" selbst ein ähnliches Gedicht verfassen. Es kann ebenfalls verschiedene Bedeutungen haben:

auf dem Boden stehen – das Haus steht (ist fertig) – die Uhr steht (ist stehen geblieben) – sich gut stehen (ein gutes Einkommen haben) – das kommt dir teuer zu stehen (das wirst du bereuen) – es steht in der Zeitung – jemanden stehen lassen (sich von ihm abwenden) – sich einen Bart stehen lassen – der Zug steht – das Kleid steht dir gut – zu seinem Wort stehen – zur Verfügung stehen – im Stehen schlafen – die Fabrik steht am Stadtrand – stehenden Fußes (sofort) – still stehen – hinter jemandem stehen (ihn unterstützen) – etwas zum Stehen bringen – wie steht's? – auf etwas stehen (etwas bevorzugen) – ich stehe an (warte in einer Schlange) – es steht bevor – es steht fest (ist sicher) – das steht mir zu – ich stehe auf – sie steht still – er steht ihm bei – es steht mir bis hier (ich habe es gründlich satt) – auf dem Schild steht (ist zu lesen) – in Blüte stehen – seinen Mann stehen – auf der Leitung stehen – auf eigenen Füßen stehen (selbstständig sein) -jemandem Rede und Antwort stehen – in Arbeit stehen (beschäftigt sein) – über jemandem stehen (Vorgesetzter sein) – zum Stehen bringen – Wache stehen – etwas steht schlecht …

4 Lest und spielt abschließend eure Gedichte der Klasse vor und besprecht sie.

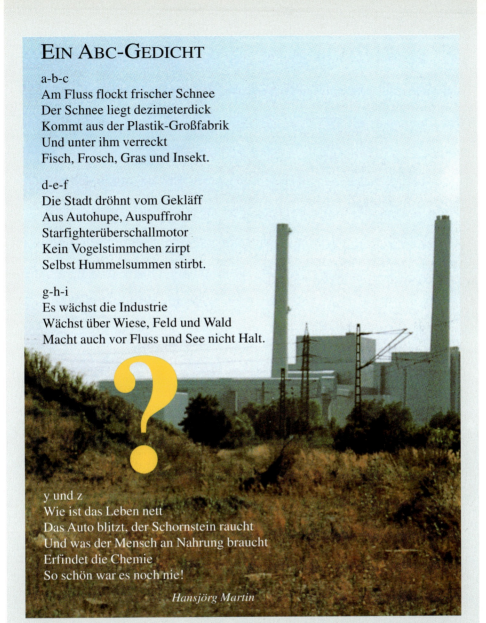

Ein Abc-Gedicht

a-b-c
Am Fluss flockt frischer Schnee
Der Schnee liegt dezimeterdick
Kommt aus der Plastik-Großfabrik
Und unter ihm verreckt
Fisch, Frosch, Gras und Insekt.

d-e-f
Die Stadt dröhnt vom Gekläff
Aus Autohupe, Auspuffrohr
Starfighterüberschallmotor
Kein Vogelstimmchen zirpt
Selbst Hummelsummen stirbt.

g-h-i
Es wächst die Industrie
Wächst über Wiese, Feld und Wald
Macht auch vor Fluss und See nicht Halt.

y und z
Wie ist das Leben nett
Das Auto blitzt, der Schornstein raucht
Und was der Mensch an Nahrung braucht
Erfindet die Chemie
So schön war es noch nie!

Hansjörg Martin

1 An welches bekannte Kinderlied erinnert euch dieser Ausschnitt aus dem Gedicht von Hansjörg Martin?

2 Auf welche Probleme macht uns der Autor aufmerksam? Was möchte er in diesem zeitkritischen Gedicht seinen Leserinnen und Lesern mitteilen?

3 Überlegt euch weitere Beispiele für die Verschmutzung und Vergiftung unserer Umwelt in der heutigen Zeit.

4 Untersucht die Form und den Aufbau dieses Gedichts und schreibt selbst die fehlenden Strophen.

An die Eltern

Ihr sprecht
von der Verantwortung, die ihr für mich habt –
aber ihr wollt nur,
dass ich so werde wie ihr.

Ihr sagt,
ich sollte mich mehr für Kultur interessieren –
aber euch interessieren nicht
die Lieder der Rolling Stones.

Ihr behauptet,
Fernsehen mache träge –
aber ihr sitzt regelmäßig
vor Dalli Dalli.

Ihr sagt,
es komme auf den Menschen an –
aber ihr verlangt,
dass ich mir die Haare schneiden lasse.

Ihr sprecht
von den Erfahrungen, die ihr gemacht habt –
aber ihr wollt nicht,
dass ich in eine Diskothek gehe.

Ihr fordert
Vertrauen und Offenheit –
aber ihr sperrt, wenn ihr geht,
das Telefon ab.

Klaus Konjetzky

An die Lehrer

Ihr sagt immer,
Hausaufgaben seien wichtig,
aber niemand
denkt an unsere Freizeit.

1 Klaus Konjetzky stellt in diesem Text dar, warum es zwischen Eltern und ihren Kindern zu Meinungsverschiedenheiten kommen kann. Lest nach.

2 Dieses Gedicht ist aus der Sicht eines Jugendlichen geschrieben. Haltet ihr die vorgebrachten Klagen für gerechtfertigt?

3 Wie denkt ihr über die in diesem Gedicht angesprochenen Probleme zwischen Erwachsenen und Jugendlichen? Wie könnten sie gelöst werden?

4 In derselben Form könnt ihr auch selbst ein Gedicht verfassen. Schreibt das begonnene Gedicht „An die Lehrer" zu Ende.

WIR VERGLEICHEN GEDICHTE

Hinaus in Gottes freie Welt!

SEHNSUCHT

Es schienen so golden die Sterne,
Am Fenster ich einsam stand
Und hörte aus weiter Ferne
Ein Posthorn im stillen Land.
Das Herz mir im Leib entbrennte,
Da hab ich mir heimlich gedacht:
Ach, wer da mitreisen könnte
In der prächtigen Sommernacht!

Zwei junge Gesellen gingen
Vorüber am Bergeshang.
Ich hörte im Wandern sie singen
Die stille Gegend entlang:
Von schwindelnden Felsenschlüften[1],
Wo die Wälder rauschen so sacht,
Von Quellen, die von den Klüften
Sich stürzen in die Waldesnacht.

Sie sangen von Marmorbildern,
Von Gärten, die überm Gestein
In dämmernden Lauben verwildern,
Palästen im Mondenschein,
Wo die Mädchen am Fenster lauschen,
Wann der Lauten Klang erwacht
Und die Brunnen verschlafen rauschen
In der prächtigen Sommernacht. –

Joseph von Eichendorff

1 Der Dichter Joseph von Eichendorff hat sehr bekannte Wanderlieder geschrieben. In ihnen spielt die Sehnsucht nach der Ferne, der Wanderschaft eine große Rolle. Lest nach, wie in diesem Gedicht die Sehnsucht nach der Ferne zum Ausdruck kommt.

2 Woran erkennt man, dass dieses Gedicht bereits vor etwa 150 Jahren geschrieben wurde? Begründet eure Meinung und lest die betreffenden Textstellen vor.

3 Manche modernen Schlager sind auch Wander- bzw. Reiselieder. Besorgt euch solch einen Schlagertext und vergleicht ihn mit diesem Gedicht.

4 Achtet beim Vortragen des Gedichts vor allem darauf, dass man das Fernweh des Sprechers heraushört.

---

[1] Schluft: (veraltet für) Schlucht

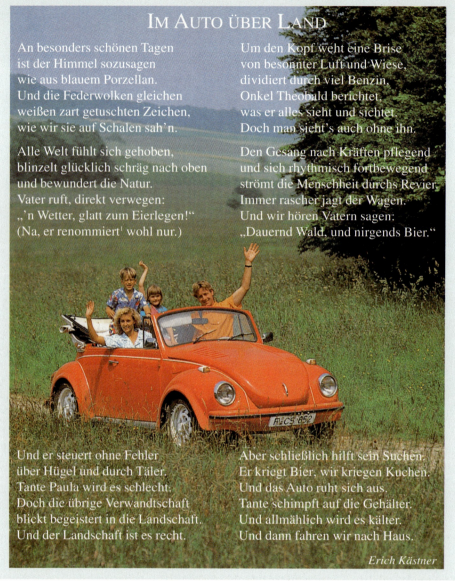

IM AUTO ÜBER LAND

An besonders schönen Tagen
ist der Himmel sozusagen
wie aus blauem Porzellan.
Und die Federwolken gleichen
weißen zart getuschten Zeichen,
wie wir sie auf Schalen sah'n.

Alle Welt fühlt sich gehoben,
blinzelt glücklich schräg nach oben
und bewundert die Natur.
Vater ruft, direkt verwegen:
„'n Wetter, glatt zum Eierlegen!"
(Na, er renommiert[1] wohl nur.)

Um den Kopf weht eine Brise
von besonnter Luft und Wiese,
dividiert durch viel Benzin.
Onkel Theobald berichtet,
was er alles sieht und sichtet.
Doch man sieht's auch ohne ihn.

Den Gesang nach Kräften pflegend
und sich rhythmisch fortbewegend
strömt die Menschheit durchs Revier.
Immer rascher jagt der Wagen.
Und wir hören Vatern sagen:
„Dauernd Wald, und nirgends Bier."

Und er steuert ohne Fehler
über Hügel und durch Täler.
Tante Paula wird es schlecht.
Doch die übrige Verwandtschaft
blickt begeistert in die Landschaft.
Und der Landschaft ist es recht.

Aber schließlich hilft sein Suchen.
Er kriegt Bier, wir kriegen Kuchen.
Und das Auto ruht sich aus.
Tante schimpft auf die Gehälter.
Und allmählich wird es kälter.
Und dann fahren wir nach Haus.

Erich Kästner

1 Unternimmt die Familie „im Auto übers Land" eine Urlaubsreise oder einen Sonntagsausflug? Belegt eure Meinung mithilfe von Textstellen.

2 Mit einer Autofahrt wollen die Familienmitglieder dem grauen Alltag entfliehen und in der Natur ihr Glück suchen. Erfüllt sich dieser Wunsch?

3 Überlegt, welche Absicht der Autor Erich Kästner mit diesem Gedicht verfolgt. Vergleicht mit der Absicht des Dichters in dem vorausgegangenen Gedicht.

4 Vergleicht dieses Gedicht auch mit dem Gedicht „Gran Canaria" auf der nächsten Seite. Zeigt auf, was die beiden Gedichte gemeinsam haben und wie sie sich unterscheiden.

---

[1] renommieren: prahlen

GRAN CANARIA

Nein ganz herrlich ganz
wunderbar also jeden Tag
Sonne und baden natürlich
auch jeden Tag schon also
fast jeden Tag und ganz
sauber alles die Leute sind
ja so arm da Sie machen
sich keinen Begriff in dem
Dorf gibt's kein fließend
Wasser keine Elektrizität
nichts und die Frauen waschen
noch am Bach aufm Stein aber
sehr sauber alles und zehn
Kilometer weiter fangen die
Bungalows und die Hotel-
hochhäuser an aber wenn Sie
fahren auf jeden Fall drei
Wochen zwei Wochen lohnt sich
nicht eine Woche braucht man
um sich einzugewöhnen die
erste Woche da wollten wir
am liebsten wieder nach Haus

Ralf Thenior

1 Dieses Gedicht ist zwar sehr einfach geschrieben, aber nicht ganz einfach vorzutragen. Lest es zunächst einzeln vor und dann mit verteilten Rollen. Welche Vortragsweise gefällt euch besser?

2 Äußern sich Urlauber über ihren Urlaubsort tatsächlich auf diese Weise? Erzählt von euren Erfahrungen im Urlaub und vergleicht mit den Aussagen in diesem Gedicht.

3 In welcher Absicht hat der Autor wohl das Gedicht verfasst? Will er …

die Zustände an manchen Urlaubsorten kritisieren – zum Nachdenken über die Gewohnheiten deutscher Urlauber anregen – den Leser unterhalten bzw. belustigen – sich über manche Urlauber lustig machen – einen Urlaubsort beschreiben – über den Betrieb in einem bekannten Badeort berichten?

Diskutiert die verschiedenen Möglichkeiten.

4 Vergleicht dieses Gedicht mit dem Gedicht „Im Auto über Land" auf Seite 160. Welche Gemeinsamkeiten fallen euch auf? Welche Unterschiede bestehen?

GEMEINSAM

Vergesset nicht
Freunde
wir reisen gemeinsam

besteigen Berge
pflücken Himbeeren
lassen uns tragen
von den vier Winden

Vergesset nicht
es ist unsre
gemeinsame Welt
die ungeteilte
auch die geteilte

die uns aufblühen lässt
die uns vernichtet
diese zerrissene
ungeteilte Erde
auf der wir
gemeinsam reisen

Rose Ausländer

TRAMPER

Plötzlich zählt das alles nicht mehr:
die endlose Reihe vorbeifahrender Wagen,
die selbstgerechten, hochmütigen, satten Gesichter,
stumpfsinnig wiederholte Reklametexte …
Mit einem Fußtritt bringt er den Laster
zum vibrierenden Halt,
ich finde mich im Führerhaus,
Flasche Milch auf dem Knie,
walisische Klänge im Motorengeräusch.
Unter tief hängenden Wolken
rattert der Milchwagen nach Westen.

Joachim Führmann

REISELIED

Wasser stürzt uns zu verschlingen,
rollt der Fels uns zu erschlagen,
kommen schon auf starken Schwingen
Vögel her, uns fortzutragen.

Aber unten liegt ein Land,
Früchte spiegelnd ohne Ende
in den alterlosen Seen.

Marmorstirn und Brunnenrand
steigt aus blumigem Gelände,
und die leichten Winde weh'n.

Hugo von Hofmannsthal

REISEN

Die Lokomotiven tönen. Die Züge
warten. Lass uns reisen.

Berge und Seen. Vergangenheit und
Gegenwart. Wald und Sumpf.
Träume und Leben. Unaufhaltsam
ziehen vorbei sie.
Lass uns reisen in
Gewissheit: Wo wir auch anlangen,
liegt das Ziel
schon hinter uns.

Günter Kunert

WANN IST DENN ENDLICH FRIEDEN

Wann ist denn endlich Frieden
In dieser irren Zeit
Das große Waffenschmieden
Bringt nichts als großes Leid

ES blutet die Erde
ES weinen die Völker
ES hungern die Kinder
ES droht großer Tod
ES sind nicht die Ketten
ES sind nicht die Bomben
ES
     ist ja der Mensch
         der den Menschen bedroht
Die Welt ist so zerrissen
Und ist im Grund so klein
Wir werden sterben müssen
Dann kann wohl Friede sein

ES blutet die Erde
ES weinen die Völker
ES hungern die Kinder
ES droht großer Tod
ES sind nicht die Ketten
ES sind nicht die Bomben
ES
     ist ja der Mensch
         der den Menschen bedroht

Wolf Biermann

1 Warum könnte Wolf Biermann dieses Gedicht geschrieben haben? Lest dazu über den Autor auf Seite 124 nach.

2 Dieses Gedicht ist sehr einfach verfasst. Trotzdem stellt es die Schrecken des Krieges eindrucksvoll und eindringlich dar. Sprecht darüber.

3 Wer trägt nach der Meinung des Autors Wolf Biermann die Verantwortung für das große Leid der Menschen in einem Krieg? Lest im Text nach.

4 Die folgende Stelle enthält die wichtigste Aussage des Gedichts:

    ES   ES

       ist ' ja der <u>Mensch</u> | ist ja der <u>Mensch</u> '

          der den <u>Menschen</u> ' <u>bedroht</u> ▌   der den Menschen <u>bedroht</u> ▌

Probiert verschiedene Möglichkeiten des Vortrags aus.

KRIEG UND FRIEDEN

Krieg ist etwas
im Fernsehen
man kann es abschalten

Krieg ist etwas
in der Zeitung
man kann Salat drin einwickeln

Frieden ist nichts
was man mal
anschalten kann

Frieden ist nichts
was sich schnell
auswickeln lässt

Krieg ist etwas
das die Alten erlebt haben
man kann's nicht mehr hören

Frieden ist nichts
was man Jüngeren oder Älteren
überlassen soll

Krieg ist meistens
weit weg

Frieden beginnt immer
ganz nah

Ingeborg Görler

1 Seht euch den Aufbau dieses Gedichts genau an. Welche Besonderheiten fallen euch auf?

2 Überlegt, was die Autorin des Gedichts mit den beiden Versen „Krieg ist meistens weit weg"
und „Frieden beginnt immer ganz nah" meint.

3 Was will Ingeborg Görler in diesem Gedicht aussagen? Wählt eine der folgenden Möglichkeiten aus: Kriege gibt es heute nicht mehr bei uns, sie sind weit weg. – Junge Leute wollen keinen Krieg mehr. – Frieden ist besser als Krieg. – Jeder Mensch sollte sich um Frieden
bemühen. – Kriegsbilder sollte man sich im Fernsehen nicht ansehen. – Frieden heißt, mit
seinen Mitmenschen in Frieden leben.

4 Auch im Gedicht auf Seite 163 wird vom Frieden gesprochen. Vergleicht diese beiden Gedichte miteinander. Welche Gemeinsamkeiten gibt es?

HIROSHIMA*

Der den Tod auf Hiroshima warf
Ging ins Kloster, läutet die Glocken.
Der den Tod auf Hiroshima warf
Sprang vom Stuhl in die Schlinge, erwürgte sich.
Der den Tod auf Hiroshima warf
Fiel in Wahnsinn, wehrt Gespenster ab
Hunderttausend, die ihn angehen nächtlich
Auferstandene aus Staub für ihn .

Nichts von alledem ist wahr.
Erst vor kurzem sah ich ihn
Im Garten seines Hauses vor der Stadt.
Die Hecken waren noch jung und die Rosenbüsche zierlich.
Das wächst nicht so schnell, dass sich einer verbergen könnte
Im Wald des Vergessens. Gut zu sehen war
Das nackte Vorstadthaus, die junge Frau,
Die neben ihm stand im Blumenkleid,
Das kleine Mädchen an ihrer Hand,
Der Knabe, der auf seinem Rücken saß
Und über seinem Kopf die Peitsche schwang.
Sehr gut erkennbar war er selbst
Vierbeinig auf dem Grasplatz, das Gesicht
Verzerrt von Lachen, weil der Photograph
Hinter der Hecke stand, das Auge der Welt.

Marie Luise Kaschnitz

1 Was aus dem Bomberpiloten, „der den Tod auf Hiroshima warf", tatsächlich geworden ist, erfuhr die Öffentlichkcit nie. Warum gibt die Autorin trotzdem in der ersten Strophe ihres Gedichts drei verschiedene Antworten?

2 Im zweiten Teil des Gedichts erfahren wir, dass der Pilot anscheinend ein ganz normales bürgerliches Leben führt. Sucht Stellen, die auch auf ein Schuldgefühl schließen lassen.

3 Der Bomberpilot hatte vor dem Flug keine Ahnung von der tatsächlichen Wirkung der Bombe, die er über Hiroshima abwarf. Trägt er trotzdem eine Schuld an dem furchtbaren Leid, das er über so viele Menschen gebracht hat? Dürfen wir ihn schuldig sprechen?

4 Haben die Menschen aus der Katastrophe in Hiroshima etwas gelernt? Wie lösen sie heute ihre Probleme und Konflikte?

* Text nicht der neuen Rechtschreibung angepasst

ÜBER EINIGE DAVONGEKOMMENE

Als der Mensch
unter den Trümmern
seines
bombardierten Hauses
hervorgezogen wurde,
schüttelte er sich
und sagte:
Nie wieder.

Jedenfalls nicht gleich.

Günter Kunert

DES KRIEGES BUCHSTABEN

Kummer, der das Mark verzehret,
Raub, der Hab und Gut verheeret,
Jammer, der den Sinn verkehret,
Elend, das den Leib beschweret,
Grausamkeit, die Unrecht lehret,
sind die Frucht, die Krieg gewähret.

Friedrich von Logau

MODERNE LEGENDE*

Als der Abend übers Schlachtfeld wehte,
Waren die Feinde geschlagen.
Klingend die Telegrafendrähte
Haben die Kunden hinausgetragen.

Da schwoll an einem Ende der Welt
Ein Heulen, das am Himmelsgewölbe zerschellt,
Ein Schrei, der aus rasenden Mündern quoll
Und wahnsinntrunken zum Himmel schwoll.
Tausend Lippen wurden vom Fluchen blaß,
Tausend Hände ballten sich wild im Haß.

Und am andern Ende der Welt
Ein Jauchzen am Himmelsgewölbe zerschellt,
Ein Jubeln, ein Toben, ein Rasen der Lust,
Ein freies Aufatmen und Recken der Brust.
Tausend Lippen wühlten im alten Gebet,
Tausend Hände falteten fromm sich und stet.

In der Nacht noch spät
Sangen die Telegrafendräht'
Von den Toten, die auf dem Schlachtfeld geblieben.

Siehe, da ward es still bei Freunden und Feinden.

Nur die Mütter weinten
Hüben – und drüben.

Bertolt Brecht

---

* Text nicht der neuen Rechtschreibung angepasst

SACH- UND GEBRAUCHSTEXTE

Mensch und Umwelt

Der Umweltschutz ist eine der wichtigsten Aufgaben unserer Zeit. Ohne saubere Luft, ohne gesunden Boden und ohne reines Wasser ist ein Leben auf unserem Planeten Erde nicht möglich. Unsere Zukunft hängt deshalb davon ab, ob wir die uns anvertrauten natürlichen Lebensgrundlagen bewahren und sichern können.
Von den Gefahren für unsere Umwelt und von den Möglichkeiten, sie zu schützen, handeln die Texte auf den nächsten Seiten.

Wir klären unbekannte Wörter

Immer wieder tauchen in Texten Wörter bzw. Begriffe auf, die uns unbekannt sind. Wir verstehen dann den Sinn des Gelesenen nicht oder nur teilweise. Nicht immer benötigen wir zur Klärung ein Wörterbuch; manchmal hilft uns auch der Text selbst, in dem das Wort steht.

1 Den folgenden Text hat der bekannte Tierfilmer Heinz Sielmann geschrieben:

In Deutschland leben etwa 80 Millionen Menschen. Sie wollen wohnen, arbeiten und essen. Sie wollen reisen und sich Dinge kaufen, die das Leben angenehmer machen. Dazu brauchen wir Wohnungen und Arbeitsplätze, Straßen und Eisenbahnstrecken, Parkplätze, Bahnhöfe und Flughäfen. Aber wir brauchen auch Wälder und Wiesen, Flüsse und Seen, Pflanzen und Tiere. Leider gibt es dort, wo wir leben und arbeiten, immer weniger Natur – weniger Pflanzen, weniger Tiere. Die Natur, so wie wir sie heute vorfinden, ist das Ergebnis einer unvorstellbar langen **Evolution**, einer Jahrmillionen während Entwicklung. Wenn nichts Entscheidendes geschieht, wird der Mensch diese Natur in wenigen Jahrzehnten zerstört haben.

Lest nach, zu welcher wichtigen Aussage Heinz Sielmann in diesem Text kommt. Welche Gründe könnten ihn dazu bewogen haben, solch eine Voraussage zu machen?

2 In dem Text kommt das Fremdwort „Evolution" vor, das wahrscheinlich nicht von allen verstanden wird. Hilfen zur Klärung des Wortes findet ihr in dem Satz, in dem das Wort steht:

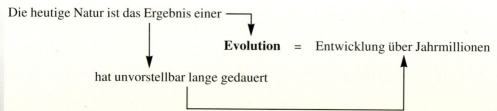

Versucht nun mithilfe dieser Hinweise das Wort zu erklären.

3 So ist das Fremdwort „Evolution" in Wörterbüchern erklärt:

E|vo|lu|ti|on [-tsjon] allmähliche Entwicklung (bes. die der Lebewesen zu höheren Formen); e|vo|lu|tio|när sich allmählich entwickelnd

Evolution w; -, -en: 1) Entfaltung, allmählich fortschreitende Entwicklung 2) die stammesgeschichtliche Entwicklung der Lebewesen von niederen zu höheren Formen

Evolution [lat.: „Entwicklung"], die Erscheinung, dass die Organismen sich im Laufe der Erdgeschichte verändern

Vergleicht mit euren Erklärversuchen.

4 In den folgenden Ausschnitten aus verschiedenen
Umwelttexten kommen ebenfalls Fremdwörter vor:

Durch die Wiederverwertung von Altglas werden auch die natürlichen **Ressour-cen** geschont, also Rohstoffe wie Quarzsand, Soda, Pottasche und Kalkstein.

Bei Pflanzen sollten möglichst keine giftigen Behandlungsmittel verwendet wer-den, unbrauchbar gewordene **Präparate** müssen auf jeden Fall als Sondermüll be-seitigt werden.

Obwohl die Nutzung der Wärme und des Lichts der Sonne noch in den Kinder-schuhen steckt, glauben viele Wissenschaftler an die Zukunft der **Solar**energie.

Auf Schuttplätzen und unbebauten Grundstücken wachsen in den Städten meist vielfältige Pflanzen, die sogenannten **Ruderal**pflanzen.

Im Gegensatz zu den **Immissionen** sind Emissionen Luftverunreinigungen, die von einer Quelle (z.B. Fabrikschornstein) ausgehen bzw. abgegeben werden.

Versucht nun die in den fünf Sätzen herausgestellten Wörter selbst zu klären. Beachtet da-bei, dass in den Sätzen Hinweise für die Worterklärungen stehen. Vergleicht mit den Erklärun-gen in Wörterbüchern:

Immission [*lat.*] *w*; -, -en (meist *Mehrz.*): Einwirkung von Luftverunreinigungen, Schadstoffen, Lärm u.a. auf Lebewesen

Rudera [*lat.*] *Mehrz.*: veralt. für: Schutthaufen, Trümmer. **Ruderalpflanze** [*lat.-nlat.*; *dt.*]: Pflanze, die auf stickstoffrei-chen Schutt- od. Abfallplätzen gedeiht

Präparat *s*; -[e]s, -e: kunstge-recht Zubereitetes, z.B. Arz-neimittel, chem. Mittel

Res|sour|ce [-surs (e), *lat.-frz.*] *w. Mz.* Rohstoff-, Hilfsquellen, Geldmittel

solar, solarisch: die Sonne be-treffend, zur Sonne gehörend

Stellt fest, welche für die Klärung der Fremdwörter notwendigen Informationen euch die einzelnen Sätze geben und welche nicht.

WOHIN MIT DEM MÜLL?

Noch in den 60er Jahren wurden in den meisten Städten und Gemeinden die Abfälle auf ungeordneten Müllkippen abgelagert. Die **negativen** Folgen dieser Art von Müllbeseitigung waren Geruchsbelästigungen, eine Verschandelung der Landschaft sowie eine Gefährdung des Grundwassers. Ein Umdenken und eine
5 Neuordnung waren deshalb dringend notwendig. Für die Lagerung des Mülls errichtete man nun **Deponien**, d.h. natürlich oder künstlich abgedichtete Lagerplätze für unbehandelte Abfälle. Auch wurden zahlreiche Ablagerungsplätze **rekultiviert**, indem die Oberfläche mit einer Humusschicht bedeckt und mit Sträuchern und Bäumen bepflanzt wurde. Für größere Gebiete entstanden **zentral** gelegene
10 Anlagen zur schadlosen Beseitigung von Sondermüll. Eine immer größer werdende Bedeutung kam dem Rohstoff**recycling**, einer Wiederverwertung von Rohstoffen, zu. Da sich jedoch in den letzten Jahren der Hausmüll und die Industrieabfälle vervielfacht haben, muss eine deutliche **Reduzierung** des Mülls angestrebt werden. Dazu ist noch mehr als bisher die aktive Mitarbeit eines jeden einzelnen Bür-
15 gers notwendig.

Klärt die folgenden Begriffe im Text: negativ – Deponie – rekultivieren – zentral – Recycling – Reduzierung.
Andere Wörter bzw. Informationen im selben Satz helfen euch dabei. Schlagt in Zweifelsfällen in einem Wörterbuch nach.

6 Auch in dem folgenden Text lässt sich ein Fremdwort ohne Hilfe eines Nachschlagewerkes klären.

MÜLLVERMEIDUNG UND -VERWERTUNG

Eine fortschrittliche und umweltfreundliche Abfallwirtschaft zielt sowohl auf Abfallvermeidung als auch auf Abfallverwertung ab. Nur diese **Kombination** kann zu greifbaren Erfolgen führen. Die Verbindung der beiden Wege verfolgt zwei Ziele. Abfälle sollen vermieden werden, denn die „besten" Abfälle sind die, die erst gar
5 nicht entstehen. Die nicht vermeidbaren Abfälle sollten möglichst wiederverwertet werden, denn dies hilft Rohstoffe sparen.

Das Wort „Kombination" kann verschiedene Bedeutungen haben. Welche kennt ihr?
Hinweise zur Klärung dieses Fremdwortes stehen auch im Text:

Abfallvermeidung und Abfallverwertung

Kombination = Verbindung der beiden Wege

Klärt nun, welche Bedeutung dieser Begriff in dem Text hat.

Vergleicht euer Ergebnis mit folgender Worterklärung:

Kom | bi | na | ti | on [-tsi̯<u>o</u>n] **1** Verbindung, Verknüpfung, gedankliches Herstellen von Zusammenhängen **2** Verbindung mehrerer sportl. Disziplinen, z.B. alpine K. **3** mehrere zusammengehörige, farblich und stofflich verschiedene Kleidungsstücke (Jacke und Hose u.ä.) **4** Arbeits-, Fliegeranzug aus einem Stück, Overall

7 In manchen Texten gibt es eine ganze Reihe von Informationen, die zur Klärung eines unbekannten Begriffes beitragen können:

HAUSMÜLL –
BESEITIGEN UND WIEDER VERWERTEN

„Abfälle" ganz besonderer Art entstehen im Garten: Gras, Laub, abgeblühte Pflanzen, Äste. Diese Reste werden zwar oft als Abfälle betrachtet, sind es aber nicht. Der wirtschaftlich und ökologisch denkende Gartenbesitzer braucht weder die Müllabfuhr noch einen Verbrennungsplatz zur Beseitigung dieser Reststoffe.
5 Er **kompostiert** sie und führt sie seinem Garten als wertvolle Bodenverbesserer und Nährstoffe wieder zu. Selbst aus Zweigen lässt sich **Kompost** gewinnen, wenn man sie mit der Gartenschere in kurze Stücke schneidet. Aus pflanzlichen Abfällen entsteht so wertvoller Dünger.

Beantwortet mithilfe des Textes folgende Fragen:
Was kann man alles kompostieren?
Wozu dient der Kompost?
Welche Bedeutung hat das Kompostieren für den Schutz der Umwelt?

Erklärt nun die Begriffe „Kompost" und „kompostieren" für ein Wörterbuch:

Kom | post

kom | pos | tie | ren

PLASTIKTASCHEN FÜR DEN MÜLLEIMER

Kaufhäuser, Supermärkte, auch der kleine Laden an der Ecke bieten ihren Kunden ein reichhaltiges **Sortiment** an Plastiktaschen an. Von diesem doch recht bedenk-
5 lichen Warenangebot wird immer noch zu viel Gebrauch gemacht. In manchen Geschäften müssen die Kunden zwar einige Groschen für derartige Tragetaschen bezahlen. Doch solch ein geringfügiger **Obo-**
10 **lus** hält kaum jemanden davon ab, seine Waren in ein, zwei oder drei Plastiktaschen nach Hause zu tragen. Dies zeigt, wie wenig feinfühlig wir in Wirklichkeit noch bei Umweltproblemen sind. Eine be-
15 sonders unterentwickelte **Sensibilität** für die Belange des Umweltschutzes scheinen die Teilnehmer von Großveranstaltungen zu haben. Was oftmals bei Fußballspielen, Festen oder Demonstrationen an Plas-
20 tikmüll hinterlassen wird, übersteigt jedes Vorstellungsvermögen.

Klärt die drei im Text herausgestellten Fremdwörter ohne ein Wörterbuch zu benutzen. Beachtet die Hinweise, die im Text stehen.

9 Im folgenden Text kommen auch Wörter vor, die nicht leicht zu verstehen sind:

SCHADSTOFFE IN DER LUFT

Besonders in den Siedlungsgebieten wird die Atemluft erheblich aus den mit Kohle und Öl betriebenen Hausfeuerungen belastet. Die Abgase aus Heizungsanlagen, die mit diesen fossilen Brennstoffen befeuert werden, enthalten zahlreiche Schadstoffe. Vor allem das Schwefeldioxid ist wegen der Beeinträchtigung der
5 Fotosynthese sehr gefährlich. Ohne diese Umwandlung des Sonnenlichts in Materie kann es kein Leben auf der Erde geben. Außerdem trägt es neben anderen Ursachen zum Waldsterben bei. Die Emissionen der Schadstoffe müssen so weit wie möglich verringert werden. Strengere Abgabe-Grenzwerte sollen dafür sorgen, dass die von einer Anlage ausgehenden Luftverunreinigungen möglichst ge-
10 ring sind. Einwandfrei arbeitende Heizungsanlagen dienen nicht nur dem Umweltschutz. Sie helfen auch Energie sparen.

Schreibt aus dem Text die Fremdwörter heraus und klärt sie. Nicht zu allen Begriffen finden sich Hinweise im Text. Nehmt daher auch ein Nachschlagewerk zu Hilfe.

UMWELTSCHUTZ UND HAUSHALT

Wasch- und Putzmittel belasten in hohem Maße die Gewässer. Aus ihnen stammt nämlich ein Großteil der **Phosphate**, also der für eine Düngung wichtigen Salze, die Auslöser für eine Nährstoffanreicherung sind. Durch diese **Eutrophierung**

wird in stehenden Gewässern das Wachstum von **Organismen**, insbesondere der
5 Algen, stark gefördert. Dadurch wird anderen Lebewesen, vor allem den Tieren, der Sauerstoff entzogen. Es überleben schließlich nur noch die Fäulnis**bakterien**, Kleinstlebewesen, die ohne Sauerstoff auskommen. Dieser Zustand kann sehr plötzlich eintreten. Man spricht dann von einem **anaeroben** – sauerstofflosen – Zustand des Gewässers. Etwa die Hälfte der ins Wasser gelangenden Phosphate
10 stammt aus Wasch- und Reinigungsmitteln. Durch einen **ökonomischen** Einsatz von Wasch- und Reinigungsmitteln wird Geld gespart. Der Grundsatz „Weniger ist mehr." ist jedoch nicht nur wirtschaftlich. Er ist auch **ökologisch** richtig, weil die Umwelt weniger belastet wird.

Versucht die im Text gekennzeichneten Fremdwörter zu klären. Beachtet dabei:

- In manchen Texten gibt es eine Reihe von Hinweisen, die zur Klärung eines unbekannten Wortes beitragen können.

- Die Bedeutung eines unbekannten Wortes kann manchmal durch andere Wörter bzw. Informationen im selben Satz geklärt werden.

- Hinweise zur Klärung eines unbekannten Wortes können auch vor oder nach dem Satz stehen, in dem dieses Wort vorkommt.

- In Zweifelsfällen sollte ein Wörterbuch oder Nachschlagewerk herangezogen werden.

Wichtige und weniger wichtige Informationen

Nicht immer sind alle Informationen eines Textes gleich bedeutsam. Häufig interessieren die Leserin oder den Leser lediglich die wichtigsten Aussagen, unwichtige werden überlesen.

1 Über das Wichtigste in einem Text informiert manchmal ein einziger Satz:

SOLARENERGIE – AUCH DER UMWELT ZULIEBE

An der Nutzung der Solarenergie kommen wir in Zukunft nicht vorbei.
Öl wird immer knapper und teurer. Die Kernenergie bringt viele Probleme mit
5 sich. Weder die heimische Kohle noch die Kohle vom Weltmarkt reicht aus um unseren riesigen Energiebedarf zu decken. Auch Energieeinsparungen können das Problem nicht völlig lösen. Umweltfreundlich ist die
10 Energiegewinnung aus Wind und Sonne. Vor allem die Solarenergie wird nach Meinung von vielen Wissenschaftlern an Bedeutung gewinnen. Diese Energietechnik wird aber erst in einigen Jahrzehnten voll
15 ausgereift sein.

Die wichtigste Aussage des Textes steht im ersten Satz:

An der Nutzung der Solarenergie kommen wir in Zukunft nicht vorbei.

Aus der folgenden Darstellung könnt ihr ablesen, warum dieser Satz die wichtigste Aussage des Textes enthält:

weil ...

… Öl immer knapper und teurer wird.

… die Kernenergie viele Probleme mit sich bringt.

… Kohle unseren Energiebedarf nicht deckt.

… Energieeinsparungen das Problem nicht völlig lösen.

… die Energiegewinnung aus Wind und Sonne umweltfreundlich ist.

… die Solarenergie nach Meinung vieler Wissenschaftler an Bedeutung gewinnen wird.

Warum werden Sätze mit den wichtigsten Informationen eines Textes auch Schlüsselsätze genannt?

2 Auch in dem folgenden Text stehen die Schlüsselsätze jeweils am Anfang der Textabschnitte:

DER BAUM IN DER STADT

Für das Leben in den Städten haben Bäume eine nicht zu unterschätzende Bedeutung. Sie müssen erhalten und gepflegt werden, damit die Stadtviertel nicht zu lebensfeindlichen
5 Steinwüsten verkommen. Grüne Lungen verschönern das Stadtbild und steigern den Wohnwert einer Stadt. Mit Bäumen lässt sich ein Stück Natur in eine Stadt zurückholen.

Für die heimische Tierwelt stellen Bäume in
10 den Städten wertvolle Lebensräume dar. Im Wurzelwerk der Bäume leben Engerlinge und Würmer. Unter dem trockenen Laub finden Mäuse und Igel willkommenen Unterschlupf. An Stämmen und unter der rauen Borke
15 sind zahlreiche Käferarten und Spinnentiere auszumachen. Viele Vögel brüten in den Höhlen alter Bäume oder verstecken ihre Nester in deren Geäst.

In den Grünanlagen vieler Städte wird heute ein aktiver und äußerst erfolgreicher
20 Vogelschutz betrieben. Unter fachkundiger Leitung werden Nistkästen angebracht, laufend überwacht und unterhalten. Allein in der Großstadt München betreuen beispielsweise Vogelliebhaber derzeit über 2 000 Nistkästen in den städtischen Parkanlagen. Während im freien Landschaftsraum manche Vogelarten immer mehr aussterben, nehmen in einigen Städten ein paar seltene Arten in ihrem
25 Bestand sogar zu.

Die Bäume in Alleen, Straßen und Parks der Städte bedürfen ständig einer besonderen Pflege. Alte wertvolle Bäume lassen sich über Jahrzehnte hinweg am Leben erhalten. Morsche und überalterte Bäume gefährden die Verkehrssicherheit und müssen daher gefällt werden. Jungbäume werden dann nachgepflanzt. Nicht zu-
30 letzt sind an beschädigten Bäumen immer wieder fachgerechte Sanierungen notwendig.

Vor allem Autofahrern muss bewusst werden, dass auch sie für die Bäume in den Städten Verantwortung tragen. Sie verursachen nämlich meist unbewusst nur schwer reparierbare, oft nicht mehr rückgängig zu machende Schäden, wenn sie
35 Baumgräben befahren. Durch den Reifendruck wird das Erdreich mehr und mehr verfestigt, sodass Regenwasser nicht mehr in den Boden eindringen kann. Nicht selten kommt es auch in der Höhe der Stoßstangen zu erheblichen Rindenverletzungen an den Stämmen.

Zeigt auf, wie in diesen Schlüsselsätzen jeweils der Inhalt der einzelnen Abschnitte kurz zusammengefasst wird.

3 Nicht immer steht der Hauptgedanke am Anfang eines Textes. Dies zeigen die beiden folgenden Textbeispiele:

ALTAUTOS

Millionen von Autofahrzeugen fallen alljährlich zur Beseitigung an. Maschinen zerschlagen und zerreißen die Altautos in handgroße Stücke.
5 Anschließend wird der Schrott nach den verschiedenen Metallen sortiert: Eisen, Stahl, Kupfer, Aluminium. Der Anteil der Eisenmetalle bei den Schrottfahrzeugen wird fast vollstän-
10 dig in den Produktionsprozess zurückgeführt. Für die Nicht-Eisen-Metalle wurden in den letzten Jahren ganz neue Rückgewinnungsverfahren entwickelt. Nichtmetallische Bestandteile
15 und Öle werden eigens behandelt. Die Verwertung von Autowracks ist ein Beispiel für gut funktionierendes Recycling.

SONDERMÜLL

Bei Sondermüll handelt es sich im Wesentlichen um Abfälle wie Öle, Säuren, Laugen, Schlämme oder Chemikalien. Sondermüll kann nicht mit
5 dem Hausmüll beseitigt werden, sondern muss in Spezialanlagen gesondert behandelt werden. An einzelnen Sammelstellen werden diese Abfälle angenommen, zwischengelagert und
10 zu zentralen Entsorgungsanlagen weiterbefördert. Diese sind mit technisch hochwertigen Anlagen zur Verbrennung oder chemischen Behandlung ausgestattet. Die Verbrennungs-
15 rückstände und sonstigen luft- und wassergefährdenden Abfälle werden auf Spezialdeponien verbracht, die durch umfangreiche Schutzvorkehrungen gesichert sind.

Sucht in jedem der beiden Texte jeweils den Schlüsselsatz und begründet eure Entscheidungen.

4 Manchmal wird auch in der Überschrift das Wichtigste eines Textes ausgesagt:

WIR BRAUCHEN EINE SAUBERE LUFT

So nötig wie reines Wasser zum Trinken brauchen wir auch saubere Luft zum Atmen. Abhängig von der körperlichen Betätigung pumpen wir täglich zwischen 6 700 (im Schlaf) und 86 000 Liter Luft (bei körperlicher Hochleistung) durch unsere Lungen. Die Luftverschmutzung hat bei uns und in vielen anderen Ländern al-
5 lerdings Ausmaße erreicht, die beispielsweise bei Menschen zu Erkrankungen an den Atmungsorganen oder zu Schäden an Waldbäumen führen können. Unsere Luft muss daher wieder sauber werden. Weniger Luftverschmutzung bedeutet schließlich auch weniger Kosten zur Beseitigung der Schäden.

Überlegt, ob in der Überschrift das Wichtigste des Textes zusammengefasst ist. Formuliert selbst eigene Überschriften zu diesem Text.

?

Hefte sind die wichtigsten Hilfsmittel im Schulalltag. Nimmt man alle Hefte zusammen, die ein Schüler zu führen hat, so gibt das ein recht ansehnliches Bündel. Einsparungen sind meist nicht möglich, da viele Fächer auch viele Hefte erfordern. Aber werden sie auch sinnvoll beschrieben? Viele Hefte werden einfach weggeworfen, obwohl noch Seiten leer sind. Manche Schüler schreiben so groß, dass alle paar Wochen ein neues Heft für ein Fach fällig ist. Andere Schüler lassen Seiten aus oder machen zwischen den Einträgen unnötig große Abstände. Kurzum, es gibt viele Papierverschwender. Alte Hefte gehören nicht in die Mülltonne. Sie sollten gesammelt und zum Altpapier gegeben werden.

Bei der Herstellung von Papier aus Holz wird die Umwelt belastet: Chemikalien werden benötigt, Energie wird verbraucht. Papiersparen ist also praktizierter Umweltschutz.

Findet Überschriften, die den Inhalt dieses Textes kurz zusammenfassen.

6 Manchmal stehen auch über den einzelnen Abschnitten Teilüberschriften, die den Inhalt des Textes knapp zusammenfassen. Im folgenden Text wurden sie weggelassen:

IM ÖKO-STRESS

?

Allzweckreiniger, Spezialreiniger, Rohrreiniger, Pflegemittel, Spülmittel ... Rund 1100 verschiedene Produkte sind bei uns auf dem Markt um jeglichem Fleck und Dreck auf den Leib zu rücken. Alle mit hochtrabenden Fantasienamen, alle mit dem Versprechen die Umwelt zu schonen. Halten tun dies die wenigsten. Wer nun vor dem Regal mit Haushaltsreinigern und Waschmitteln steht und Umweltfreundliches sucht, wird zwar mit Begriffen bombardiert – aber nicht schlauer. Das nötige Wissen muss man mitbringen, das gehört zum täglichen Kampf mit der Chemie.

Aqua-frisch · Tenside abbaubar · Plantaren · Recyclingfähig · Bio-Alkohol · Aktiv-Fettlöser · ph-neutral · Mit Öko-Säckchen · Chlorfrei · Phosphatfrei · Enzymfrei · Natürliche Flecklöse-Formel · Ohne Ätznatron

?

Umweltbewusstes Handeln wird immer schwieriger. Beispiel: Einkauf von Lebensmitteln. Die Suche nach Öko-Produkten ist alles andere als einfach.

Bezeichnungen wie „aus naturreinem Anbau", „rückstandsfrei" oder „kontrolliert natürlich" sind nämlich nicht gesetzlich geschützt und trügen oft. Ein anderes Beispiel ist der Müll. 1 000 Kilogramm wirft ein vierköpfiger Haushalt pro Jahr ab. Wir müssen alles fein säuberlich nach Glas, Kunststoff, Blech und Kompostier-
20 barem trennen – eine ungeheure Mehrbelastung. Dies wiederum bedeutet, dass wir möglichst abfallarm einkaufen müssen.

Wie könnten die Überschriften zu den beiden Abschnitten des Textes heißen?

7 In manchen Texten fehlen zu den einzelnen Abschnitten sowohl Schlüsselsätze als auch Teilüberschriften:

EIN BUNTER STRAUSS WIESENBLUMEN – WIE LANGE NOCH?

Während viele naturnahe Flächen durch Entwässerung, Straßenbau oder Besiedelung in einer recht auffallenden Weise aus unserer Landschaft verschwunden sind, hat sich die Blütenpracht der Wiesen eher heimlich verabschiedet. Hier bedurfte es keiner aufwendigen Maßnahmen; es genügte, mehrmals größere Mengen von Mi-
5 neraldünger auszubringen. Die meisten Wiesenblumen vertrugen diesen nicht und verschwanden dadurch von selbst; andere erstickten in der üppig hochschießenden Schicht anderer Gräser. Im Interesse einer Ertragssteigerung hat man in Kauf genommen, dass durch chemische Mittel neben einigen unerwünschten Pflanzen viele Wiesenblumen verschwinden.
10 Der Rückgang blumenreicher Wiesen in der freien Landschaft ist eine Folge der intensiven landwirtschaftlichen Bodennutzung. Dagegen ist die Zerstörung naturnaher Wiesen in Siedlungsbereichen oft auf übertriebenen Ordnungssinn zurückzuführen. Anstelle bunter Grünanlagen wird ein kurzgeschorenes Grün gezüchtet, von dem niemand weiß, wem es nützt und wofür es gut ist. In zahlreichen Haus-
15 gärten werden selbst Gänseblümchen und Löwenzahn bekämpft, damit ein „gepflegtes Grün" wachsen kann, dessen Eintönigkeit nur noch von einer Kunststoffmatte übertroffen wird.

Schreibt euch aus jedem der beiden Abschnitte die wesentlichsten Aussagen heraus. Fasst dann mithilfe dieser Angaben den Inhalt der Abschnitte jeweils in einem Satz zusammen.

8 Ein Text zum Üben:

WAS KANN DER EINZELNE TUN?

Oft hört man den Satz: „Was kann ich als Einzelner schon dagegen tun?", wenn wieder einmal ein Stück Natur vernichtet wird. Viele Menschen fühlen sich ohnmächtig. Es muss jedoch nicht alles hingenommen werden; schließlich leben wir in einer Demokratie und diese lebt wiederum von der Aktivität der Bürger. Auch
5 der Einzelne hat die Möglichkeit, für die Natur tätig zu werden. Zusammen mit an-

deren gleich denkenden Menschen ist es allerdings leichter, seine Ziele zu verfolgen.

Ein wichtiger Schritt ist, unser eigenes Verhalten und das anderer Menschen der Natur gegenüber zu überprüfen. Schon allein die gewissenhafte Beachtung der Na-
10 turschutzbestimmungen hilft mit, Natur zu erhalten und zu bewahren. Beim Blumenpflücken in den Wiesen genügen schon einige Meter am Rand um einen schönen Strauß zu pflücken. Auf alle Fälle ist darauf zu achten, keine seltenen und geschützten Pflanzen abzureißen. Bei der Beobachtung von Tieren ist in besonderer Weise Feingefühl angezeigt. Sie werden oftmals durch Menschen unnötig aufge-
15 schreckt. Am besten ist es, ein Fernglas zu benutzen und sich den Tieren nur behutsam zu nähern.

Wer einen Garten hat, kann auch hier im Sinne von mehr Natur tätig werden. Es ist beispielsweise ganz
20 einfach, aus einem Rasen eine Wiese zu machen. Die Methode lautet: „Einfach wachsen lassen." Das genügt schon nahezu. Die Wildsamen von anderen Pflanzen werden vom
25 Wind herbeigeweht oder von Tieren eingeschleppt. Spätestens nach zwei Jahren gedeiht eine große Anzahl der verschiedensten Pflanzen in der Wiese. Die Vielzahl der Tierarten
30 erhöht sich automatisch. Die Tiere stellen sich ein, sobald ihre Nahrungspflanzen vorhanden sind. Schmetterlinge, Käfer, Spinnen, aber auch Eidechsen und Vögel fin-

35 den in einer solchen Wiese neue Lebensmöglichkeiten.

Es besteht aber nicht nur die Möglichkeit, bereits vorhandene Grünflächen so umzugestalten, dass mehr Naturnähe hergestellt wird. Biologisch tote Flächen können für die Natur zurückgewonnen werden. Besonders unsere Großstädte müssen grüner werden, wenn sich die Menschen wieder darin wohlfühlen sollen. Eine Mög-
40 lichkeit ist die Fassadenbegrünung. In einem Rankenwerk von Efeu und wildem Wein finden zahlreiche Tiere neue Lebensmöglichkeiten. Große Flächen, die bisher ungenutzt blieben, sind die Dächer. Mit wenig Aufwand lassen sich hier Wiesen anlegen. Es gibt Berechnungen, dass schon 1,5 Quadratmeter ungemähter Dachwiese den Sauerstoffbedarf eines Menschen produzieren.

Fasst den Inhalt eines jeden der vier Textabschnitte in einem knappen Satz zusammen. Beachtet dabei:

● Nicht alle Informationen eines Textes sind für die Leserinnen und Leser gleich bedeutsam.

● In manchen Absätzen ist der Inhalt in einem Schlüsselsatz zusammengefasst. Dieser kann an verschiedenen Stellen im Text stehen.

BEDROHTE ANTARKTIS

Die Antarktis verdient ganz ohne Zweifel den Beinamen „Kontinent der Extreme". Sie ist der kälteste, trockenste, stürmischste, unzugänglichste, am dünnsten besiedelte und unbekannteste Erdteil unseres Planeten. Stellt euch vor: ein Gebiet, 37-mal so groß wie die Bundesrepublik Deutschland, Österreich und die
5 Schweiz zusammen, bedeckt von einem bis zu 4,7 km mächtigen Eispanzer. Nur 2 % dieses riesigen Ödlands sind eisfrei: Teile der in Richtung Südamerika weisenden Antarktischen Halbinsel und des schmalen Küstenstreifens. Unter dem Eisschild liegt eine Landschaft mit Bergen und Tälern begraben. Nur die höchsten Gipfel, so etwa die bis über 5 000 m hohen Erhebungen des Vinsonmassivs, ragen
10 als kahle Felszinnen über das Eis hinaus. Selbst Feuer speiende Vulkane gibt es in der Eiswüste. Der bekannteste unter ihnen ist der 3 794 m hohe Mount Erebus auf der Rossinsel im gleichnamigen Meer. Aus seinem gewaltigen Krater werden mehrmals am Tag glühende Lavafetzen geschleudert.
Im antarktischen Winter, also in unserem Sommer, friert das Meer um den eisigen
15 Kontinent zu. Der Eispanzer auf dem Festland und die mehrere hundert Meter dicke Eisschicht auf dem Ozean gehen dann nahtlos ineinander über und die Antarktis scheint auf das Doppelte ihrer Fläche anzuwachsen.

LEBEN AM EISRAND

So widrig die Lebensbedingungen des sechsten Kontinents auch sind – die Antarktis ist doch Heimat vieler Tiere und sogar einiger Pflanzen.
20 Die eisfreien Küstengebiete sind das eigentliche Tierparadies der Antarktis. Dort tummeln sich neben verschiedenen Robben, wie See-Elefanten und Seeleoparden, sowie Albatrossen und anderen Seevögeln die drolligen Pinguine. Zu Hunderttausenden versammeln sich die flugunfähigen Vögel an ihren Brutplätzen. Insgesamt etwa 80 Millionen dieser tollpatschigen Gesellen „im Frack und mit weißer
25 Hemdbrust" bevölkern die Nistkolonien der Antarktis.

Ein Schlaraffenland für Wale

Die Antarktis versorgt die übrige Welt nicht nur mit kalter Luft, sondern auch mit eiskaltem Meerwasser, das auf breiter Front nordwärts strömt und ebenfalls das Klima unserer Erde beeinflusst. Im Gegenzug dringt ein warmer Meeresstrom aus tropischen Breiten bis in die antarktischen Gewässer vor. Mit ihm gelangt eine un-
30 vorstellbare Fülle an Nährstoffen in den Packeisgürtel. Sobald die Frühjahrssonne auf diese Wasserschicht trifft, kommt es zu einer geradezu explosionsartigen Vermehrung mikroskopisch kleiner Algen. Ein riesiger Algenteppich bildet sich – das erste Glied einer Nahrungskette, an deren Ende das größte Lebewesen dieser Erde steht: der über 150 t schwere Blauwal.
35 Riesige Krillschwärme streifen durch den Ozean rund um die Antarktis. Dicht an dicht schwimmen die kleinen Garnelen – ein gefundenes Fressen für die Wale. Ob Blau- oder Finnwale, alle folgen sie einfach den Krillschwärmen und tun sich gütlich an ihrer Leibspeise. Wie die glücklichen Bewohner des Schlaraffenlands reißen sie lediglich ihr Maul weit auf – die Nahrung gelangt von selbst hinein.

Ein ungleicher Kampf

40 Von 1840 an kreuzten auch die ersten Walfänger in antarktischen Gewässern – todesmutige Männer, die ihre Harpunen von kleinen, unsicheren Booten aus auf die Giganten der Meere schleuderten. Viele von ihnen ließen bei solchen Waljagden ihr Leben. Abgesehen hatten sie es vor allem auf den Waltran, der damals hauptsächlich als Brennstoff für Lampen und Rohstoff für Schmierseife und
45 Schmiermittel Verwendung fand.

Gegen Ende des 19. Jahrhunderts rückten bereits ganze Fangflotten mit Mutterschiffen, schwimmenden
50 Tranküchen und harpunenbestückten Fangschiffen den Meeressäugern auf den Leib. Gegen die modernen Harpunenkanonen hatten
55 die harmlosen Meeresriesen nun kaum mehr eine Chance, und so wurden bald Jahr für Jahr Tausende von Walen erlegt.

Ausgebleichte Walknochen türmen sich um ehemalige Walfangstationen zu Halden

60 Die Tragödie nahm ihren Lauf. Und nach und nach verschwanden die verschiedenen Walarten, immer der Größe nach: vom 32 m langen Blauwal bis zum halb so großen Seiwal. Erst Ende der 60er Jahre begann die neu gegründete Internationale Walfangkommission mit der Kontrolle der bis dahin ungezügelten Jagd. Als ein Wissenschaftlerteam dieser Kommission 1981 auf Walsuche ging, sichtete es
65 gerade noch sieben Blauwale und 17 Buckelwale rund um die Antarktis.

Schätze unterm Eis

Unter dem Eisplateau der Antarktis ruhen dieselben reichhaltigen Bodenschätze wie in Südamerika, Südafrika und Australien. Neben Kohle, Erdöl und Edelsteinen müssten folglich die verschiedensten Erze zu finden sein, von Gold, Nickel und

Kupfer bis hin zu Platin und Uran. So verheißungsvoll die Aussichten auch klin-
70 gen, so schwierig ist es jedoch, an die Reichtümer unter dem Eis heranzukommen.
Bevor man Erzminen im Gesteinsuntergrund anlegt, müssen Abbauschächte
durch den zähplastischen Eispanzer getrieben werden – eine Aufgabe, die mit dem
Bau von Tunnels in einer gewaltigen Honigmasse vergleichbar ist. Bis ein
Goldrausch in der Antarktis ausbricht, werden also sicher noch Jahre oder gar
75 Jahrzehnte vergehen. Doch einige Staaten treffen bereits eifrig Vorkehrungen um
von vornherein dabei zu sein, wenn es mit dem Erzabbau losgeht. Brasilianische
und japanische Bergbauunternehmen „forschen" schon heute im antarktischen
Eis.

EIN WETTLAUF MIT TÖDLICHEM AUSGANG

**Im Oktober 1911 startete der Nor-
weger Roald Amundsen (rechts)
von der antarktischen Küste aus zum
Südpol – bestens vorbereitet und mit
vier Hundeschlitten ausgerüstet. Am
14. Dezember hisste er die norwegi-
sche Flagge am südlichsten Punkt
der Erde. Wohlbehalten kehrte er
mit seinen wagemutigen Begleitern
sechs Wochen später zurück.**

**Zur gleichen Zeit wie Amund-
sen kämpfte sich auch ein Brite
durch die Eiswüste: Robert Scott. Er
versuchte es mit Ponygespannen
und Motorschlitten, doch die Motoren versagten schon bald, und die
Ponys starben. Schwerste Strapazen
lagen hinter ihm und seiner Mann-
schaft, als sie am 17. Januar 1912 den
Südpol erreichten. Tief enttäuscht**
**über ihre Niederlage, traten sie den
Rückweg an. Unterwegs wurden sie
von einem fürchterlichen Orkan
überrascht. Der Tod übermannte sie
in ihrem eisigen Zelt.**

Die reichen Erdölvorkommen in den eisbedeckten Meeresbecken um die Antark-
80 tis ließen sich gewiss leichter ausbeuten als die Erzadern des Festlands. Allerdings
sind die Förderkosten nach dem heutigen Stand der Technik noch so hoch, dass
sich die Nutzung dieser untermeerischen Ölreserven keinesfalls lohnen würde.
Das könnte sich freilich schon in naher Zukunft ändern, was für das Leben in den
antarktischen Gewässern und an den Küsten höchste Gefahren heraufbeschwören
85 würde. Weil es im eiskalten Wasser kaum Bakterien gibt, die das unweigerlich frei
werdende Erdöl abbauen könnten, würde sich mit der Zeit ein todbringender Öl-
teppich bilden. Nicht auszumalen, was passieren würde, wenn ein gigantischer Eis-
berg eine Bohrinsel mit sich reißt. Eine ökologische Katastrophe ungeahnten Ausmaßes wäre die Folge, denn die Strömung würde das Öl über die gesamte antark-
90 tische Küste verteilen.

SÜNDENFÄLLE AM EISRAND

Umweltsünder gibt es allerdings schon heute in der Antarktis, wie die Beobachter von Greenpeace festgestellt haben. Von ihrer Forschungsstation aus unternehmen die Naturschützer regelmäßig Kontrolltouren zu den Stationen der verschiedenen Nationen. Dabei stoßen sie häufig auf Missstände, die nicht gerade auf ein umwelt-
95 bewusstes Verhalten schließen lassen: brennende Müllhalden, von denen aus Abfall über weite Gebiete verweht wird, in der amerikanischen Station McMurdo und bei den Australiern, mit Müll zugefüllte Gletscherspalten und Müllberge in den sowjetischen Forschungsstationen, lecke Öltanks bei den Argentiniern, hie und da auch chemisch belastete Abwässer, die ungeklärt ins Meer geleitet werden. Einen
100 besonders schweren Sündenfall begingen die französischen „Forscher". An der Küste von Adélieland ebneten sie Gelände für die Anlage einer Großlandebahn ein und führten dabei rücksichtslos Sprengarbeiten inmitten von Pinguinkolonien durch.

Die Umweltschutzorganisation Greenpeace tritt schon seit Jahren für den strengen Schutz der Antarktis ein. Ihr Forschungsschiff kämpft sich regelmäßig durch den Packeisgürtel zur eigenen Forschungsstation. Die Greenpeace-Wissenschaftler wollen herausfinden, welchen Einfluss der Mensch auf Tiere und Pflanzen hat.

Damit nicht genug: Auch der Tourismus hat das Naturparadies Antarktis ent-
105 deckt. Abenteuerreisen ins ewige Eis – per Schiff, Hubschrauber und Flugzeug – sind der letzte Schrei. Noch stoßen nur kleine Touristengruppen zu den Pinguinkolonien an der antarktischen Küste vor, denn derartige Exklusivreisen sind nicht eben billig. Trotzdem warnen Wissenschaftler und Naturschützer bereits vor der Gefahr eines „Mülltourismus", durch den die eisfreien Küstenstriche der Antark-
110 tis auf Dauer schwer geschädigt werden könnten.

WENN DIE ANTARKTIS BADEN GEHT

Was Walfänger, Robbenschlächter, Fischer, Ölsucher, Bergbauunternehmen, gleichgültige Forscher und Touristen nicht geschafft haben und hoffentlich nie schaffen werden, nämlich die Zerstörung des empfindlichen antarktischen Ökosystems, könnte eines Tages dennoch eintreten. Und schuld daran sind dann nicht
115 nur einzelne verantwortungslos handelnde Interessengruppen, sondern letztlich alle Menschen, die an ihrem gewohnten Wohlstand festhalten. Das Kohlendioxid aus Fabrikschornsteinen, Kraftwerken und Autoauspuffen hat sich als besonders gefährliches Abgas unserer Industriegesellschaft erwiesen, denn es trägt entschei-

dend zur Aufheizung der Erdatmosphäre bei – eine Entwicklung, deren Folgen
120 nach Meinung vieler Klimaforscher schon heute spürbar sind. Sie befürchten vor
allem das Abschmelzen des Schelfeises und möglicherweise sogar der mächtigen
antarktischen Eiskappe. Wenn nur ein kleiner Teil dieser Eismasse schmilzt, steigt
der Meeresspiegel auf dem ganzen Erdball bereits spürbar. Dicht besiedelte Küs-
tenebenen wie das Gangesdelta in Bangladesch würden ebenso in den Fluten ver-
125 sinken, wie sämtliche Städte an Flachküsten. Auch das Klima der Antarktis würde sich drastisch verändern, denn eine kleinere Eisfläche bedeutet weniger Abstrah-
lung von Sonnenlicht und damit unausweichlich eine Erwärmung. Alle Tiere, die
es kalt lieben und auf das reiche Nahrungsangebot des kalten Ozeans angewiesen
sind, würden ihren Lebensraum verlieren. Der Krill, diese schier unerschöpfliche
130 Nahrungsquelle auch für die wachsende Weltbevölkerung, würde verschwinden.
Und die Erde müsste ohne ihren gigantischen Kühlschrank Antarktis auskommen,
wodurch sich ihre Erwärmung beschleunigen würde. Noch aber bleibt uns Zeit zu
retten, was zu retten ist.

SONNIGE ZEITEN

Treu und brav sendet
die Sonne jeden Tag
20 000-mal mehr Energie
zur Erde, als wir überhaupt
nutzen können. Wir wären
schön dumm, würden wir
diese kostenlose und
sanfte Energiequelle nicht
anzapfen. Nach einigen
Anlaufschwierigkeiten
macht die Nutzung der
Solarenergie nun beträchtliche Fortschritte. Ob Kraft-
werk oder Solarauto, ob
sonnengespeiste Notruf-
säule oder Wasserpumpe:
Sonnige Zeiten stehen uns
bevor.

Das Problem ist erkannt: Der technische Fortschritt und als Folge davon ein
großer Wohlstand, zumindest in den Industrieländern, fordern unerbittlich ihren
Preis. Unsere Umwelt – Luft, Wasser und Boden – ist über die Maßen mit Schadstoffen belastet und verunreinigt. Ein Hauptproblem ist der allzu großzügige
5 Umgang mit sogenannter fossiler Energie, also Öl, Gas und Kohle. Zum einen verschmutzen die ungeheuren Verbrennungsvorgänge die Luft, was uns den sauren
Regen beschert, zum andern sind sie ein Hauptverursacher des sogenannten
Treibhauseffekts, weil sie Kohlendioxid an die Atmosphäre abgeben. Kohlendioxid und andere Gase wirken wie das Dach eines Glashauses, indem sie die von der

10 Erde reflektierten Sonnenstrahlen zurückhalten und damit die Erdatmosphäre immer mehr aufheizen. Und schließlich sind die Vorräte an fossilen Brennstoffen auch noch begrenzt. Die Ölquellen dürften schon in 50 – 90 Jahren versiegen. Beim Uran für Atomkraftwerke sieht die Sache nicht viel besser aus und nur der Kohle werden noch 200 – 300 Jahre Reserve zugebilligt.

15 Wir müssen also Energiequellen finden, die erneuerbar sind und die Umwelt nur wenig belasten. Neben Wasserkraft, Windenergie, Erdwärme und Biogas spielt die Sonnenenergie die Hauptrolle im Planspiel der künftigen Energieversorgung.

ALLES GUTE KOMMT VON OBEN

Der Energievorrat der Sonne ist praktisch unerschöpflich; von der gesamten Sonnenstrahlung fängt die Erdkugel jedoch nur 0,5 Milliardstel auf. Aber selbst das
20 entspricht etwa dem 20 000fachen des heutigen Weltenergiebedarfs. Und bezogen auf ein hoch industrialisiertes, aber der Fläche nach verhältnismäßig kleines Land wie die Bundesrepublik Deutschland, ist die eingestrahlte Sonnenenergie immer noch 150-mal größer als der entsprechende Jahresenergieverbrauch.

UND SO FUNKTIONIERT DIE SOLARENERGIE

Es gibt zwei grundlegend verschiedene Möglichkeiten die Sonnenenergie direkt
25 zu nutzen.

Man kann die Sonnenstrahlen entweder mit Kollektoren sammeln und damit Wärme erzeugen. Dann nutzt man sozusagen nicht das Licht der Sonne, sondern nur ihre Wärme. Oder man wandelt das Sonnenlicht mithilfe von Solarzellen direkt in elektrischen Strom um, indem man den sogenannten fotovoltaischen Effekt nutzt.
30 Strom lässt sich allerdings noch auf eine andere Art, nämlich indirekt, erzeugen. Riesige Spiegelkollektoren fangen dabei die Sonnenstrahlen ein und bündeln sie wie ein Brennglas auf eine zentrale Stelle. In diesem Brennpunkt herrschen so hohe Temperaturen, dass dort Wasser verdampft. Der Dampf treibt dann eine herkömmliche Turbine an, die über einen Generator Strom liefert. Der wiederum
35 kann sofort ins Netz eingespeist werden.

KRAFTWERK SONNE

In der Bundesrepublik Deutschland steckt der Einsatz von Solarzellen im großen Stil noch in den Kinderschuhen. Denn der Wirkungsgrad ist vergleichsweise gering und die Baukosten sind hoch. Das gilt auch für die Vereinigten Staaten, die im Übrigen in Sachen Solartechnologie in der Welt führend sind. Aber auch in Euro-
40 pa wird eifrig weitergeforscht und entwickelt. Das größte Solarzellenkraftwerk des Kontinents ist jüngst an einem sonnigen Hang an der Mosel in Betrieb gegangen. Eine äußerst pfiffige Idee für ein Sonnenkraftwerk haben jetzt die Schweizer in die Praxis umgesetzt. Entlang der Autobahn zwischen Felsberg und Domat/Ems im Kanton Graubünden wurden auf einer Strecke von 830 m Solarmodule auf eine
45 Lärmschutzwand montiert. So stören sie kaum das durch die Straße ohnehin schon beeinträchtigte Landschaftsbild. Dieses zur Zeit größte Solarkraftwerk in der Eidgenossenschaft liefert Strom für rund 30 Familien ins Netz.

AUCH KLEINVIEH MACHT MIST

Im Übrigen sind die Einsatzmöglichkeiten von Solarenergie fast ebenso unbegrenzt wie für Strom allgemein. Vor allem für Kleinverbraucher ist interessant, dass der

50 Standort der Zellen ziemlich unerheblich ist, nur Licht muss halt darauf fallen. Theoretisch lässt sich jede Art von Kleingerät damit ohne Schwierigkeiten betreiben. In Südfrankreich laufen Parkuhren damit und auch die Stadt Frankfurt hat öffentliche Standuhren mit Solarzellen ausgerüstet. Es gibt solargespeiste Telefonzellen, Straßenleuchten, Notrufsäulen, Taschenlampen, automatische Fensterrol-
55 los, Messgeräte zur Blutanalyse und Werkzeugkoffer, die gleichzeitig als Antriebsmodule beispielsweise für Bohrmaschinen dienen.

Die amerikanische Küstenwache betreibt mittlerweile die Navigationsleuchten von 11 000 Leuchttürmen mit Sonnenkraft. Die Solarzellen laden tagsüber Batterien auf, die dann nachts die Scheinwerfer speisen. Besonders interessant ist die
60 Solartechnologie für entlegene Gegenden, beispielsweise Wüsten. Dort kann man dank Solarzellen alle Annehmlichkeiten des modernen Lebens in Anspruch nehmen.

VORFAHRT FÜR DIE SONNE

Auch Fahrzeuge und Boote kann man mit Sonnenenergie speisen. Wohnmobile und Omnibusse, deren elektrische Innenausstattung komplett mit Solarkraft be-
65 trieben wird, sind genauso auf dem Vormarsch wie Schiffe und Boote, deren sämtliche Aggregate sonnengespeist sind. Der Elektroantrieb auf dem Wasser bietet beträchtliche Vorteile: kein Lärm, keine Abgase, keine Gewässerverschmutzung durch auslaufendes Öl oder Benzin. Auf vielen deutschen und Schweizer Seen und Flüssen ist darum der Betrieb von Booten mit Verbrennungsmotor schon lange
70 nicht mehr erlaubt. Und die schnittigen Solarmobile setzen ebenfalls ganz auf die Kraft des heißen Sterns: Allein die Sonne treibt sie voran.

ZERSTÖRT DIE RAUM-FAHRT DIE OZON-SCHICHT?

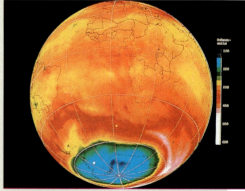

In Australien gibt es jetzt eine ganz neue Bewegung. Sie nennt sich „Kids against Spaceshuttle". Das heißt „Kinder gegen die Raumfahrt". Einer von vielen Mitglie-
5 dern ist der neunjährige Kevin Salomon. Warum der eigentlich so technikbegeisterte Junge in dieser Organisation mitwirkt, zeigen ein paar Stunden in seinem Leben:

Seit Jahren schon entsteht über der Antarktis ein Loch in der Ozonschicht. Ungefiltert dringt gefährliche Sonnenstrahlung zur Erde – und Australien liegt auf der Südhalbkugel unseres Planeten und damit schon ganz in der Nähe des Lochs.

Es ist ein ganz normaler Schultag für den neunjährigen Kevin aus Sydney. Er steht
10 um sieben Uhr auf, putzt sich die Zähne – und trägt seine Sonnencreme mit
Schutzfaktor 15 plus auf. Wie seine Eltern hat er eine eigene Tube.
Um halb acht Uhr sitzt Kevin am Frühstückstisch. Im Radio kommen die Mor-
gennachrichten. Gleich zu Beginn warnt der Sprecher vor den besonders erhöhten
Werten der ultravioletten Strahlung. Draußen herrschen bereits 25 Grad Celsius.
15 Doch kurze Hosen und ein ärmelloses Hemd kommen für Kevin nicht in Frage. Er
trägt einen Anzug – und auf dem Kopf einen Tropenhelm mit wehendem Nacken-
schutz. An der Tür mahnt die Mutter: „Denk daran, bloß nicht in der Pause
draußen spielen. Und creme dich alle zwei Stunden ein."

GEFÄHRLICHE LÖCHER

Kevin lebt in Australien. Und auf dem fünften Kontinent erleben die Menschen
20 schon jetzt buchstäblich hautnah, was es heißt, wenn die schützende Ozonschicht
Löcher bekommt. Die Ozonschicht – das ist der Schutzschild aus verdichtetem
Sauerstoff über unserer Erde. Diese Schicht filtert die gefährlichen Sonnenstrahlen. Ohne diese Schicht würden die Blumen und Wälder verdorren und wir Menschen würden verbrennen.
25 1985 machten Wissenschaftler die Entdeckung, dass die Ozonschicht über dem
Südpol nicht mehr so dick war wie all die Jahre zuvor. Inzwischen klafft ein Loch
im Ozon, das so groß ist wie die Antarktis. Australien liegt in unmittelbarer Nachbarschaft. In den vergangenen acht Jahren ist auch hier die schützende Gasschicht
am Himmel um drei Prozent dünner geworden.
30 Durch die weniger gefiltert einfallenden Sonnenstrahlen ist die Krebsgefahr in
Australien dramatisch gewachsen. Von 100 000 Einwohnern erkranken schon jetzt
850 daran. Von diesem Leiden, das zuvor fast ausschließlich ältere Menschen be-
fiel, sind nun auch Kinder in Kevins Alter betroffen. Aus diesem Grund darf er nur
eingecremt auf die Straße und um die Mittagszeit darf er niemals draußen spielen.
35 So kam es, dass er jetzt mit vielen Mitschülern gegen das amerikanische Raum-
fahrtprogramm kämpft. Spaceshuttle ist nämlich einer der Mitschuldigen für die
Situation in Australien.

DER HEIMLICHE HAUPTSCHULDIGE ...

Das war viele Jahre lang nicht bekannt. Früher waren Forscher der Meinung,
FCKWs (Fluor-Chlor-Kohlenwasserstoffe) trügen die Hauptlast an der Umwelt-
40 katastrophe. Dieser 1928 in den USA entwickelte Wunderstoff ist fast unbegrenzt
und überall nutzbar. Er kann als Kühlmittel in Eisschränken ebenso eingesetzt
werden wie als Treibgas in Spraydosen. Jetzt aber wurde bekannt, dass weit mehr
als FCKW, mehr als qualmende Fabrikschlote, brennende Tropenwälder und die
Abgase von vielen Millionen Autos in aller Welt die schützende Ozon-Hülle be-
45 droht: Es ist die Raumfahrt.
Zwei GUS-Physiker, Waleri Budakow und Wjacheslaw Filin haben diese er-
schreckende Entdeckung gemacht. Denn FCKW, diesen weiterhin höchst schädli-
chen Stoff für die Ozonschicht, gibt es ja bereits seit 60 Jahren, ebenso wie Autos
und vorher schon Fabriken. Aber gerade in den letzten Jahren hatte sich die Ent-
50 wicklung zugespitzt. Was also konnte noch an der Zerstörung der Ozonschicht
schuld sein? Die beiden Forscher entdeckten als Hauptsünder die Spaceshuttles.

Was ein einziger Shuttle-Start zerstört

Die Zeitschrift „Tempo", die als erste in Deutschland darüber berichtete, schrieb: „Beim Start einer Rakete wird Chlorwasserstoff in riesigen Mengen frei … In der Stratosphäre (die Luftschicht in einer Höhe von etwa 12 bis 80 Kilometer) beginnt
55 eine katastrophale Kettenreaktion: Jedes einzelne Chlormolekül vernichtet bis zu 100 000 Ozonmoleküle. Wenn eine amerikanische Raumfähre startet, werden rund 187 Tonnen Chlor frei. Diese Menge reicht aus um bis zu 10 000 Tonnen Ozon zu zerstören.

Burdakow und Filin rechneten aus: Nachdem der Schutzschild in der Stratosphäre
60 aus rund drei Millionen Tonnen Ozon besteht, wäre mit einem einzigen Shuttle-Start ein Drittel Prozent des Gesamtozons zerstört … Abschließend stellten die sowjetischen Wissenschaftler fest, dass die dramatische Vergrößerung des Ozonlochs mit der Einführung der sogenannten Festbrennstoffrakete begann. Zeitgleich.

1 500 Starts in elf Jahren

65 Die amerikanische Raumfahrtbehörde widersprach sogleich. Ein Fehler zumindest sei in die-
70 ser Rechnung: Nicht die gesamten 187 Tonnen Chlor erreichten den Raum – viele Ton-
75 nen zerfallen in unteren Schichten, bevor das Chlor mit dem Ozon in Berührung käme. Um
80 genau zu sein: Also nur 68 Tonnen stie-

Reißt auch der Himmel über der Nordhalbkugel der Erde auf? Wolkengebilde über Lappland sind Hinweise darauf.

gen hinauf bis zum Ozon. – Aber was heißt hier „nur"?

Diese 68 Tonnen sind noch um vieles mehr als der weltweite Jahresausstoß an FCKW. Und seit 1989 wurden immerhin rund 1 500 Raketen gestartet – wie viele
85 davon mit Festtreibstoff flogen, ist allerdings nicht bekannt. Sicherlich mehr, als die amerikanische Raumfahrtbehörde zugeben würde.

Die Zeitschrift „Tempo" zitiert noch eine Ärztin aus Australien, dem Heimatland von Kevin Salomon, der mittags nie wieder draußen spielen kann. Diese Ärztin, Dr. Helen Caldicott, erklärte: „Wenn die Raumfahrtgesellschaften so weiterma-
90 chen wie bisher, werden in den kommenden zehn Jahren mehr als zehn Prozent der Ozonschicht vernichtet, und jedes einzelne Prozent Ozon weniger bedeutet, dass die Hautkrebsrate um sechs Prozent ansteigt."

VERSEUCHTE KOSTBARKEIT

Die Leute in dem romantischen alten Uferstädtchen vom Binger Loch rheinab-
wärts, die an diesem strahlenden Juni-Sommermorgen schlaftrunken aus den Fenstern schauten, rieben sich überrascht die Augen. Der schmutzig graugrüne Strom,
auf dem sonst nur bunte Schiffe und Schubeinheiten eilig dahinglitten, glitzerte
5 tausendfältig silberhell. Konnte es denn wahr sein, dass der Rhein, in dessen verseuchten Fluten schon lange niemand mehr baden will, noch solche Bestände an
Fischen aufwies? Aber nicht einer in diesem unzählbaren schwimmenden Zug lebte noch. Alle trieben mit aufgedunsenen Bäuchen sozusagen kieloben[1] im Strom.
Wo die Wellen sie an Land warfen, verbreitete sich alsbald infernalischer[2] Ge-
10 stank. Es war der schwärzeste Tag für den Rhein, Katastrophenalarm bei den
Behörden. Aufgeschreckt durch sich überstürzende Telefonmeldungen aus allen
Orten stromab begann man fieberhaft der Ursache dieses plötzlichen allgemeinen
Fischsterbens nachzuspüren. Es setzte sich jedoch weiter fort, erreichte mit dem
schnell strömenden Fluss alsbald den Niederrhein und griff dann auf die Nieder-
15 lande über. Unverzüglich verboten ihre Behörden jegliche Wasserentnahme aus
dem offensichtlich schwer vergifteten Strom, der sonst, natürlich nach gründlicher
Aufbereitung, ein Großteil des holländischen Wasserbedarfs liefert.
Die Katastrophe vom Juni ist nur eines der alarmierenden Beispiele für die Schuld
des Menschen, für den unverantwortlichen Raubbau an unserem kostbarsten,
20 durch nichts zu ersetzenden Rohstoff: Wasser. In der ganzen Bundesrepublik gibt
es so gut wie keinen Fluss und kein Gewässer mehr, dessen Wasser noch ohne sehr
kostspielige Aufbereitung trinkbar wäre – mit Ausnahme der Quellen und Bäche
oberhalb menschlicher Besiedlung. Ganze Flusssysteme sind sterbenskrank, manche einfach „tot". Noch 1923 war das Wasser auf der Oberrheinstrecke so sauber,
25 dass die Schiffsleute es ohne Bedenken zum Kochen nahmen.
Heute stecken Wasserversorgung und -verunreinigung in einem wahren Teufelskreis. Ein einziger unbedachter Schluck Wasser aus einem verseuchten Gewässer
kann den Tod bringen. Klagte ein amerikanischer Staatsmann: „Wir greifen nach
den Sternen und ersticken zugleich in den eigenen Abwässern." Wir stehen also
30 vor einem völligen Bankrott in der Bewirtschaftung der Wasservorräte. Verhee-
rend wirken sich allgemeine Gleichgültigkeit und hemmungsloser Egoismus, auch
Folgen steigenden Wohlstandes, aus. Zahllos sind die kleinen Sünden an der Rein-
heit unserer Gewässer. Beim Waschen seines Autos draußen in der Natur wechselt
mancher heimlich das Öl und lässt es entgegen strengstem Verbot einfach in
35 die Erde ab. Obwohl bekannt ist, dass ein einziger Liter Öl Hunderttausende Liter
Wasser ungenießbar, gesundheitsschädigend macht. Nicht nur die oberirdischen
Gewässer und das Grundwasser, Hauptquelle der Versorgung, sind durch Unver-
nunft, gedankenloses Verseuchen, zu späte Erkenntnis und ungenügende Maß-

---

[1] Kiel: Grundbalken eines Schiffes
[2] infernalisch: höllisch, teuflisch

nahmen in stinkende Kloaken verwandelt, ist ihr Wasser ohne immer kostspieli-
40 gere Aufbereitung unbrauchbar geworden. Auch dem Meer, aus dem schließlich
alles Wasser kommt, droht bereits in vielen Teilen die Gefahr nicht mehr repa-
rabler Verseuchung. Radioaktive Zerfallsprodukte und Giftstoffe enormer Wirkung werden ins Meer versenkt. Tankerkatastrophen haben das Auslöschen sämt-
lichen Tierlebens im öluberlagerten Meer und an den betroffenen Küsten zur Fol-
45 ge. Immer mehr Abhub der Wohlstandsgesellschaft bedeckt die beliebten sandi-
gen Küstenstriche. In jedem Sommer mehren sich Entrüstung und Beschwerden
über ihre enorm zunehmende Verschmutzung. Lagern sich aus Schiffen abgelas-
sene Ölrückstände oder gar treibende Ölfelder auf zuvor verlockenden reinen
Sandstränden ab, bleibt den Feriengästen nur noch die Flucht.

WARUM SIND TIERE SO FAUL?

Im Schwarzwald habe ich einmal beobachtet, wie eine Ameise eine tote Spinne ab-
transportierte, die zehnmal so schwer war wie sie selbst. Der emsige Krabbler
nahm die Last unerschrocken auf den Rücken, raste los – direkt vor einen Kiesel-
stein. Statt diesen zu umgehen, kletterte er rückwärts hinauf, zerrte die Spinne hin-
5 ter sich her, kugelte auf der anderen Seite wieder hinunter und schob dann die
Beute weiter von Stein zu Stein …
Ich habe nachgerechnet, was dieses Insekt da in nur zwanzig Minuten geschafft
hat. – Auf den Menschen übertragen hieße das, zwei achthundert Pfund schwere
Pferde zusammengekoppelt auf den Rücken zu nehmen und sie 600 Meter weit zu
10 schleppen, unterwegs 100 Meter hohe Kirchtürme zu erklimmen und sich in Ab-
gründe zu stürzen wie den Niagara. Ja wirklich, mit diesem wütenden Fleiß können wir nicht mithalten.

WAS SIE AM LIEBSTEN TUN? NICHTS …

Diese Beobachtung notierte einst der amerikanische Schriftsteller Mark Twain,
dessen Steckenpferd die Naturkunde war. Aber obwohl er die ungeheure Leistung
15 der Ameise richtig gesehen hat, ihren Arbeitseifer hat er doch stark überschätzt.
Denn die „fleißige Ameise" ist eine Legende. Ihre Lieblingsbeschäftigung, wie
auch die der übrigen Tiere auf unserer Welt, ist nämlich – Faulenzen.
Diese Erkenntnis ist noch recht neu in der Naturwissenschaft. Um beim Beispiel
Ameise zu bleiben: Früher haben die Forscher wohl nicht ganz so genau hinge-
20 schaut. Wer sich über einen Ameisenhügel beugt, der sieht ja auch nichts als wilde
Krabbler, die keinem Hindernis aus dem Weg gehen und mit ungeheurer Schnel-
ligkeit wahnwitzige Lasten schleppen. Jetzt aber wurde das Leben von einzelnen
Ameisen unter die Lupe genommen.
Und auf einmal sieht dann alles ganz anders aus. – Denn nachdem eine Ameise zu-
25 erst wie im Akkord geackert hat, lässt sie es sich davor, zwischendurch und erst
recht danach auch lange gut gehen. 19 Stunden liegt eine Durchschnitts-Ameise

faul im Bau herum. Nur knappe fünf Stunden am Tag kommt sie heraus und stürzt sich ins Gewühl – und ruht auch da zwischendurch immer wieder aus.

Ein Fünf-Stunden-Tag mit vielen Pausen? Das ist für Gewerkschafter ein unerfüllbarer Traum. Wir Menschen arbeiten ja um die acht Stunden fest am Tag. Wenn wir heimkommen, ist freilich noch genug zu tun: Haus- und Gartenarbeit, Einkaufen, Wäsche waschen, Bügeln, Aufräumen, Kochen. Viele verdienen sich zudem auch nach Feierabend noch etwas dazu.

12 STUNDEN LANG AUF EINEM FLECK

Mit etwas Neid schauen wir deshalb dem geruhsamen Leben unseres liebsten Haustieres zu: der Katze. Während wir Menschen beispielsweise mal gerade ein Drittel unseres Lebens schlafen, verträumt Mieze rund 60 Prozent. Nach dem Aufwachen reckt und putzt sie sich lange. Den Rest des Tages wird gespielt und zwischendurch mal ein bisschen gejagt – um in Form zu bleiben.

Noch träger als die Hauskatzen sind ihre großen Vettern in der Wildnis. Tierforscher haben Löwen beobachtet, die bis zu 12 Stunden lang auf einem Fleck liegen. Und nicht eine einzige Bewegung ist da zu sehen – nicht einmal eine Tatze wird kurz gestreckt …

Auch die Vögel, die über ihren Köpfen dahinfliegen, schieben lange Pausen ein. Der winzige Kolibri, der so leicht wie eine Geldmünze ist, ruht ganze 80 Prozent des Tages über aus. Aber das hat natürlich seine Gründe …

Nehmen wir als erstes Beispiel wieder den Kolibri. Würde er länger fliegen, als er es tut – er müsste vor Erschöpfung bald sterben. Er ernährt sich ja von Blumen, die er heftig flatternd umkreist. Um sich dabei in der Luft halten zu können, muss er seine Flügel bis zu 60-mal in der Sekunde bewegen. Und dabei – so haben Vogelkundler errechnet – verbrennt er mehr Kalorien pro Gramm als irgendein anderes Geschöpf auf der Welt.

Faulpelze aus guten Gründen sind auch Ameisen, Katzen und Löwen. Die Ameise braucht nach ihrem überaus intensiven Arbeitseinsatz lange Schlaf- und Ruhepausen. Schon um den Körper nicht zu überanstrengen. Löwen sind ja am besten getarnt, wenn sie regungslos liegen. Es ist also bei ihnen mehr ein Lauern auf Beute als ein bloßes Herumdösen.

Mit Ausruhen verbringen nicht nur junge Löwen viel Zeit.

Bei unserer Katze können wir ganz genau beobachten, dass sie eben noch lang hingestreckt ruht und im Bruchteil einer Sekunde hellwach ist. Denn es ist gar kein richtiger Schlaf, den das Tier da vorführt.

KRAFT SPAREN FÜR DEN ERNSTFALL

Interessant war die Katzenerforschung mit einem sogenannten Elektroenzephalogramm. Bei diesem Verfahren zum Messen der Hirnströme kam heraus, dass das

Hirn von Mieze während des Schlafs beinahe genauso in Bewegung ist wie im Wachzustand. Eben darum kann sie aus diesem Tiefschlaf heraus blitzschnell reagieren.

Das Motto heißt also im Tierreich: Wer liegt und lauert, spart Kraft und Energie
75 für den Ernstfall. Denn bei Gefahr heißt es: hellwach sein. – Unsere Urahnen haben es nebenbei nicht anders gehalten. Die Steinzeitmenschen etwa kamen mit einem Arbeitstag von vier Stunden aus. Den Rest des Tages verbrachten sie mit Essen, mit Ausmalen der Höhle – und mit viel, viel Schlaf …

DER ENT- DECKER DES PENICILLINS

Als eine Katastrophe bis dahin unbekannten Ausmaßes gilt der Erste Weltkrieg von 1914 bis 1918. Die ganze Erde wird von diesem blutigen Sturm erfasst. Mehr als zehn Millionen Menschen
5 fallen diesem Wahnsinn zum Opfer.

Was kaum einer weiß: Im letzten Jahr des Krieges wird das Leben der Menschheit zusätzlich von einer schlimmen Seuche überschattet. Im Verlaufe von nur zwei Jahren fordert sie doppelt so viele Tote wie der Krieg selbst. Von 1918 bis 1919 sterben zwanzig Millionen Menschen – an der Grippe.

DER SCHWUR EINES JUNGEN ARZTES …

10 Einer wird die Zeit der großen Grippe-Epidemie nie vergessen: Alexander Fleming (1881 bis 1955). Er ist damals ein junger Arzt. Ihn erschüttert die völlige Hilflosigkeit des Mediziners am Krankenbett eines von diesem Infekt Befallenen. Denn damals ist gegen Bakterien, die die Grippe übertragen, kein Kraut gewachsen. Und der junge Fleming schwört sich diese tödlichen Bakterien zu erforschen – um ein
15 Mittel gegen sie zu finden.

Bakterien sind Kleinstlebewesen, im Schnitt nur 0,0001 Millimeter groß. Rund 1 600 Arten gibt es. Einige von ihnen können tödlich sein. Das also ist der Feind, dem der Mediziner gegenübersteht.

Genau zehn Jahre nach Ende der Grippe-Epidemie. Fleming steht in seinem La-
20 bor und schimpft leise vor sich hin. Zu Versuchszwecken hat er schon vor Monaten einige Staphylokokkus-Kulturen angelegt. Staphylokokkus – so heißt ein Bakterium, das Blutvergiftung verursacht.

Besonders wichtig bei diesen Labor-Tests ist es, das ungestörte Wachstum dieser Kultur zu beobachten. Sie darf also auf keinen Fall von Fremdkörpern befallen
25 werden. Doch auf den Bakterien hat sich grüner Schimmelpilz angesiedelt. Damit

ist nun die so mühsam angelegte Kultur völlig unbrauchbar geworden. Und darum schimpft Dr. Fleming.

DAS WUNDERMEDIKAMENT

Bis ihm auf einmal etwas auffällt. Die Staphylokokken in der Nähe des Schimmels sind verschwunden. Die Pilze töten also Bakterien. Mit Feuereifer macht sich
30 Alexander Fleming nun an eine neue Untersuchung. Nach monatelanger Arbeit stellt er fest, dass es nur eine einzige Schimmelpilzart gibt, die Bakterien tötet. Und das ist der Pinselschimmel mit Namen „Penicillium rubrum".

Dieser Pinselschimmel ist es, der so oft Brote und eingekochte Früchte mit einer blaugrünen Schicht überzieht. Dieser Pilz aber verdirbt eben nicht nur Lebensmit-
35 tel, sondern kann Leben retten.

Bei seinen Tests findet der englische Arzt heraus, dass nicht der Pilz selbst Bakterien vernichtet. Der Killer ist ein Wirkstoff, den der Schimmelpilz absondert. Fleming gibt diesem Wirkstoff den Namen „Penicillin" – und er wird das Wundermedikament dieses Jahrhunderts.

EINE GIGANTISCHE AUFGABE

40 Doch die Entdeckung, dass ein Wirkstoff der Schimmelpilze Bakterien tötet, ist nur ein erster Schritt. Nun muss Fleming ja versuchen das Penicillin massenhaft für Medikamente zu entwickeln. Aber die Mengen, die er nach jahrelanger Züchtung gewinnt, reichen nicht einmal aus um einem einzigen Patienten zu helfen.

Das stellt sich heraus, als Fleming einen Londoner Polizisten behandelt. Der an
45 Blutvergiftung Erkrankte liegt bereits im Sterben. Als ihm das Penicillin gespritzt wird, sinkt das Fieber sofort. Doch nach fünf Tagen ist Flemings Penicillin-Vorrat bereits aufgebraucht. Einen knappen Monat später ist der Patient tot …

Nun treten andere Forscher auf den Plan. Da sind zuerst einmal der australische Arzt Florey und sein Kollege Chain. Sie richten elf Jahre nach Entdeckung des Pe-
50 nicillin in Oxford eine Arbeitsgruppe ein. Sie wissen bereits, dass man allein 3 000 Pilzkulturen braucht um einen Patienten auch nur einen halben Tag lang behandeln zu können.

Zu diesem Team stößt jetzt auch ein genialer Tüftler: Es ist Norman Heatley. Er erfindet den sogenannten „Penicillinder", der den Wirkstoff schonend aus der gel-
55 ben Pilzbrühe herausholt. Danach wird er eingefroren und getrocknet. Zurück bleibt endlich ein braunes Pulver, das noch in millionenfacher Verdünnung tödlich für Bakterien ist.

EINER WIRD VERGESSEN

Inzwischen ist der Zweite Weltkrieg ausgebrochen. Man weiß nun nach einigen Heilerfolgen mit dem Medikament, dass das Penicillin, massenhaft gewonnen, vie-
60 le Millionen Leben retten könnte. Aber es fehlen Laborgeräte. Wieder ist es der Tüftler Heatley, der eine Lösung findet. In den Krankenhäusern entdeckt er ideale Laborgefäße, und zwar emaillierte Bettpfannen! Mit 500 dieser sonst zu anderen Zwecken gebrauchten Pfannen errichtet er die erste „Penicillinfabrik".

Die Amerikaner werden auf das Penicillin aufmerksam, als auch ihr Land in den
65 Krieg eintritt. Inzwischen weiß man ja, dass das Wundermittel gegen insgesamt 89 Krankheitserreger wirksam ist: darunter gegen Blutvergiftung und Lungenentzündung.

In den reichen Staaten werden Großversuche angestellt. Immer mehr wird das Gewinnungsverfahren vereinfacht – bis endlich der Pilz in Riesentanks von 50 000 Litern Inhalt gewonnen wird.

Millionen Soldaten und Zivilisten rettet das Wundermittel während des Krieges. Eine Grippe-Epidemie wie 1918 wird es nie mehr geben können.

1945 erhalten Fleming, Chain und Florey für ihr Penicillin den Nobelpreis. Einer aber wird vergessen: Norman Heatley. Obwohl er es war, der die massenhafte Herstellung des Wundermittels erst ermöglichte …

DER GEHEIM-NISVOLLE GLETSCHER-MANN

Die Siedlung im Tal hat er seit langem verlassen. Verbannt haben sie ihn. Nun lebt er hier oben in 2 000 Meter Höhe im Tiroler Ötztal in den Alpen. Aber er kommt ganz gut zurecht: Für seine Ziegen hat er die Almrosenfelder niedergebrannt und so in eine Weidefläche verwandelt. Zwischendurch geht er auf die Jagd, etwa nach Gämsen – so wie heute. In seiner Hütte – einem Holzbau mit vielen Fellen als Wärmeschutz an den Wänden – bereitet er sich sorgsam auf seinen Ausflug vor.

Gämsen sind ja gute Kletterer. Da kann es hoch hinaufgehen in die Alpen. Er zieht also eine lederne Jacke und Hose an. Er polstert seine Kleidung, genau wie die Schuhe, mit Gamshaar aus. Dann greift er zu seinem mannshohen Kirschholzbogen und wirft den Lederköcher mit den 14 gefederten Pfeilen über die Schulter. In einem Beutel an der Hüfte trägt er einen Baumschwamm mit Flintstein zum Feuermachen, und im Gürtel hat er eine Axt. Draußen wartet ein sonniger Herbsttag auf ihn – ideales Wetter für die Jagd.

Wir wissen heute, wie die Jagd damals ausgegangen ist. Am Nachmittag – als der etwa 30-jährige Bergmensch in 3 200 Meter Höhe sein Wild verfolgte – bezog sich plötzlich der Himmel. Es wurde stockfinster und es begann heftig zu schneien.

DIE ENTDECKUNG IM SCHMELZWASSER

Vergebens kauerte sich der Bergmensch in eine Felsmulde. Es gab für ihn kein

Zurück mehr in die wärmende Hütte. Er starb noch in dieser Nacht an Unterküh-
25 lung. Über 5 000 Jahre lang hat er dort in seinem kalten Grab geruht. Bis dann wieder ein schöner Herbsttag kam: 19. September 1991. Der Hausmeister Helmut Si-
mon aus Nürnberg will von der Tiroler Similaun-Hütte zum Ötztal absteigen. Da
in einem Schmelzwasser-See entdeckt er plötzlich einen Kopf, der aus dem Eis
ragt. Schreiend läuft er zur Hütte zurück – wo zufällig auch der weltberühmte Re-
30 kord-Kletterer Reinhold Messner sitzt. Der kommt sogleich mit und fotografiert
den Toten. Messner ist damals überzeugt: „Ein wichtiger Fund. Das ist ein Berg-
steiger aus dem Mittelalter."
Hier irrt Messner. Da liegt kein Kraxler aus dem Mittelalter. Der Tote hat um 3300
bis 3100 v. Chr. gelebt. Und dass er nun zufällig gefunden wurde, ist ein Jahrhun-
35 dert-Fund für Altertumsforscher.
Sogleich herbeigeeilte Wissenschaftler datieren etwas voreilig den Fund auf 4 000
Jahre alt. Aber aus der Bronzezeit stammt der Mann nicht. Er ist älter. Schließlich
wird er als Schnurkeramiker identifiziert. Diese frühen Menschen verzierten ihre
getöpferten Gefäße mit Abdruckmustern gerillter Schnüre.
40 Als das bekannt wird, geht die Nachricht sofort um die Welt. Der „Gletschermann
von Ötztal", wie er von nun an genannt wird, ist der erste jemals gefundene Stein-
zeitmensch, der beinahe noch „so wie im Leben" war. Also nicht vermodert in einem Grab – sondern im Kühlhaus Gletschereis fast so aufbewahrt, wie er damals
unterwegs war zur Jagd.

BEWAHRT IM KÜHLHAUS GLETSCHER

45 Allein die Jagdausrüstung des Bergmenschen ist schon ein Schatz für sich. Neben
Bogen, Pfeilen, Axt, Messer, Lederfutteral mit Feuerzeug hatte er nämlich noch
eine Art „Fresspaket" bei sich. Darin fanden sich Spuren von Dörrfleisch, getrockneten Beeren und Haferbrot.
Und noch etwas hatte der Gletschermann mit sich geführt: eine Rückentrage aus
50 Holz. Das lässt nun den Schluss zu – er war nicht nur auf der Jagd nach Gämsen. Er
hatte wohl auch nach dem damals Wertvollsten schürfen wollen, was die Menschen
kannten: nach Kupfer.

GEHEIMNISVOLLE TÄTOWIERUNGEN

Eine ungeheuer mühselige Arbeit war das vor rund 5 000 Jahren. Der Wissen-
schaftsreporter Georg Kleemann schrieb dazu: „Die Bergleute konnten nur ‚Feu-
55 er setzen', das heißt, das erzabführende Gestein erhitzen und dann mit Wasser ab-
schrecken. Das Erz musste dann aus dem Berg zu den Schmelzen geschafft und
dort in den einfachsten Öfen legiert werden."
Der einsame Gletschermann könnte also ein Kupferschürfer gewesen sein. Aber
warum wohnte er mit seinen Ziegen in den Bergen – statt im Tal bei den anderen?
60 Und was mögen die geheimnisvollen Tätowierungen bedeuten, die auf seinem
Körper gefunden wurden?
Vielleicht ist es ja so gewesen: Einst hatte das Dorf am Rande der Ötztaler Alpen
den Mann verstoßen und die Tätowierungen waren Zeichen eines Verbrechens.
Er wurde mit seinen Ziegen in die Berge geschickt.
65 Vielleicht war er aber auch ein Jäger oder ein Hirte. Der an den Untersuchungen
beteiligte Markus Egg vom Römisch-Germanischen Zentralmuseum in Mainz hält
es für wahrscheinlich, dass der Mann ein Hirte war. Das Unglück könnte passiert

sein, als im Herbst die Viehherden von den hoch gelegenen Almen ins Tal zurück-
getrieben wurden.

70 Mag sein, dass die Detektive der Wissenschaft einst auch dieses Geheimnis des
Gletschermanns lüften werden …

Viele Wissenschaftler sind an den Untersuchungen beteiligt – alle tragen Teile zusammen, aus denen sich irgendwann die ganze Geschichte zusammensetzen kann.

Zweimal, hin
und zurück,
1163 Meilen
lang ist die
Route, auf der
Susan Butcher
viermal
Siegerin wurde.

EINE FRAU UND HUNDERT HUSKYS

Der Name Susan Butcher hat im nördlichsten amerikanischen Bundesstaat den
Bekanntheitsgrad von Steffi Graf und Boris Becker zusammen. Denn die heute
42-jährige Susan ist Champion in einem Sport geworden, der ausschließlich den
harten Männern Alaskas vorbehalten war.

5 Susan Butcher wurde seit dem Jahr 1986 viermal Champion der Iditarod, eines
mörderischen Schlittenhunderennens quer durch Alaska. Dabei stellte die Besit-
zerin von über hundert Huskys neue Rekorde auf: Elf Tage, eine Stunde, 23 Minuten und 23 Sekunden brauchte sie 1990 für die Route von Süd nach Nord, elf
Tage, zwei Stunden und fünf Minuten für die umgekehrte Tour, – jeweils 1 163 Mei-
10 len (rund 1 800 Kilometer).

RENNEN UM LEBEN UND TOD

Was heute Sport ist, die Iditarod, war ursprünglich ein Marathon um Leben und
Tod. Die weißen Flecken, die der Arzt Curtis Welch im Winter 1925 im Hals eines
Patienten in der Inuitsiedlung[1] Nome entdeckte, signalisierten Diphtherie, das To-

---

[1] Inuit nennen sich die Eskimos selber

desurteil für die Inuit, die keinen angeborenen Immunschutz gegen diese Seuche
der Weißen besaßen. Zwei Kinder waren in den Tagen zuvor schon daran gestorben. 80 000 Einheiten eines Serums standen Welch zur Verfügung, ausreichend für
acht Patienten. 300 000 Einheiten lagerten in Anchorage. Sie schnell nach Nome zu
bringen, hoch in Alaskas Nordosten an der Beringstraße gelegen, war lebensnot-
wendig und unmöglich zugleich. Es gab weder Straßen noch Eisenbahn und die
Buschpiloten wollten in ihren damals noch offenen Cockpits auch nicht in Eiszap-
fen verwandelt werden. Blieben als letzte Rettung die Hundeschlitten.
„Will Bill" Shannon begann an der Endstation der Alaska Railway, wo die Medizin aus Anchorage angekommen war, bei minus 46 Grad Celsius die erste Etappe
des Serum-Rennens. Er und alle folgenden ‚musher', wie die Schlittenhundefüh-
rer heißen, kämpften sich durch Schneestürme und Eisnebel, offene Wasser und

Durch völlig einsame, tief verschneite Gebiete Alaskas führt die Iditarod-Strecke

whiteouts[1], wenn jegliche Kontur der Landschaft im Weiß zerfließt. Das Marathon
von 1925 über gut tausend Kilometer dauerte 127 und eine halbe Stunde. Es rette-
te die Inuit von Nome.
Die moderne Rennversion ist nahezu doppelt so lang, startet in Anchorage und ist
ein einsamer Alleingang quer durch Alaska in Richtung Beringsee bei einer Tem-
peratur bis zu minus fünfzig Grad Celsius und Winden, die sich bis zu zweihundert
Stundenkilometer steigern. Zwanzig Checkpoints – manchmal Indianer- oder Inu-
itdörfer, oft jedoch nur Zeltlager – unterteilen die 1 163 Meilen. Pausen gibt es nur
wegen der Tiere. „Es geht weiter", so Susan, „sobald die Hunde bereit sind; wenn
sie gefressen und verdaut haben und angemessen ausgeruht sind."

WÖLFE ALS BEGLEITER
Von 24 Stunden schlafen die Huskys die Hälfte, den eigenen Schlaf berechnet
Butcher auf zwanzig Stunden in elf Tagen, denn der musher ist unterwegs auf sich
allein gestellt, jede Hilfe ist verboten. Nur die Hunde zählen, der Mensch ist Hand-
langer.

---

[1] whiteout: weiße Einöde

Und so hat es angefangen: Als 21-Jährige lebte Susan allein in den Wrangell-Bergen. Hundert Kilometer von der Straße, siebzig Kilometer vom nächsten Nachbarn entfernt. Als 1976 eine Einladung zum Thanksgiving Dinner[1] kam, spannte sie zum ersten Mal statt fünf oder sechs den Satz von elf Huskys vor den Schlitten. „Da stand Kraft dahinter, ganz schön beängstigend, ich war ungeheuer aufgeregt." Ein Rudel Wölfe trieb sich in der morgendlichen Dunkelheit im Hundehof herum, näherte sich bis auf zwei Meter und begleitete das Gespann eine Zeit lang. Nach 25 Kilometern stürzte das unerfahrene Team bei der Überquerung eines gefrorenen Sees in das von unten durchgedrungene Eiswasser. Mensch, Hunde, Schlafsack, alles wurde völlig durchnässt. „Ich habe mich einfach vorwärts bewegt um nicht steif zu frieren."

Bei Kilometer 45 kam Susan an eine Hütte, die zwar einen Ofen und Feuerholz hatte, aber so breite Ritzen, dass sich nichts erwärmte, geschweige denn trocknete. „Am Morgen war alles steif gefroren, ich kam nicht in meine Hosen rein, kriegte die Zügel nicht angelegt." Sie machte ein Feuer um wenigstens ihre Kleidung und das Hundegeschirr aufzutauen. In nassen Klamotten beendete sie die Winterfahrt. – Von nun an ließen sie Schlittenhunderennen nicht mehr los.

Pausen – mit Schonung für die Pfoten – gibt es nur für die Hunde.

VERHÄNGNISVOLLER ANGRIFF EINES ELCHES

1985 sollte das Jahr von Susan Butcher werden, der erste Sieg einer Frau bei der Iditarod. Sie hatte zehn Jahre Erfahrung mit Schlittenhunden, seit acht Jahren züchtete sie, ins Rennen ging sie mit dem stärksten Team ihrer Laufbahn. Sie führte, als eines Nachts die Attacke eines Moose erfolgte. Die langbeinigen, erheblich größeren nordamerikanischen Verwandten des Elches können bis zu siebenhundert Kilogramm schwer werden.

Susan Butcher stoppte ihr Team, als der Elch vor ihr auftauchte. Er rannte nicht wie erwartet fort, sondern trampelte los – über die Hunde, über den Schlitten, über sie. Ein Hund war sofort tot, ein anderer starb später, dreizehn wurden verletzt, nur zwei blieben unversehrt.

Susan wickelte den sterbenden Hund in ihren Schlafsack und feuerte ihre Hunde an. Der nächste Checkpoint war vierzig Kilometer entfernt. Er bestand aus Zelten in der Wildnis, der obligatorische Tierarzt fehlte, da er wegen des Wetters nicht hatte landen können. Susan ließ das verletzte Tier und zwei weitere Hunde zurück, damit sie bei Tagesanbruch ausgeflogen wurden. Ein Hund starb nach der Operation in Anchorage. Mit dem restlichen Team eilte Susan weiter, nochmals fünfzig Kilometer zum nächsten Checkpoint, wo ein Tierarzt war. Dort gab sie auf.

---

[1] Thanksgiving Dinner: Erntedankfest mit Wildputer

Ach, du liebe

Zeitung...

Sie wird gelesen beim Frühstück und in der U-Bahn, im Büro und auf
der Parkbank, im Wartezimmer oder in der Brotzeitpause.
Täglich werden in der Bundesrepublik rund 30 Millionen
Tageszeitungen gedruckt. Gehörst auch du zu diesem Leserkreis?

Das Gesicht einer Zeitung

1 Vorläufer der ab 1609 in Deutschland regelmäßig erscheinenden Nachrichtenblätter waren die sogenannten „Neuen Zeitungen". Das waren großformatige, bebilderte Flugblätter, die über besondere Ereignisse – Naturkatastrophen, Kriege, Unglücksfälle, Verbrechen oder Brände – berichteten.

Dieses Flugblatt aus dem Jahr 1589 schildert in Wort und Bild die verheerenden Verwüstungen, die gewaltige Regenfälle im Juli dieses Jahres anrichteten.

Lest den vergrößerten Ausschnitt und übersetzt ihn in „heutiges Deutsch". Welche Informationen enthält er über den „Erschröckenlichen Wolckenbruch"? Was erzählt das Bild über das Unwetter?

2 Zeitungen haben unverwechselbare „Gesichter": die Titelseiten. Ihr könnt Zeitungen am Aufbau, an der Schriftart, am Verhältnis von Bild und Text und an vielen anderen typischen Merkmalen erkennen.

Untersucht die verschiedenen Gesichter dieser Tageszeitungen: Anzahl der Spalten – Verhältnis von Bild und Text – Schriftart – Größe der Schlagzeilen – Größe der Zeitung …

3 Versucht das Gesicht eurer Heimatzeitung zu beschreiben. Wodurch unterscheidet es sich von den hier abgebildeten Tageszeitungen?

4 Wodurch unterscheiden sich die Gesichter der heutigen Tageszeitungen vom Gesicht der „Neuen Zeitung" von 1589 auf der Seite 200? Könnt ihr auch Ähnlichkeiten entdecken?

5 Schwere Unwetter und Naturkatastrophen gibt es auch in unserer Zeit. So wird heute darüber berichtet:

USA: Kein Ende der Flutkatastrophe

Des Moines (dpa).

Nach weiteren schweren Wolkenbrüchen im mittleren Westen der USA zeichnete sich auch am Mittwoch kein Ende der teilweise schlimmsten Überschwemmungskatastrophe in der Geschichte der betroffenen sechs Bundesstaaten ab.

Mehr als 800 000 Hektar Land sind nach US-Medienberichten entlang des Mississippi und seiner Nebenflüsse überflutet.

Die Bundesstaaten Illinois, Iowa, Minnesota, Nebraska, South Dakota und Wisconsin sowie die Stadt St. Louis (Staat Missouri) wurden ganz oder zu großen Teilen zum Katastrophengebiet erklärt. In der Hauptstadt von Iowa sind nach der Überflutung eines Wasserwerks mehr als 300 000 Menschen ohne Trinkwasser. Sie müssen wahrscheinlich über Wochen mit Trinkwasser aus Flaschen oder anderen Behältern versorgt werden.

Mit 16 Millionen Sandsäcken wurden Schutzdämme gegen die Flut errichtet. 6 000 Mitglieder der Nationalgarde sind im Einsatz. Der Schaden wird inzwischen auf bis zu fünf Milliarden Dollar geschätzt, berichtete die Zeitung Wall Street Journal.

Wie Tony McReynolds (auf dem Bild rechts) und seine Helfer in Hannibal am Missouri versuchten viele Amerikaner in den vergangenen Tagen ihre Häuser mit Sandsäcken vor den Wassermassen zu schützen.

Sucht in eurem Atlas die Gebiete, die von der schweren Flutkatastrophe betroffen waren.

6 Zwischen diesem Bericht und dem Bericht in der „Neuen Zeitung" von 1589 liegen mehr als 400 Jahre. Dennoch werdet ihr keine allzu großen Unterschiede feststellen können. Sprecht darüber.

7 Schneidet Berichte über Naturkatastrophen in eurer Heimatzeitung aus und macht damit eine kleine Ausstellung in eurem Klassenzimmer.

Auf einen Blick

1 Wenn ihr eine Tageszeitung durchblättert, fallen euch am
  oberen Blattrand der einzelnen Seiten große Überschriften auf:

Worüber könnte in den Artikeln auf den einzelnen Seiten berichtet werden?

2 Wie heißen in eurer Heimatzeitung die Seitenüberschriften? Vergleicht.

3 Damit man sich in Tageszeitungen rasch zurechtfindet, sind die Artikel nach Sachbereichen
  geordnet. Schon an den Überschriften könnt ihr oft erkennen, aus welchem Bereich der da-
  zugehörige Artikel stammt:

Aus welchen Bereichen stammen wohl die Artikel mit diesen Schlagzeilen? Ordnet zu und
begründet eure Entscheidungen.

4 Schneidet aus eurer Heimatzeitung Schlagzeilen aus und lasst diese von euren Mitschülerinnen und Mitschülern den verschiedenen Sachgebieten zuordnen.

5 Bei diesen Artikeln fehlen die Schlagzeilen:

A

(AZ). In der Augsburger Puppenkiste beginnen am kommenden Samstag, 21. August, die Ferienspiele. Bis 5. September wird täglich, außer montags, um 14 Uhr eine Nachmittagsvorstellung gespielt.

Erstes Stück des Sonderprogramms für die Kinder wird „Die kleine Hexe" nach Otfried Preußler sein. Im Zwei-Tages-Rhythmus folgen dann die Stücke „So Hi und das weiße Pferd" nach Beaton Jones, „Rotkäppchen" nach Jewgenij Schwarz, „Der Räuber Hotzenplotz" nach Preußler, „Der Wolf und die sie~~ben Geißlein" nach den Gebrüdern Grimm~~

B

Neu-Delhi (dpa). Die wegen ihrer Verdienste um Notleidende in Indien 1979 mit dem Friedensnobelpreis ausgezeichnete katholische Ordensfrau Mutter Teresa ist an Malaria erkrankt. Ihr Gesundheitszustand sei nicht gut, aber stabil, erklärte ein Sprecher der Universitätsklinik in Indiens Hauptstadt Neu-Delhi. Weil Mutter Teresa Atemprobleme habe, se~~i~~ sie zur Beobachtung auf die Intensivstation verlegt worden. Die aus Albanien stammende Ordensfrau

C

Frankfurt (ap). Das Konsumverhalten der Verbraucher hat sich nachhaltig verändert. So profitieren nach Beobachtungen des Einzelhandels vor allem Geschäfte mit Sonderangeboten und Discountläden vom rezessionsbedingt geschärften Preisbewusstsein. Selbst der größte Teil der Mittelschicht decke sich inzwischen dort ein. Demnach ist es wieder schick geworden, nach Angeboten zu suchen und zu warten, bis bei Modeartikeln die Preise kräftig ~~red~~uziert würden. Der Einzelhandel zahlt für se Entwicklung mit kräftigen Umsatzrück~~ken. So fehlten im West-Handel bis Aug~~

D

(pako). Zahlreiche Fundsachen warten in der Fundstelle des Einwohner- und Ordnungsamtes in der Hermanstraße 15 auf ihre Besitzer. Abgeholt werden können unter anderem: ein Karton mit Schmuck, Radiogeräte, Bargeldbeträge, Socken und Schuhe. Außerdem sind in der Zeit vom 1. Juni bis 31. Juli in den verschiedenen Gebäuden der Stadt Augsburg und in den Kliniken des Krankenhauszweckverbandes unter anderem folgende Gegenstände liegen gelassen worden: Armbanduh~~ren, Halsketten, Brillen und~~

E

~~Long Island/Schenectady (dpa).~~ Mit einer Niederlage hat sich Boris Becker zur letzten Trainings-Vorbereitung für die am Montag beginnenden US-Open verabschiedet. Zwei Tage nach seiner Endspiel-Niederlage in Indianapolis gegen Jim Courier (USA) unterlag Becker in Long Island in der ersten Runde dem Russen Andrej Tschesnokow mit 4:6, 6:3, 2:6 und machte keinen Hehl daraus

F

Berlin (dpa) – Vor dem Hintergrund der steigenden Umweltbelastung haben führende Politiker aller Parteien die Forderung nach einem autofreien Sonntag erhoben. In der Berliner Zeitung *B.Z. am Sonntag* erklärte der Vorsitzende des Umweltausschusses des Bundestages, der CDU-Abgeordnete Wolfgang von Geldern, er befürworte einen autofreien Sonntag im Jahr. „Das würde nicht nur die Umwelt erheblich entlasten, sondern auch zu einem Bewusstseinswandel in der Bevöl~~kerung~~

Lest die Artikel. Ordnet sie den Bereichen eurer Heimatzeitung zu. Erklärt, woran ihr zuerst erkannt habt, aus welchem Sachgebiet die einzelnen Artikel stammen.

6 Jetzt könnt ihr auch erklären, warum die Artikel in der Zeitung Überschriften (Schlagzeilen) haben.

Schneidet die Überschriften der Sachgebiete aus eurer Heimatzeitung aus und hängt sie nebeneinander an euer schwarzes Brett. Wenn ihr nun beim Lesen der Zeitung auf einen interessanten Artikel stoßt, solltet ihr ihn ausschneiden und unter der entsprechenden Überschrift anheften.

1 Die Unwetter, die zum Jahresanfang 1993 über ganz Europa hinwegfegten, richteten auch in Deutschland schwere Schäden an. So wurde in einer Zeitung darüber berichtet:

Orkantief trifft den Norden mit voller Wucht

Vier Tote – Lotsenboot vor Cuxhaven gekentert, Hamburger Hafen teilweise unter Wasser

H a m b u r g. (AP) Das dritte Orkantief in diesem Jahr mit Sturmböen von bis zu 160 Stundenkilometern hat am Wochenende mindestens vier Menschenleben gekostet. Vor Cuxhaven kenterte am frühen Samstagmorgen ein Lotsenboot mit drei Männern an Bord, vor Borkum fegten Böen tags darauf einen Seemann von einem Hamburger Frachter ins eiskalte Meer. In der Nacht zum Samstag setzte eine Sturmflut Teile des Hamburger Hafens unter Wasser.

Nach Mitteilung des Deutschen Wetterdienstes haben sich die Orkantiefs erst einmal ausgetobt: Am Dienstag soll der Winter wieder mit Schneefall und Glatteis Einzug halten.

Von den schweren Weststürmen war besonders Norddeutschland betroffen. Bäume stürzten auf parkende Fahrzeuge, leere Lastwagen wurden in Schleswig-Holstein umgeworfen, in Braunschweig deckte der Orkan das 650 Quadratmeter große Dach eines vierstöckigen Bürohauses ab. Zahlreiche Fährverbindungen mussten eingestellt oder eingeschränkt werden, so die deutsch-dänische Verbindung zwischen Puttgarden und Rodby.

Die Such- und Rettungsaktion nach den beiden vermissten Männern des Lotsenbootes vor Cuxhaven wurde am Samstagmittag nach Angaben der Deutschen Gesellschaft zur Rettung Schiffbrüchiger abgebrochen. Einer der drei Insassen war etwa eine Stunde nach dem Unglück in der Nacht zum Samstag aus dem drei Grad kalten Wasser gezogen worden. Er starb wenig später im Krankenhaus an Unterkühlung. Ein zweiter Mann sei unmittelbar vor den Augen der Rettungsmannschaften ertrunken, sagte ein Sprecher der Gesellschaft. Nach Polizeiangaben bestand für den noch Vermissten keine Hoffnung mehr auf Rettung.

Starke Windböen warfen am Samstagmorgen kurz nach 9 Uhr einen 26-jährigen polnischen Seemann von dem Hamburger Frachter „Star Trader" rund 17 Seemeilen nordwestlich von Borkum ins Meer. Zwei Hubschrauber und ein Seenotrettungskreuzer nahmen nach Angaben der Gesellschaft zur Rettung Schiffbrüchiger unmittelbar nach dem Unglück die Suche auf, brachen sie aber gegen 13 Uhr ergebnislos ab. Da das Wasser an jener Stelle nur fünf Grad hat, gab es nach Ansicht von Sprecher Bernd Anders keine Chance mehr den Seemann noch lebend zu finden.

Mit Hochwasser im Hafengebiet, aber ohne größere Schäden, überstand Hamburg die schwere Sturmflut in der Nacht zum Samstag. Gegen 4.15 Uhr hatte der Wasserstand eine Höhe von 5,73 Meter „über normal" erreicht. Nach Angaben eines Polizeisprechers war ein Deich im Hafengebiet auf zehn Metern Breite eingebrochen. Die anderen Deiche hätten der Sturmflut aber standgehalten. Dennoch standen der Hamburger Fischmarkt sowie Teile von Blankenese und des Hafenviertels bis zu einem Meter unter Wasser.

Besucher der Fischauktionshallen mussten in den frühen Morgenstunden mit dem Schlauchboot aufs Trockene gebracht werden. Für den Sonntagnachmittag war für die norddeutsche Küste und die großen Flussläufe zunächst eine neue schwere Sturmflut mit Windstärken bis 120 Stundenkilometer angekündigt. Nach den Berechnungen des Bundesamtes für Seeschifffahrt und Hydrographie in Hamburg sollte das Wasser im Hamburger Hafen und an der nordfriesischen Küste auf 4,50 Meter „über normal" steigen. Gegen 17 Uhr gab das Hamburger Innenministerium jedoch vorsichtig Entwarnung. „Es wird heute nicht so schlimm wie Samstagmorgen", sagte ein Sprecher.

Lest in diesem Zeitungsbericht nach, was die Sturmflut in Norddeutschland alles anrichtete.

2 So wurde in einer anderen Tageszeitung über das Unwetter berichtet:

Sturmflut! Es kommt noch schlimmer

tz Hamburg
**Die schwerste Sturmflut in Norddeutsch-
land seit fast 17 Jahren hat mindestens
vier Menschenleben gefordert!**
Bei Windstärke zehn kenterte bei Cuxhaven ein Lotsenversetzboot und riss drei
Besatzungsmitglieder mit in die Tiefe. Auf
dem Hamburger Frachter „Star Trader"
wurde westlich von Borkum ein Seemann
in die sturmgepeitschte Nordsee geworfen. Er ist ertrunken. In Hamburg wurde
Katastrophenalarm ausgelöst, weil die
Elbe über ihre Ufer stieg. An der Küste
kam es zu erheblichen Verkehrsbehinde-
rungen, Fähren mussten den Betrieb einstellen. Ursache für die Sturmflut am

Samstag war das Orkantief „Agnes". Nun
folgt bereits „Barbara", deren Wucht
„Agnes" noch übertreffen wird. Das See-
wetteramt Hamburg rechnet mit Windstärke zwölf.

Vergleicht diesen Artikel mit dem Bericht auf Seite 206.
Stellt Gemeinsamkeiten und Unterschiede fest.

3 Einige Schlagzeilen aus anderen Zeitungen:

ORKAN
Deutschland wackelt

„Agnes" und „Barbara" wüteten im Norden
Mindestens vier Menschen starben, in Hamburg wurde Katastrophenalarm ausgelöst

Sturmtiefs fegen über Nordeuropa hinweg
„Agnes" und „Barbara" fordern fünf Menschenleben / Lotsenversetzboot gekentert

Orkantief trifft den Norden mit voller Wucht
Mindestens vier Tote – Lotsenboot vor Cuxhaven gekentert, Hamburger Hafen teils unter Wasser

Orkanwarnung für die Küsten
Zweite Sturmflut vorhergesagt / Seemann von Bord gerissen

Vergleicht die Schlagzeilen. Welche sind eher sachlich
gehalten, welche machen eher neugierig auf die Artikel?

4 Fast in allen Zeitungsartikeln wurde über das Bootsunglück bei Cuxhaven ausführlich berichtet. Dies sind Ausschnitte aus zwei Tageszeitungen:

Bei Windstärke zehn kenterte am frühen Samstagmorgen ein mit drei Mann besetztes Lotsenversetzschiff vor Cuxhaven. Das Schiff sollte einen Elblotsen zu einem panamaischen Frachter bringen. Nach Angaben der Hamburger Wasserschutzpolizei ist das kleine Boot beim Übersetzen aus dem Windschatten des Frachters geraten und in den vier Meter hohen Wellen gekentert. Einer der Männer konnte gerettet werden, starb aber kurz darauf an Unterkühlung.

In der Nacht zum Samstag starben ein Lotse und zwei Matrosen, als ihr Boot auf der Außenelbe vor Cuxhaven bei schwerem Wind und Hagelschauern kenterte.

Das Lotsenversetzboot hatte drei Männer von dem Lotsenschiff zum Frachter „Shima Kazu" gebracht, der auf der Elbe wartete um den Lotsen an Bord zu nehmen. Der Kapitän des unter Panama-Flagge fahrenden Schiffes hatte laut dpa gemeldet, dass die Jakobsleiter, auf der der Lotse an Bord klettern sollte, zu kurz sei und deshalb neu befestigt werden müsse. Kurz darauf habe der Kapitän gefunkt, dass das Lotsenboot gekentert sei. Ein Matrose konnte geborgen werden. Er starb jedoch kurze Zeit später im Krankenhaus an Unterkühlung. Die Suche nach den anderen beiden Männern wurde am Sonntag eingestellt.

Stellt die Informationen aus beiden Artikeln gegenüber:

– bei Windstärke zehn   – bei schwerem Wind und Hagelschauern
– am frühen Samstagmorgen   – in der Nacht zum Samstag
…   …

Welchen Artikel haltet ihr für informativer? Begründet eure Meinung. Lest auch auf den Seiten 206 und 207 nach, wie über dieses Bootsunglück in anderen Tageszeitungen berichtet wurde.

5 Zeitungsartikel über ein und dasselbe Ereignis können sehr unterschiedlich sein. Dies zeigt auch der folgende Bericht:

ORKAN SPÜLTE 4 MÄNNER IN DIE SEE – TOT

Der 12. Orkan in diesem Winter. 12-mal meldete die Hallig Süderoog (Nordsee) schon „Land unter". Seit Freitag täglich ein neuer Orkan. Gestern „Barbara", heute „Carola".
Halligbauer Hermann Matthiesen (44) und seine Frau Gudrun wohnen allein auf Hallig Süderoog. Sie verbarrikadierten sich im Haus. Türen und Fenster mit Brettern vernagelt. Im Stall neben der Wohnstube 30 Schafe, drei Kühe, zwei Pferde und zwei Hunde.

Matthiesen: „Morgens um 5 Uhr fegte eine Orkanböe einen Teil des Reetdachs weg. Ich bin sofort rauf aufs Dach um das Loch provisorisch zu flicken. Taschenlampe im Mund, mit einer Hand an der Leiter festhalten, sonst hätte der Sturm mich weggepustet." Mittags umspülte die Nordsee schon die Haustür-Schwelle. Salzwasser floss in das Süßwasserbecken für die Tiere.
Vier Menschen starben im Sturm: Drei Lotsen wollten nachts bei

Cuxhaven auf einen Frachter. Ihr winziges Boot kippte um. Alle tot.
Vor Borkum: „Barbara" spülte einen Matrosen vom Frachter „Star Trader". Er ist ertrunken.
Im Kellersee (Malente) ertrank ein Ruderer (28). Er war im Schlauchboot hinausgepaddelt.
Straßensperren in Schleswig-Holstein (Brücken und Fähren fielen aus), Niedersachsen, Hessen (umgekippte Bäume).
Das Wetter diese Woche: weiter stürmisch.

Worin unterscheidet sich dieser Artikel von all den anderen Berichten? Gibt es auch Gemeinsamkeiten?

Eine Zeitung in der Schule

1 Seit nun schon drei Jahren existiert an der Schule Burgwies die Schülerzeitung „Das dolle Ding". Und es ist wirklich ein tolles Ding, denn die Auflagenzahl steigt von Nummer zu Nummer.

Anke, Schülerin der 8. Klasse, ist zur Zeit die Chefredakteurin und hat zur Redaktionssitzung für die neue Nummer eingeladen.

Aus der Redaktionssitzung:

ANKE: … und dann sollten zuerst mal alle über ihre Erfahrungen mit der letzten Nummer vom „Dollen Ding" berichten. Wer will denn anfangen?

HEIKO: Also, die letzte Nummer war aus meiner Sicht ein voller Erfolg. Die 15 Stück pro Klasse haben gar nicht gereicht. Viele sind noch zu mir gekommen und wollten für ihre Freunde von anderen Schulen noch ein Exemplar kaufen. Ich musste Selim und die anderen immer wieder bitten noch mal welche zu kopieren. Insgesamt, wartet mal, haben wir … ziemlich genau 210 Stück verkauft, 60 mehr als beim letzten Mal.

MARKUS: Ja, deine Nachbestellungen waren echt lästig.

FELIX: Und wir standen dann stundenlang am Kopierer. Nächstes Mal sollten wir gleich 250 Stück herstellen oder mehr.

SELIM: Wir könnten doch auch den Preis erhöhen. Dann kommt mehr Kohle in die Kasse.

DOMINIK: Ach, weil ihr gerade vom Geld redet. Sollten wir nicht auch den Preis für die Werbung in unserer Schülerzeitung erhöhen? Als ich das letzte Mal mit Nela unterwegs war um Aufträge zu bekommen, haben einige Firmen gemeint, dass bei uns die Werbung viel billiger sei als in der Heimatzeitung.

ANKE: Darüber sollten wir erst diskutieren, wenn die neue Nummer fertig ist. Was mich am meisten genervt hat, waren die vielen Tippfehler in den Artikeln. Das hat total viel Zeit gekostet sie zu berichtigen. Und dann schaut das ja auch nicht gerade gut aus, wenn ständig mit der Hand überall verbessert ist.

GRISCHA: Ich kann eben noch nicht mit der Maschine schreiben. Die Artikel tippt mir immer meine große Schwester, und die …

MIRIAM: … und ich schreib die meinen auf dem neuen Computer von meinem Vater. Da kenn ich mich noch nicht so gut aus. Aber das nächste Mal wird's garantiert besser.

ANKE: Hoff' ich mal. Aber echt stark waren die Interviews von Jana in der Fußgängerzone. Total frech.

JANA: Und die Fotos von Erich und Angela haben gut dazu gepasst. Diesmal waren sie nicht mehr so dunkel wie in der letzten Nummer.

ANGELA: Ja, diesmal haben wir den Film und die Bilder auch selber im Fotolabor der Schule entwickelt. Frau Wolf hat uns dabei geholfen. Die hat uns auch angeboten, dass wir in Zukunft …

Wer ist hier wer? Ordnet den Schülerinnen und Schülern auf dem Bild auf Seite 209 die Namen zu. Begründet eure Entscheidungen.

2 Nach diesem Erfahrungsaustausch werden Ideen für die nächste Nummer gesammelt. Alle schreiben ihre Vorschläge auf kleine Kärtchen, die sie dann an eine Pinnwand heften:

Welches Thema würdet ihr wählen? Bringt eigene Vorschläge.

3 Die Redaktionskonferenz einigt sich darauf, das Thema „Unser Pausenhof" für die nächste Ausgabe ihrer Schülerzeitung zu bearbeiten. Versucht eine Begründung dafür zu finden.

4 Bei der Frage, was alles im „Dollen Ding" zu diesem Thema stehen solle, werden folgende Vorschläge gemacht:

Welche Vorschläge würdet ihr übernehmen? Welche nicht? Welche Ideen habt ihr noch?

1 Grischa und Miriam besuchten die Schule im Nachbarort Waldkirchen. An dieser Schule wurde in diesem Jahr der Pausenhof neu gestaltet. Die beiden waren total begeistert. Für die neue Nummer der Schülerzeitung planen sie folgenden Artikel:

Treffpunkt Pavillon: Pause mit Pfiff

Schüler halfen bei der Gestaltung des Pausenhofs mit

Nach einer Umbauzeit von fünf Monaten konnten die Schüler der Wilhelm-Glaser-Schule in Waldkirchen ihren neu gestalteten Pausenhof wieder benutzen. Aus einem langweiligen Schulhof ist ein echter Abenteuerspielplatz geworden, der bei Schülern und Lehrern beliebt ist.

Begonnen hatte die ganze Aktion mit der Rückkehr der 8. Klasse von einem Schullandheimaufenthalt in Löllingen. Dort waren sie von ihrer Partnerklasse auch an deren Schule eingeladen worden. Was sie dort am meisten begeisterte, war der Pausenhof. „So was sollten wir auch haben!", war der Wunsch aller Schüler. Zurück in Waldkirchen sprachen sie mit dem Rektor ihrer Schule über einen neuen Schulhof. Sie machten auch gleich ganz praktische Vorschläge. So sollte der Hof in einen Ruhebereich und einen Spielbereich eingeteilt werden. Der Asphalt sollte im Ruhebereich durch einen Rasen ersetzt werden. Sitzgelegenheiten und Wege sollten zum Ausruhen und Spazierengehen einladen.

Für den Spielbereich wünschten sich die Schüler haltbare Spielgeräte für alle Altersstufen: Schaukeln, Klettergerüste, Tischtennisplatten und eine Torwand. Die Ideen der Schüler konnten fast alle verwirklicht werden. Mit dem Geld der Gemeinde und mit über 10 000 DM[1], die von der Bevölkerung Waldkirchens gespendet wurden, hat man für die Schüler ein kleines Paradies geschaffen. Beliebtester Ort bei den Schülern ist der Holzpavillon in der Mitte des Platzes, der vor Sonne aber auch vor Regen schützt. Der Rektor, Herr Seiler, bestätigte, dass die Schüler im neuen Pausenhof viel friedlicher miteinander umgehen. Bisher ist auch noch kein Gerät beschädigt worden und noch kein Unfall passiert.

So sind alle zufrieden: Schüler, Lehrer und die Eltern.

Was sagt ihr zu diesem Bericht? Sprecht darüber.

---

[1] ≈ 5.113 €

212

2 Beurteilt die Überschriften. Regen sie zum Lesen des Artikels an? Begründet eure Meinungen.

3 Findet zu diesem Artikel selbst andere Schlagzeilen, die euch vielleicht besser gefallen würden.

4 Der Artikel besteht aus verschiedenen Teilen: Schlagzeile – Untertitel – Vorspann (Nachrichtenkopf) – Nachricht. Ordnet diese Begriffe den Teilen des Artikels zu. Welche Aufgabe haben diese einzelnen Teile?

5 Dieser Artikel über einen neu gestalteten Schulhof stand in einer Tageszeitung:

Neuer Schulhof soll Aggressionen abbauen

Umgestaltung erleichtert Miteinander in der Schule Hochzoll-Süd

(klan). Einfach „bärenstark" finden die Kinder der Schule Hochzoll-Süd ihren neu gestalteten Pausenhof. So jedenfalls lautete der Titel des Liedes, das die Klasse 2c zur Einweihung der Anlage vortrug.

Im Westhof, der vorwiegend für die ersten und zweiten Klassen vorgesehen ist, schmückt nun eine Insel mit Sitzgelegenheiten und einem Holzhäuschen die Grünfläche, die den großen Hof unterteilt und damit jetzt einen Ruheraum integriert hat.

In der Mitte der ehemals grauen Asphaltfläche hat die Lehrerin und Hobbykünstlerin Ingeborg Prein eine Erdkugel mit bunten Häusern, Tieren und Menschen aufgemalt. Diese Zeichnungen sollen laut Schuldirektorin Helga Nußbaumer dazu beitragen, die Fantasie der Kinder anzuregen und das Rennen auf dem Schulhof zu vermeiden. „Diese Umgestaltung dient dazu, Aggressionen abzubauen und ein friedliches Miteinander der rund 200 Kinder, die täglich auf dem Hof ihre Pause verbringen, zu ermöglichen", sagte die Direktorin.

Selber finanziert

Rund 20 000 Mark waren für die Wiesenumgestaltung notwendig. Aus eigener Kraft erbrachten der Elternbeirat der Schule mit der Vorsitzenden Hildegard Schrieder-Holzner und die Schulgemeinschaft diese Summe. „Zahlreiche Veranstaltungen wie ein Adventsbasar, Schulfeste und ein Spendenaufruf an Firmen im Augsburger Raum haben seit 1991 dieses Projekt hin zum kindergerechten Schulhof möglich gemacht", sagt die Vorsitzende. Sowohl der Elternbeirat als auch die Schulleitung bedauern, dass von der Stadt Augsburg mit keinem Zuschuss zu rechnen war. Sie hoffe, so Hildegard Schrieder-Holzner, dass für die weiteren Bauabschnitte – denn die Umgestaltung der restlichen Pausenhöfe soll folgen – auch städtische Gelder zur Verfügung gestellt werden können.

Vom ersten neu gestalteten Hof profitieren vorerst besonders die unteren Klassen, was Benny aus der sechsten Klasse wenig gefiel, denn für ihn, so meint er ganz entschieden, kommt der neue Schulhof fünf Jahre zu spät. Tanja aus der zweiten Klasse dagegen freut sich und findet ihren Pausenhof jetzt viel schöner, „weil es endlich Sitzgelegenheiten gibt und die Kinder nicht immer stehen müssen um ihr Pausenbrot zu essen".

Mit Begeisterung zeigten die Kinder der Grund- und Teilhauptschule Hochzoll-Süd in einem Singspiel, dass sie ihren Schulhof einfach „bärenstark" finden.

Vergleicht mit dem Artikel von Grischa und Miriam. Welche Gemeinsamkeiten und welche Unterschiede könnt ihr feststellen?

6 Bestimmt wieder die einzelnen Teile des Artikels und ordnet die euch bekannten Begriffe zu.

1 Die Bildreporterin und der Bildreporter haben Miriam und Grischa bei ihrem Besuch der Hauptschule in Waldkirchen begleitet und viele Fotos geschossen. Nun haben sie die Qual der Wahl:

Welches dieser Bilder passt am besten zum Bericht von Grischa und Miriam? Begründet eure Entscheidung.

2 Zwei Bildunterschriften:

Dieses Spielgerät steht im neuen Pausenhof der Wilhelm-Glaser-Schule in Waldkirchen.

Endlich ein neuer Pausenhof. Ein alter Wunsch ist in Erfüllung gegangen.

Welche dieser Unterschriften passt eurer Meinung nach zu welchem Bild?

3 Schreibt zum dritten Bild selbst eine treffende Bildunterschrift.

4 Aus einer früheren Ausgabe der Schülerzeitung stammt diese Aufnahme:

Die Gewalt unter den Jugendlichen und Schülern nimmt immer mehr zu. Wer am Boden liegt, wird noch mal kräftig getreten.

Wie weit müsstet ihr dieses Bild auf der rechten Seite abdecken, damit die folgende Bildunterschrift passt?

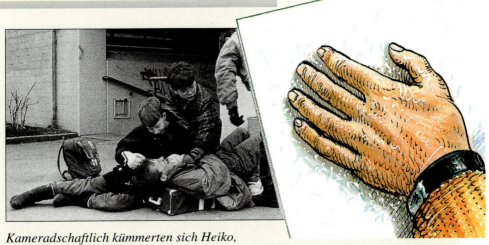

Kameradschaftlich kümmerten sich Heiko, Jörg und Volker um ihren Klassenkameraden, der sich bei einem Sturz das Bein gebrochen hatte.

5 Schneidet aus eurer Tageszeitung Bilder aus und formuliert neue Bildunterschriften dazu.

1 Im „Dollen Ding" darf man auch seine Meinung sagen. Anke, die Chefredakteurin, macht sich über das ausgewählte Thema so ihre Gedanken. In der neuesten Ausgabe war dann auf der Titelseite Folgendes zu lesen:

Mach mal Pause

Ja, aber wie? In diesem Schulhof? Kann man da wirklich Pause machen? Krach, Lärm, Streit … wer kann sich denn dabei erholen? Wer kann sich in diesem traurigen Hof neue Kraft für den anschließenden Unterricht holen? Nehmen nicht auch die Klagen der Lehrer zu, dass die Schüler in der Stunde nach der Pause besonders aggressiv sind? Ist das ein Wunder?

Nicht jeder will in der Pause rennen und toben. Da gibt es auch Schüler, die ihr Pausenbrot in Ruhe verzehren wollen. Aber wo? Ständig wird man angerempelt, geschubst und gestoßen. Und andere wieder wollen rennen, wollen sich bewegen, nachdem sie zwei Stunden lang ruhig sitzen mussten. Aber wo? Dann heißt es wieder: Im Schulhof wird nicht getobt. Unfallgefahr!

Und wie wäre es, wenn die einen ihre Ruhe hätten und die anderen sich austoben könnten?

Super wäre das – für die Schüler und die Lehrer.

Nur, irgendwas fehlt dafür. Ach ja, ein richtiger Pausenhof.

Also: Macht mal Pause, aber macht mal vorher einen richtigen Pausenhof!

Welchen Unterschied könnt ihr zwischen diesem Text und dem Bericht von Miriam und Grischa auf Seite 212 feststellen?

2 Ein Text, in dem jemand eine ganz bestimmte Meinung vertritt, heißt Kommentar. Fasst Ankes Meinung in einem Satz zusammen.

3 Warum verwendet Anke häufig Frage- und Ausrufesätze?

4 Was will Anke mit ihrem Kommentar bei den Lesern überhaupt erreichen?

Je länger, je lieber …

Nun soll es den Ferien also doch an den Kragen gehen. Über kaum ein anderes schulisches Thema besteht aber bei Schülern und Lehrern so große Übereinstimmung wie bei den Ferien: Je länger, je lieber.

Mehrarbeit ist angesagt, liebe Schülerinnen und Schüler. Nein danke, antworten die. Mehr Ferien brauchen wir, zur Erholung von den stressigen Ferien, bitte!

Mehrarbeit ist angesagt, verehrte Lehrerinnen und Lehrer. Nein danke, meinen auch die. Und von wegen Ferien. „Unterrichtsfreie Zeit" muss es richtig heißen. Korrekturen, Vorbereitungen und Fortbildung – wann soll denn das dann geschehen?

Und dass die Touristikunternehmer jammern und auch „Nein danke!" sagen, ist eigentlich nur logisch: Wer soll denn sonst in den unzähligen Hotelbetten liegen? Ja, wer ist eigentlich für eine Kürzung der Ferien? Eine Handvoll unwissender, kinderloser und neidischer Wirtschaftsfachleute, die keine Ahnung haben von der stoffüberladenen und leistungsorientierten Schule, in der die Erziehung viel zu kurz kommt. Sagen die Schüler und die Lehrer.

Aber mal ehrlich: Täten es nicht auch vier Wochen Sommerferien? Vier Wochen echte Erholung für die Schüler, von denen eh mehr als die Hälfte ab der 7. Jahrgangsstufe mindestens zwei Wochen der großen Ferien malochen[1]? Vier Wochen echte Erholung für die Pädagogen, die sich sonst das ganze Jahr über bitter über die mangelnde Konzentrationsfähigkeit ihrer Schüler an jedem Montag beklagen?

Wären Ferien wirklich Ferien, wären auch vier Wochen schon genug. Die Eltern können ein Lied singen über gelangweilte Kinder, die gegen Ende der Sommerferien meist nicht mehr wissen, was sie tun sollen.

Felix Gnettner

Welche Meinung zum Thema „kürzere Ferien" vertritt der Verfasser dieses Kommentars?

6 Dieser Kommentar handelt von einem völlig anderen Thema als der Kommentar von Anke. Welche Gemeinsamkeiten könnt ihr trotzdem feststellen?

7 Woran könnt ihr sofort erkennen, dass es sich um einen Kommentar handelt?

8 Warum werden in Zeitungen überhaupt Kommentare abgedruckt?

---

[1] malochen: schwer arbeiten, schuften

1 Jana wurde von der Redaktionskonferenz beauftragt einige Interviews
zum neuen Thema zu machen. Zur Vorbereitung eines Interviews mit
der Rektorin der Schule machte sie sich einige Notizen:

- Begrüßung / Dank / Verabschiedung
- Wie finden Sie den Pausenhof?
- Klagen auch die Lehrer über den Hof?
- Würden Sie Ihre Pause auf dem Pausenhof verbringen?
- Wissen Sie, dass viele Schüler ihre Pause in Ruhe verbringen wollen?
- Haben Sie den Pausenhof der Schule in Waldkirchen schon gesehen?
- Wäre so etwas auch bei uns möglich?
- Dürften dann auch die Schüler Vorschläge machen?

Lest euch diese Stichpunkte durch. Welche Fragen würdet ihr
eurem Rektor oder eurer Rektorin auch stellen? Welche noch?

2 In welcher Abfolge sollte Jana eurer Meinung nach ihre
Fragen stellen? Begründet eure Reihenfolge.

Im „Dollen Ding" erschien dann das
Interview mit der Rektorin. Hier ein Auszug:

JANA:	Herzlichen Dank, Frau Lotze, dass Sie sich bereit erklärt haben dem „Dollen Ding" Rede und Antwort zu stehen. Heute geht es um unseren Pausenhof. Meine erste Frage dazu: Möchten Sie Ihre Pause auf unserem Pausenhof verbringen?
FRAU LOTZE:	Oh! Weißt du, in der Pause wollen immer alle was von mir. Da habe ich für eine Pause gar keine Zeit.
JANA:	Aber nehmen wir mal an, niemand will was von Ihnen. Sie hätten für eine Pause Zeit. Würden Sie Ihr Pausenbrot dann auf unserem Schulhof essen?
FRAU LOTZE:	Also ganz ehrlich, nein. Da wäre es mir zu laut. Aber das soll jetzt keine Kritik sein. Ich verstehe es, dass Kinder nach zwei Stunden anstrengendem Unterricht sich bewegen wollen, aber …
JANA:	Ihnen wäre es also zu laut. Können Sie sich nicht vorstellen, dass das vielen Schülern auch so geht?
FRAU LOTZE:	Da müsste man die Schüler selber fragen.
JANA:	Ja, das haben wir vom „Dollen Ding" auch schon getan. Dabei ist herausgekommen, dass sehr viele Schüler geklagt haben, dass es keine Möglichkeit gibt, die Pause in Ruhe zu verbringen. Die wollen einfach nur spazieren gehen, sich unterhalten, ihre Ruhe haben.
FRAU LOTZE:	Das überrascht mich jetzt ein wenig. Denn wenn ich in der großen Pause aus meinem Fenster sehe, sehe ich eigentlich immer nur rennende Schüler.
JANA:	Das ist aber doch auch verständlich. Wo kann man denn in diesem Pausenhof in Ruhe spazieren gehen? Wo stehen denn ein paar Bänke zum Hinsetzen und Ratschen?
FRAU LOTZE:	Die Schüler wollen sich doch in der Pause bewegen. Und das sollen sie auch, nach zwei Stunden Sitzen braucht man das.
JANA:	Wir vom „Dollen Ding" waren letzte Woche in Waldkirchen und haben uns den neuen Pausenhof angeschaut. Haben Sie ihn schon gesehen?
FRAU LOTZE:	Nun, mein Kollege, Herr Seiler hat …

Welche ihrer Fragen hat Jana in diesem Teil des Interviews gestellt?

4 Auf ihre erste Frage bekommt Jana eigentlich keine Antwort. Wie hat sie reagiert?

5 An welcher Stelle des Interviews hätte sie auch noch so reagieren sollen?

6 Jemanden ausreden zu lassen ist ein wichtiger Grundsatz bei einem Gespräch. Haben sich beide daran gehalten?

7 Wie könnte das Interview weitergehen? Findet selbst verschiedene Möglichkeiten und stellt sie im Rollenspiel dar.

1 Endlich ist es dann soweit. In einer Schlussredaktionssitzung werden noch die letzten Fragen besprochen. Alle Texte und Bilder sind fertig. Nun muss nur noch ein „Dolles Ding" daraus gemacht werden.

Worüber könnte in dieser Sitzung wohl noch gesprochen werden?

2 Wenn ihr für eure Schule auch eine Schülerzeitung machen wollt, so denkt daran:

● Zeitungen haben unverwechselbare „Gesichter". Man erkennt sie schon am Titelblatt.

● Schlagzeilen sollen zum Lesen der Artikel verleiten. Nicht immer geht aus einer Schlagzeile hervor, was im folgenden Artikel zu lesen ist.

● Berichte besitzen oft den gleichen Aufbau: Schlagzeile – Untertitel – Vorspann (Nachrichten-kopf) – Nachricht. Manchmal werden Berichte durch ein Bild oder eine Zeichnung ergänzt.

● Bei den Texten muss man zwischen Berichten und Kommentaren unterscheiden.

LESEN –
EINE HILFE FÜRS
LEBEN

Alles, was an Großem in der Welt geschah, vollzog sich zuerst in der Fantasie eines Menschen, und wie die Welt von morgen aussehen wird, hängt in großem Maß von der Einbildungskraft jener ab, die gerade jetzt lesen lernen. Deshalb brauchen Kinder Bücher, an denen ihre Fantasie wachsen kann.

Astrid Lindgren

Viele Menschen finden sich im Leben nicht mehr zurecht, sie fühlen sich einsam, verlassen und ausgestoßen, sind verzweifelt und ohne Hoffnung. Häufig betroffen davon sind Drogenabhängige, alte, schwer kranke und behinderte Menschen, Asyl Suchende und Flüchtlinge, Arbeitslose und Arme.

Manche Menschen bringen ihnen zu wenig Verständnis und Rücksichtnahme entgegen. Doch gerade diese Menschen sind auf unsere Hilfsbereitschaft angewiesen.

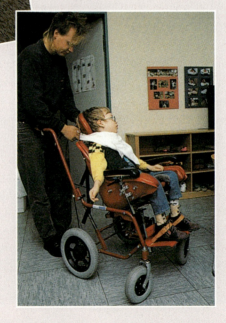

BITTERSCHOKOLADE

Eva, eine 15-jährige Gymnasiastin, leidet unter ihrem Über-
gewicht und fühlt sich deswegen hässlich, abstoßend, einsam und ungeliebt. Die ständige Sorge um ihre Figur und
ihr geringes Selbstwertgefühl münden in einen Teufelskreis: Sie frisst ihren Kummer in sich hinein – sie ist ess-
süchtig. Lange Zeit wird Eva nicht bewusst, dass ihr Über-
gewicht nur für sie selbst ein Problem darstellt, für die anderen aber nicht so wichtig ist. Auch die Freundschaft mit
dem 15-jährigen Hauptschüler Michel kann ihre Probleme
nicht lösen. Erst Franziska, einer Mitschülerin, gelingt es,
sie behutsam aus der Frustration herauszuführen. Langsam begreift Eva, dass es nicht ihr Aussehen ist, das sie
von anderen trennt. Ihr wird klar, dass sie durchaus aner-
kannt und beliebt ist.

1 Dies ist die Autorin des Jugendromans „Bitterschokolade“:

Mirjam Pressler wurde 1940 in Darmstadt geboren und
studierte in Frankfurt. Danach arbeitete sie zunächst in
verschiedenen Berufen: Sie machte einen Jeansladen
auf, arbeitete im Büro und war auch Taxifahrerin. Seit
1980 schreibt sie Jugendbücher. Die Hauptfiguren ihrer
Jugendromane leben dabei in einer Welt, die gekennzeichnet ist von bedrückenden Problemen und schwie-
rigsten Lebensumständen. Bekannt geworden sind die
Romane „Kratzer im Lack“, „Nun red doch endlich“,
„Stolperschritte“, „Novemberkatzen“ und „Zeit am
Stiel“.
Heute lebt Mirjam Pressler als freie Autorin und Überset-
zerin mit ihren drei Töchtern in München.

Was erfahrt ihr alles über Mirjam Pressler? Findet heraus, ob eines ihrer Bücher in der Klas-
sen- oder Schulbücherei vorhanden ist.

2 Evas Essverhalten ist eine Sucht:

Eva drückte auf den Knopf der Nachttischlampe. Nun war es fast ganz dunkel. Nur
ein schwaches Licht drang durch das geöffnete Fenster. Der Vorhang bewegte sich
und dankbar spürte sie den leichten Luftzug. Endlich war es ein bisschen kühler geworden. Sie zog das Leintuch über sich, das ihr in heißen Nächten als Zudecke
diente, und kuschelte sich zurecht. Sie war zufrieden mit sich selbst, war richtig

stolz auf sich, weil sie es geschafft hatte, das Gerede der Eltern beim Abendessen zu überhören und wirklich nur diesen einen Joghurt zu essen. Wenn sie das zwei oder drei Wochen durchhielte, würde sie sicher zehn Pfund abnehmen. Ich bin stark genug dazu, dachte sie. Bestimmt bin ich stark genug dazu. Das hab ich ja
10 heute Abend bewiesen.

Glücklich rollte sie sich auf die Seite und schob ihr Lieblingskissen unter den Kopf. Eigentlich brauche ich überhaupt nicht mehr so viel zu essen. Heute die Schokolade war absolut unnötig. Und wenn ich dann erst einmal richtig schlank bin, kann ich ruhig abends wieder etwas essen. Vielleicht Toast mit Butter und dazu ein paar
15 Scheiben Lachs.

Das Wasser lief ihr im Mund zusammen, als sie an diese rötlich gemaserten, in Öl schwimmenden Scheiben dachte. Sie liebte den pikanten, etwas scharfen Geschmack von Lachs sehr. Und dazu warmer Toast, auf dem die Butter schmolz. Eigentlich mochte sie scharfe Sachen sowieso lieber als dieses süße Zeug. Man wur-
20 de auch nicht so dick davon. Geräucherter Speck mit Zwiebeln und Sahnemeerrettich schmeckte ebenfalls ausgezeichnet. Oder eine gut gewürzte Bohnensuppe. Nur ein einziges, kleines Stück Lachs könnte nicht schaden, wenn sie morgen früh sowieso anfing richtig zu fasten. Aber nein, sie war stark. Sie dachte daran, wie oft sie sich schon vorgenommen hatte nichts zu essen oder sich wenigstens zurückzu-
25 halten, und immer wieder war sie schwach geworden. Aber diesmal nicht! Diesmal war es ganz anders. Mit der größten Ruhe würde sie zusehen, wie ihr Bruder das Essen in sich hineinstopfte, wie ihre Mutter die Suppe löffelte und sie gleichzeitig laut lobte. Es würde ihr nichts ausmachen, wenn ihr Vater in seiner pedantischen Art dicke Scheiben Schinken gleichmäßig auf das Brot verteilte und es dann noch
30 sorgfältig mit kleinen, in der Mitte durchgeschnittenen Cornichons[1] verzierte. Das alles würde ihr diesmal nichts ausmachen. Diesmal würde sie nicht mehr auf dem Heimweg nach der Schule vor dem Delikatessengeschäft stehen und sich die Nase an der Scheibe platt drücken. Sie würde nicht mehr hineingehen und für vier Mark Heringssalat kaufen um ihn dann hastig und verstohlen im Park mit den Fingern in
35 den Mund zu stopfen. Diesmal nicht!

Und nach ein paar Wochen würden die anderen in der Schule sagen: Was für ein hübsches Mädchen die Eva ist, das ist uns früher gar nicht so aufgefallen. Und Jungen würden sie vielleicht ansprechen, so wie andere Mädchen, und sie einladen mal mit ihnen in eine Diskothek zu gehen. Und Michel würde sich richtig in sie ver-
40 lieben, weil sie so gut aussah. Bei diesem Gedanken wurde ihr warm. Sie hatte das Gefühl zu schweben, leicht und schwerelos in ihrem Zimmer herumzugleiten. Frei und glücklich war sie.

Eine kleine Scheibe Lachs wäre jetzt schön. Eine ganz kleine Scheibe nur, lange hochgehalten, damit das Öl richtig abgetropft war. Das könnte doch nicht schaden,
45 wenn sowieso jetzt alles gut würde, wenn sie sowieso bald ganz schlank wäre.

Leise erhob sie sich und schlich in die Küche. Erst als sie die Tür hinter sich zugezogen hatte, drückte sie auf den Lichtschalter. Dann öffnete sie den Kühlschrank und griff nach der Dose Lachs. Drei Scheiben waren noch da. Sie nahm eine zwischen Daumen und Zeigefinger und hielt sie hoch. Zuerst rann das Öl in einem fei-
50 nen Strahl daran herunter, dann tropfte es nur noch, immer langsamer. Noch ein Tropfen. Eva hielt die dünne Scheibe gegen das Licht. Was für eine Farbe. Die

---

[1] Cornichon: Kleine Pfeffergurke

Spucke sammelte sich in ihrem Mund und sie musste schlucken vor Aufregung. Nur dieses eine Stück, dachte sie. Dann öffnete sie den Mund und schob den Lachs hinein. Sie drückte ihn mit der Zunge gegen den Gaumen, noch ganz langsam, im-
55 mer noch genüsslich. Dann schluckte sie ihn hinunter. Weg war er. Ihr Mund war sehr leer. Hastig schob sie die beiden noch verbliebenen Scheiben Lachs hinein. Diesmal wartete sie nicht, bis das Öl abgetropft war, sie nahm sich auch keine Zeit dem Geschmack nachzuspüren, fast unzerkaut verschlang sie ihn.

In der durchsichtigen Plastikdose war
60 nun nur noch Öl. Sie nahm zwei Scheiben Weißbrot und steckte sie in den
Toaster. Aber es dauerte ihr zu lange, bis
das Brot fertig war. Sie konnte es keine
Sekunde länger mehr aushalten. Unge-
65 duldig schob sie den Hebel an der Seite
des Gerätes hoch und die Brotscheiben
sprangen heraus. Sie waren noch fast
weiß, aber sie rochen warm und gut.
Schnell bestrich sie sie mit Butter und
70 sah fasziniert zu, wie die Butter anfing
zu schmelzen, erst am Rand, wo sie
dünner geschmiert war, dann auch in
der Mitte. Im Kühlschrank lag noch ein
großes Stück Gorgonzola, der Lieblings-
75 käse ihres Vaters. Sie nahm sich nicht
die Zeit mit dem Messer ein Stück abzu-
schneiden, sie biss einfach hinein, biss
in das Brot, biss in den Käse, biss, kaute,
schluckte und biss wieder. Was für ein
80 wunderbarer, gut gefüllter Kühlschrank.
Ein hartes Ei, zwei Tomaten, einige
Scheiben Schinken und etwas Salami
folgten Lachs, Toast und Käse. Hinge-
rissen kaute Eva, sie war nur Mund.

85 Dann wurde ihr schlecht. Sie merkte plötzlich, dass sie in der Küche stand, dass das Deckenlicht brannte und die Kühlschranktür offen war.

Eva weinte. Die Tränen stiegen ihr in die Augen und liefen über ihre Backen, während sie mit langsamen Bewegungen die Kühlschranktür schloss, den Tisch ab-wischte, das Licht ausmachte und zurückging in ihr Bett.
90 Sie zog sich das Laken über den Kopf und erstickte ihr Schluchzen im Kopfkissen.

Mirjam Pressler

Eva versucht gegen ihre Esssucht anzukämpfen. Es gelingt ihr nicht. Lest die Textstellen nach, in denen dies deutlich wird.

3 Die Autorin hat für ihr Buch den Titel „Bitterschokolade" gewählt. Dieser Buchtitel hat einen doppelten Sinn. Was ist damit gemeint? Was möchte die Autorin dem Leser damit bewusst machen? Sprecht in der Klasse darüber.

4 Eva steckt in einem Teufelskreis:

Worin besteht der Teufelskreis? Sprecht in der Klasse darüber.

5 Beziehungsprobleme spielen auch bei anderen Suchtformen
eine Rolle. Sucht nach weiteren Beispielen und diskutiert darüber.

6 Mithilfe von Franziska verändert sich Eva im Laufe der Geschichte:

Der Laden war wirklich ziemlich klein. Eva wäre lieber in einen größeren gegangen, in einen, in dem sie nicht so aufgefallen wäre, eine Kundin unter vielen, nicht jemand, den man besonders beachtet. Aber Franziska schien sich hier wohl zu fühlen. „Hier habe ich schon oft eingekauft", sagte sie. „Hier kauf ich gern. Die haben tolle Sachen."

5 ben tolle Sachen."

„Das Hemd hier gefällt mir", sagte Eva. Das Hemd war rosa.

„Kauf es dir doch."

„Ich möchte eine Jeans, eine blaue", sagte Eva zu der Verkäuferin. Und sie dachte: So eine helle Hose würde mir viel besser gefallen. So eine ganz helle. Und dazu

10 das rosa Hemd. Schade.

Sie stand in der Kabine und bemühte sich verzweifelt den Reißverschluss zuzumachen. Es ging nicht.

„Na, was ist?", fragte Franziska von draußen.

„Zu klein."

15 Franziska brachte die nächste Hose. Noch eine. Sie hob den Vorhang zur Seite und kam herein.

„Hier, probier mal."

„Aber die ist viel zu hell", sagte Eva. „So helle Farben machen mich doch nur noch dicker."

20 „Ach was. Helle Farben stehen dir sicher viel besser als das ewige Dunkelblau oder Braun."

Eva wagte nicht zu widersprechen. Sie hoffte Franziska würde hinausgehen, würde nicht zusehen, wie Eva sich in die Hose quetschen musste. Aber Franziska ging nicht. Sie blieb auf dem Hocker sitzen und schaute zu.

25 „Die Farbe der Hose passt zu deinen Haaren", sagte sie.

„Genierst du dich nicht mit mir?", fragte Eva.

„Wieso?"

„Weil ich so dick bin."

„Du spinnst", sagte Franziska. „Wieso soll ich mich da genieren? Es gibt halt Dün-
30 ne und Dicke, na und?"

Der Reißverschluss ging zu, ein bisschen schwer, aber er ging zu.

„So muss es sein", sagte Franziska. „Wenn du sie weiter nimmst, hängt sie morgen schon wie ein Sack an dir."

Die Farbe der Hose passte wirklich gut zu ihren Haaren. Sie war so hell wie ihre
35 Haare am Stirnansatz. Franziska kam mit dem rosafarbenen Hemd zurück. „Hier, zieh an."

Dann stand Eva vor dem Spiegel, erstaunt, verblüfft, dass sie so aussehen konnte, so ganz anders als im blauen Faltenrock. Ganz anders als in den unauffälligen Blu-sen. Überhaupt ganz anders.

40 „Schön ist das", sagte Franziska zufrieden. „Ganz toll. Die Farben sind genau rich-tig für dich."

Dunkle Farben strecken, helle tragen auf. „Ich bin zu dick für so etwas. Findest du nicht, dass ich zu dick bin für solche Sachen?"

„Finde ich nicht", sagte Franziska. „Mir gefällst du so. Und was soll's. Im dunklen
45 Faltenrock bist du auch nicht dünner. So bist du nun mal. Und du siehst wirklich gut aus. Schau nur!"

Und Eva schaute. Sie sah ein dickes Mädchen, mit dickem Busen, dickem Bauch und dicken Beinen. Aber sie sah wirklich nicht schlecht aus, ein bisschen auffällig, das schon, aber nicht schlecht. Sie war dick. Aber es musste doch auch schöne
50 Dicke geben. Und was war das überhaupt: schön? Waren nur die Mädchen schön, die so aussahen wie die auf den Fotos einer Modezeitschrift? Worte fielen ihr ein wie langbeinig, schlank, rassig, schmal, zierlich. Sie musste lachen, als sie an die Frauen auf den Bildern alter Meister dachte, voll, üppig, schwer. Eva lachte. Sie lachte das Mädchen im Spiegel an. Und da geschah es.

55 Das Fett schmolz zwar nicht, es war ganz anders, als sie erwartet hatte, dass es sein würde, kein stinkender Fettbach floss in den Rinnstein, eigentlich geschah nichts Sichtbares, und trotzdem war sie plötzlich die Eva, die sie sein wollte. Sie lachte, sie konnte nicht mehr aufhören zu lachen, lachte in Franziskas erstauntes Gesicht hi-nein und sagte, während ihr das Lachen fast die Stimme nahm: „Wie ein Sommertag
60 sehe ich aus. So sehe ich aus. Wie ein Sommertag."

Mirjam Pressler

Das Ende der Geschichte bleibt offen. Wie könnte die Geschichte von Eva weitergehen? Diskutiert in der Klasse darüber.

7 Der Jugendroman „Bitterschokolade" wurde mit einem Jugendbuchpreis ausgezeichnet.

Schülerinnen und Schüler äußern sich zu diesem Buch:

Ich bin von dem Buch begeistert. Besonders hat mir gefallen, dass der Roman so geschrieben ist, als würde es Eva, Michel und Franziska wirklich geben.

Beim Lesen des Buches ist mir klar geworden, wie schwierig es ist, erwachsen zu werden.

Etwas enttäuscht war ich vom Schluss der Geschichte. Ich hatte gehofft, dass Eva und Michel wieder zueinanderfinden.

Ich kann Eva gut verstehen. Auch ich nehme mir manchmal Dinge vor, die ich nicht einhalten kann.

Welche Meinung habt ihr dazu? Welche Gründe haben wohl die Jury bewogen den Preis an Mirjam Pressler zu vergeben?

8 Aus einem Gespräch mit der Schriftstellerin Mirjam Pressler:

FRAGE: *In „Bitterschokolade" geht es um die Probleme der 15-jährigen Eva, die darunter leidet, dass sie so dick ist. Gibt es die Eva wirklich? Woher haben Sie diesen Stoff genommen?*

PRESSLER: Das war eher zufällig. Ich habe eine Freundin, eine erwachsene Frau, die relativ dick ist. Mir ist sehr lange nicht aufgefallen, dass sie darunter litt, sie hat nie darüber gesprochen. Doch dann merkte ich, dass sie immer, wenn wir zusammen gegessen haben, weniger aß als ich. Ich wurde stutzig und fing an, sie zu beobachten, nicht nur sie, sondern auch andere Leute. Schließlich habe ich sie gefragt, ob es ihr etwas ausmachen würde, wenn ich ein Buch über ein dickes Mädchen schriebe. Sie war sehr erleichtert, dass ich dieses Problem ansprach. Sie fing an darüber zu reden und heute geht sie freier damit um. Das war der Auslöser. Grundsätzlich ging es mir aber nicht so sehr darum, ein Buch über ein dickes Mädchen zu schreiben, eher darum, dass dieses Mädchen sich selbst nicht leiden kann.

FRAGE: *Das heißt, das Problem der Eva, das Dicksein, ist für Sie austauschbar. Es könnte auch etwas ganz anderes sein, was ihr an sich nicht gefällt und sie daran hindert, sich selbst zu mögen.*

PRESSLER: Ja, natürlich, das wäre austauschbar. Es war Zufall, dass ich dieses Bild von einer dicken Frau hatte, einer Frau, die unter ihrem Dicksein litt. Ich hatte damals auch noch das Bild einer anderen Frau, die wesentlich dicker war, dabei aber unglaublich schön. Sie hatte etwas Strahlendes und Selbstverständliches. Jeder fand sie schön.

FRAGE: *Hätte die Eva, die ja in dem Buch einen kleinen Entwicklungsprozess durchmacht, einen Prozess der Selbstfindung, hätte die Eva auch ein Junge sein können oder ist Evas Problem ein typisch weibliches Problem?*

PRESSLER: Es hätte natürlich auch ein Junge sein können, obwohl ich denke, dass ich schon sehr viel stärker auf Frauen ausgerichtet bin und gerade diese Essstörung in unserer Gesellschaft etwas typisch Weibliches ist. Dabei meine ich nicht, dass dieses Fixiertsein auf die Figur den Frauen angeboren wäre, sondern es wird ihnen von außen aufgedrängt.

In diesem Gespräch erfahrt ihr einiges über die Entstehungsgeschichte des Buches „Bitterschokolade". Welche Antworten der Autorin haben euch am meisten überrascht? Welche Fragen hätten euch noch interessiert?

VERLIER NICHT DEIN GESICHT

„Verlier nicht dein Gesicht" steht an der Tür zur Teestube, einem Treff für alkoholgefährdete Jugendliche. Seit Felix dort arbeitet, steckt er mit seinem Idealismus alle an: Er malt Plakate, stellt eine Tischtennisplatte auf, richtet einen Werkraum ein und hält einen Vortrag vor Schülern. Der Erfolg lässt nicht lange auf sich warten: Es gelingt, Mike und die anderen „Lambrusco-Süffler" aus der 8. Klasse von der Flasche wegzubringen. Was keiner weiß: Felix ist selbst Alkoholiker. Er hat vor einigen Monaten eine Entziehungskur gemacht und ist vor Rückfällen nicht gefeit …

Verlier nicht dein Gesicht

Felix hat sich zum Ziel gesetzt, Mike, einen Schüler aus der 8. Klasse und Mitglied einer bereits alkoholisierten Schülerclique, von der Flasche wegzubringen:

Felix scheint es gar nicht eilig zu haben. Er erkundigt sich nach Mikes Freunden, nach Sibylle und Bomber-Donald, den beiden Süfflern hinterm Bretterzaun. Nun wird Mike giftig. Vom Süffeln will er nichts wis-
5 sen. „Verflixt und zugenäht, wir trinken, weil's uns stinkt", sagt er. „Meinst du vielleicht, es macht mir Spaß, in die Schule zu gehen und immer Fünfen zu schreiben?"

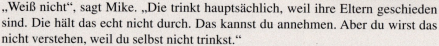

„Ach, du Schlaumeier. Mit einem Schluck aus der
10 Pulle willst du deine Fünfen wegbringen?" Felix runzelt die Stirn. „Ein komischer Trick."
Mike findet das gar nicht komisch. Felix hat keine Ahnung. „Wenn ich Lambrusco oder Friesenkorn trinke", erklärt er, „vergesse ich für eine Weile den
15 ganzen Kram. Und den anderen geht es genauso."
„Sibylle auch?"
„Weiß nicht", sagt Mike. „Die trinkt hauptsächlich, weil ihre Eltern geschieden sind. Die hält das echt nicht durch. Das kannst du annehmen. Aber du wirst das nicht verstehen, weil du selbst nicht trinkst."
20 Felix hockt auf seinen Seegrasmatratzen, den Kopf aufgestützt, und überlegt wieder. „Mike", sagt er, „weißt du, was ich mir vorgenommen habe?"
Mike hebt ein wenig den Kopf. Er ist nicht sonderlich gespannt auf das, was Felix zu bieten hat.
„Ich habe vor", sagt Felix langsam, „dich von der Pulle wegzubringen."
25 „Warum?"
„Warum?" Felix könnte die Wand hochgehen. „Weil du sonst ein Säufer wirst, du Blödmann."
Mike grinst. „Das darfst du nicht so eng sehen. Die trinken alle. Komm nur mal in die Disko oder in die Hazienda, da kannst du dich überzeugen, dass die nicht nur
30 Cola in ihren Gläsern haben."
Felix kennt die Sprüche. Früher hat er ebenso geredet. Aber heute will er Nägel mit Köpfen machen. „Mike", sagt er, „bringst du es fertig, eine Woche lang nicht zu trinken? Keinen Lambrusco, keinen Friesenkorn, überhaupt keinen Alkohol? Sieben Tage lang ohne einen Tropfen, schaffst du das?"
35 Mike sieht ihn an, als käme Felix vom Mond. Eine Woche, sieben Tage? Warum soll das Mike nicht schaffen? „Ich bin kein Alkoholiker", sagt er. „Wenn du willst, kann ich es vierzehn Tage aushalten. Oder sogar vier Wochen." Er ist voller guter Vorsätze und streckt Felix die Hand hin. Vierzehn Tage will er keinen Alkohol mehr trinken. Ehrenwort.

Dietrich Seiffert

Im Gespräch zwischen Felix und Mike erfahrt ihr, warum Jugendliche manchmal zur Flasche greifen. Lest im Text nach. Sucht nach weiteren Ursachen.

2 Nachdem es Felix gelungen ist, einige Schüler aus der 8. Klasse von der Flasche wegzubringen, trifft er Frank, den Biber, einen alten Kumpel aus seiner eigenen Trinkerzeit:

Der Biber lacht. Er lacht, dass ihm die Tränen kommen. „Mann, Felix, weißt du noch, wie du im Lehrmittelraum den Alkohol aus den Einweckgläsern gesoffen hast? Ich glaube, in dem einen Glas war eine Schlange drin oder ein fliegender Fisch. Irgend so ein Biest muss es gewesen sein." Er liegt halb auf der Matratze und hält sich den Bauch. „Felix, das Saufgenie, in der Teestube. Du, das müsste begossen werden." Felix steht der Schweiß auf der Stirn. Er presst die Hände zusammen, bis die Knöchel weiß werden.

Wenn doch der Biber aufhörte! Das war einmal. Das ist längst vorbei. Strich drunter. Der Biber soll endlich einen Punkt machen.

Der Biber? Der denkt gar nicht daran, Schluss zu machen. Der redet pausenlos von damals, von Bremen, als sie dort auf derselben Penne waren. „Weißt du noch, wie du im Supermarkt den Lambrusco geklaut hast? Drei Flaschen zu je zwei Litern und die alte Schnepfe an der Kasse, die hat's noch nicht einmal spitzgekriegt." Felix läuft der Schweiß den Hals hinunter.

Der Biber, der Lump, soll das Maul halten.

„Gib's auf!", ruft er.

Welche Auswirkungen auf Felix kann diese Begegnung mit seinem ehemaligen Schulkameraden haben?

3 Vergleicht die linken und rechten Textabschnitte miteinander. Welche Abschnitte geben mehr Auskunft über den Ablauf der Geschichte (äußere Handlung)? Wo erfährt der Leser mehr über die Gedanken und Gefühle (innere Handlung) von Felix? Was beabsichtigt der Autor des Jugendromans durch den Einbau dieser inneren Handlung?

4 Felix ist vor einem Rückfall nicht gefeit:

Es wird Juli. Regen und Sonne wechseln einander ab, doch dann scheint nur noch die Sonne, jeden Tag steigt sie am Himmel empor. Eine Gluthitze liegt über der

Klostergasse, selbst der Ara in der Bodenkammer hat den Schnabel weit aufge-
sperrt und röchelt. Felix, in Jeans und T-Shirt, schließt die Ladentür zu. Er ist auf
5 dem Weg zur Schillerschule, halb eins will er dort sein. Langsam geht er über den
Markt, er kann sich Zeit nehmen, auch im Schneckentempo würde er noch recht-
zeitig hinkommen. Felix bummelt die Gartenstraße entlang und bleibt an der Litfaßsäule stehen. Neue Plakate sind angeklebt worden, der Leim ist noch feucht
und trocknet in der Sonne. Er geht um die Säule herum, schläfrig und ausgedörrt
10 von der Hitze, und zuckt vor Schreck zusammen. Ein Mann lacht ihn an, das Bier-
glas in der Hand, frisch gezapft das Bier, mit einer schneeweißen Blume oben-
drauf. Außen ist das Glas beschlagen von der Kühle, der Schaum läuft in Streifen
herunter und der Mann, der das Glas hält, lacht über seine roten Backen, lacht
und lacht, als wolle er nie wieder aufhören.
15 Felix fährt sich mit der Zunge über die Lippen. Er schmeckt das Bier, in Gedanken
hat er das Bier schon zweimal hinuntergestürzt. Das rote T-Shirt wird dunkel vom
Schweiß, denn schon glaubt Felix, er sei der Mann mit dem Bier. Er streckt die
Hand aus, ganz mechanisch geht das, fühlt, wie das Glas schwerer wird, jetzt kann
er es nicht mehr halten. Seine Hand, ein Stein, fällt am Körper herunter, trifft ihn
20 wie ein Schlag. Er wacht auf und stürzt davon um gleich wieder kehrtzumachen,
zurück zur Litfaßsäule. Wie hypnotisiert blickt er auf das brandneue Bierplakat
der Burgbrauerei.
Dann dampft er ab. In aller Eile geht er zum Bahnhof. Links neben der Gepäck-
ausgabe, das weiß er von Mike, steht ein Bierautomat. Er ist allein in der Halle, um
25 diese Zeit ist kein Mensch im Bahnhof. Das Portmonee rutscht ihm aus den Händen, Markstücke und Groschen rollen über den Boden. Felix kriecht hinterher.
Das Geld in den Ecken lässt er liegen. Er hat genug. Es reicht für ein Bier.
Das Markstück fällt durch den Schlitz. Zwei Groschen folgen. Diesmal braucht er
eine Ewigkeit, weil seine Finger die Münzen kaum halten können. Er drückt auf
30 eine schmale Taste, BURGBRÄU steht darauf, und sofort fängt es an, drinnen im
Automaten zu summen. Unten fliegt eine Klappe auf, hokuspokus! Die Bierdose
kommt herausgerollt.
Felix bückt sich. Er greift nach der Dose, fühlt die Kälte. Sonderbar, mit einem Mal
ist der Rausch vorbei. Er blickt nach links, blickt nach rechts, dreht den Kopf nach
35 allen Seiten wie ein witterndes Tier. Schlau und gerissen will er sein, damit er seine Beute unversehrt nach Hause bringen kann. Aber dann ist er doch nur ein
Kranker, ein Alkoholiker, ein Rehabilitant, der wieder angefangen hat zu trinken.
Felix lechzt und giert nach einem Schluck Bier. Zitternd vor Spannung trägt er die
Bierdose in die Teestube.
40 Dort, in der Bodenkammer, reißt er den Deckel auf. Das Bier spritzt heraus, trifft
den Ara im Bauer, spritzt auf Matratze und Reisetasche. Felix hält die Öffnung mit
dem Daumen zu, doch der Biergeruch bringt ihn fast um den Verstand. Er setzt die
Dose an die Lippen und lässt den Bierschaum in den Mund hineinlaufen. An der
Seite rinnt es herunter, tropft auf T-Shirt und Hose und sammelt sich unten in ei-
45 ner kleinen Pfütze. Felix sieht die Bescherung. Seine Blicke werden starr. Er lässt
die Bierdose fallen und rennt in den Gruppenraum hinunter zu dem großen Spiegel, der dort hängt. Sein Gesicht kommt ihm aus der Tiefe des Spiegels entgegen-
gelaufen, kommt ganz nahe heran, berührt ihn an Nase und Stirn. Felix erschrickt
noch mehr. Soll er das sein? Er weicht zurück, und augenblicklich entfernt sich
50 auch sein Spiegelbild. Dann, an der Tür, in einem Abstand von zwei, drei Metern,

hebt er die Hand und schwört. Felix schwört vor dem Spiegel. Nie wieder wird er einen Tropfen Alkohol trinken! Er bleibt so stehen, blickt sich lange in die Augen um plötzlich mit einer einzigen Bewegung aus dem Spiegel zu verschwinden. Felix ist nun überall und nirgends. Er rast mit dem Putzeimer die Bodentreppe
55 hoch, lässt die Bierdose in der Mülltonne verschwinden, wischt und putzt und versucht mit einem Wasserschwall die Spuren wegzubringen. Er wechselt Hemd und Hose, schmiert Zahnpasta in den Mund, gurgelt. Nach alten Rezepten versteht er es, sich vollendet zu maskieren. Nur in der Bodenkammer schafft er es nicht. Dort riecht es weiter wie in einer Kneipe.

Dietrich Seiffert

In diesem Buchabschnitt wird das vergebliche Ankämpfen von Felix gegen seine Sucht eindrucksvoll geschildert. Sucht passende Textstellen heraus und lest sie so, dass ihr seine Gefühle miterlebt.

5 Vergleicht diesen Buchausschnitt mit dem aus dem Jugendroman „Bitterschokolade", in dem Evas Suchtverhalten dargestellt wird. Welche Ähnlichkeiten, welche Unterschiede könnt ihr feststellen?

6 Der Leidensweg eines alkoholkranken Menschen lässt sich wie eine Filmrolle darstellen:

Beschreibt die einzelnen Stationen dieses Leidenswegs. Bei anderen Suchtkrankheiten ist ein ähnlicher Verlauf erkennbar. Zeigt dies am Beispiel eines Rauschgiftsüchtigen auf.

7 Das Ende der Geschichte bleibt offen. Felix ist dem Alkohol verfallen und ist in diesem Stadium auch nicht bereit eine weitere Entziehungskur zu machen. Kann ihm Mike helfen, so wie ihm Felix geholfen hat? Diskutiert in der Klasse darüber.

„ … TRÄGT JEANS UND TENNISSCHUHE"

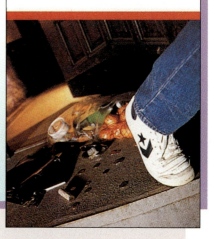

"...trägt Jeans und Tennisschuhe"

Krimi

In einem Stadtviertel werden mehrere Raubüberfälle auf ältere Personen verübt. Rolf, der in dieser Gegend wohnt und sich selbst verdächtig macht, sucht mit seinen Schulkameraden nach dem Täter. Tatsächlich findet Rolf ihn auch. Doch der Täter ist kein Junge oder Mann, sondern seine Schwester Anette, die dem Automatenglücksspiel verfallen ist und durch Überfälle an Geld zu kommen sucht. Rolf ist hin- und hergerissen: Soll er Anette verraten oder muss er schweigen?

Die Lautstärke der Musik brach heraus und klatschte um die Ohren, als die Tür geöffnet wurde.

Fast nur Jugendliche standen an den Flipperautomaten und stießen die Kugel ekstatisch[1] mit dem ganzen Körper oder saßen an Videogeräten und übten sich in ih-
5 rer Geschicklichkeit, undefinierbare Objekte abzuknallen, die explosionsartig zerbarsten.

„Abstellkammer für Hirnlose", kommentierte Ingo und schob Elisabeth hinaus.
Mitten in diesem Getöse, regelrecht eingefangen davon, sah ich mich um.
Und da musste ich sie sehen. Ich starrte.
10 Um eine erhöht angebrachte Kabine in der Mitte des Raums sind kleine, schlauchartige Zellen, die vom Hauptraum durch schmale Türen abgeschlossen werden können. In diesen Kabinen hängen jeweils drei Geldautomaten.
Anette saß auf einem der drei davor stehenden Hocker und sah regungslos den Automaten zu, leckte sich gebannt die Lippen, griff in ihre Anoraktasche, zögerte,
15 hielt eine Münze in der Hand, betrachtete sie, schaute zu ihren zwei Nachbarn, wechselte ein paar Worte und steckte die Münze in den Schlitz. Das Gesicht leuchtete im Licht der reflektierenden, rollenden Walzen kurz auf und verschloss sich wieder.
„Hör auf", flüsterte ich.
20 Sie schaute mich für einen kurzen Moment abwesend an.
„Da hinten sind noch mehr Automaten, Kleiner!", sagte sie herablassend.
Die Luft in dem Halbdunkel der Kabinen war angefüllt mit Rauchschwaden. Leise Musik war zu hören und das Piepen der Automaten; irgendwo in der Ferne klackten Billardkugeln aneinander.
25 „Bitte!", zischte ich ihr zu.
Sie schenkte mir wieder einen kurzen Blick, dann noch einen.

---

[1] ekstatisch: mit höchster Begeisterung

„Was machst du denn hier?"

Jetzt erst hatte sie mich erkannt.

„Hör bitte auf und komm."

30 Sie glotzte mich an.

Der Automat spielte die Tonfolge und blinkte auffordernd.

„Jetzt nicht."

„Bitte, komm!"

Die zwei Spieler nebenan fluchten, droschen auf die Automaten ein.

35 „Könnt ihr euer Liebesgeschwätz nicht woanders …!"

„Wieder 'ne Serie futsch."

„Reg dich ab, du hast sie weggedrückt, selbst gesehen", lachte Anette.

Ihr Automat ratterte.

„Zwölfer."

40 „Gedrückt?"

„Von alleine."

Anette vergaß mich.

Sie saß angespannt auf ihrem Hocker, drückte hier und da eine Taste.

Sie lachte nicht, sie fluchte nicht.

45 Ich stand nur da und wartete.

Vor einem erneuten Münzeinwurf sah sie zweifelnd auf die Uhr.

Ich erkannte meine Schwester nicht wieder.

Wer war sie?

Die Anette zu Hause, die in der Schule, die in der Eschenbachstraße, die vor dem

50 Automaten?

„Mach's gut, Anette!", rief ihr jemand nach, als sie gegen halb neun zum Ausgang

ging. „Schon Schluss gemacht?"

Holger stand an der Tür und grinste mir zu.

Ich lief vorbei. „Anette!"

55 Sie lief mit weit ausgreifenden Schritten vor mir her.

„Anette!"

Sie drehte sich abrupt um, funkelte mich mit verzerrtem Gesicht an und schrie:

„Halt die Schnauze und verschwinde!"

Frauke Kühn

HINTER DER FASSADE

Der erste Hinweis auf die Suchtkrankheit des 17-jährigen Klaus kommt von der Kriminalpolizei. Die Angehörigen reagieren mit Verdrängung: So etwas darf nicht sein, also kann es nicht sein. Klaus wird Schluss machen mit den Drogen. Aber seine Abhängigkeit tritt immer deutlicher und brutaler hervor, bringt die Familie an den Rand des finanziellen und seelischen Ruins; Alkohol- und Tablettengenuss der Angehörigen steigen; die Familie droht auseinander zu brechen. In ihrer Verzweiflung wendet sich die Mutter schließlich an eine Beratungsstelle. Hier werden ihr die Augen für Suchtprobleme geöffnet. Der Weg, den die Beraterin der Familie vorschlägt, ist hart, der Ausgang ungewiss. Aber es gibt eine Chance.

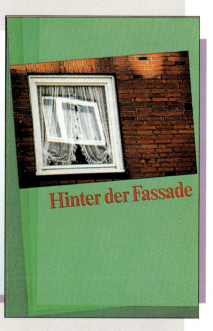

Als Wilfried gegen 13 Uhr aus der Schule kam, fand er seine Mutter, in Tränen aufgelöst, am Küchentisch sitzend. Im letzten Augenblick versuchte sie die Rotweinflasche vor ihrem Sohn zu verstecken, aber Wilfried hatte natürlich längst gemerkt, dass seine Mutter immer häufiger zur Flasche griff, die Beruhigungspillen allein
5 genügten ihr nicht mehr. Mit schlechtem Gewissen schaute Frau Segschneider ihren Sohn an.
„Ich hab nichts gekocht", sagte sie tonlos. „Ich hab mich nicht getraut einkaufen zu gehen. Ich hab Angst, dass die Leute alles über uns wissen. Ich kann's nicht ertragen, ihnen in die Augen sehen zu müssen."
10 Wilfried setzte sich an den Küchentisch, der Mutter gegenüber.
„Sie wissen überhaupt nichts", sagte er leise, „zumindest nichts Genaues. Aber sie quatschen über uns. Ich krieg das schon die ganze Zeit mit. Aber ehrlich, Mama, das ist mir scheißegal." Er schaute die Mutter trotzig an. „Wenn du willst, kann ich ja einkaufen gehen."
15 Frau Segschneider nickte dankbar. „Ich trau mich nicht unter die Leute. Ich kann das einfach nicht."
Am folgenden Abend, Wilfried war nicht zu Hause, Segschneiders dösten vor dem Fernsehapparat, sprang Herr Segschneider plötzlich auf und sagte hart: „Ich habe alles für Klaus getan, alles. Aber jetzt ist Schluss! Ich kann nicht mehr. Ich will auch
20 nicht mehr. Er soll sehen, wie er klarkommt. Ich will nichts mehr von ihm wissen."
Frau Segschneider bekam einen Weinkrampf, lief ins Bad und schluckte Beruhigungspillen. Herr Segschneider öffnete daraufhin eine weitere Flasche Bier und drehte den Fernsehapparat lauter.
Später, im Bett, Segschneiders wälzten sich schlaflos hin und her, sagte Frau Seg-
25 schneider auf einmal leise:
„Wieso hast du eigentlich alles für Klaus getan? Du hast dich doch nie um seine Erziehung gekümmert. Das hast du doch alles mir überlassen. Du hattest doch nur dein berufliches Fortkommen im Kopf." Sie fing leise an zu weinen. „Du konntest

doch nur an ihm herumkritisieren." Sie schluchzte auf und schrie: „Du hast über-
30 haupt nichts für Klaus getan. Du kannst gar nichts für einen anderen Menschen
tun! Du kannst nur fordern, fordern, fordern!"

„Ja!" Herr Segschneider sprang mit einem Satz aus dem Bett. Sein Gesicht war rot
vom Alkohol, seine Augen funkelten, seine Stimme überschlug sich fast. „Man
muss einen Menschen fordern, wenn etwas aus ihm werden soll. Ich bin auch ge-
35 fordert worden. Aber du kannst ja nur verwöhnen, verwöhnen, verwöhnen! Aber
jetzt siehst du hoffentlich, wie weit du Klaus damit gebracht hast. Meine Kollegen
lachen über mich. Weißt du, was das für mich heißt? Ich kann ihnen nicht mehr ins
Gesicht sehen. Ich habe Angst zur Arbeit zu gehen. Soweit hast du es glücklich gebracht."

40 Auf einmal stand Wilfried im Schlafzimmer, er schwankte leicht. „Wenn ihr nicht
wollt, dass die Leute über euch reden, dürft ihr nicht so brüllen", sagte er voller Iro-
nie. „Ich habe euch eben schon auf der Straße gehört."

Herr Segschneider starrte seinen Sohn an. „Hast du was getrunken?"

Wilfried grinste. „Klar hab ich was getrunken." Er hatte Schwierigkeiten mit der
45 Artikulation. „Tut doch inzwischen jeder in unserer glücklichen Familie. War doch
schon immer der letzte Ausweg."

Herr Segschneider ging drohend auf seinen Sohn zu. „Was sagst du da?"

Wilfried hielt seinen Vater mit dem rechten Arm auf Abstand. „Rühr mich nicht
an!"

50 Entsetzt starrte Frau Segschneider auf Ehemann und Sohn. Sie standen sich gegenüber, als wollten sie gleich aufeinander einschlagen. Beide gleich groß, der
15-jährige Sohn fast breiter als der Vater, beider Köpfe gerötet von übermäßigem
Alkoholgenuss. Herr Segschneider schüttelte nach einer Weile langsam den Kopf,
so, als wollte er etwas abschütteln. „Was hast du da eben gesagt? Was war schon
55 immer so? – Jetzt lass uns aber mal vernünftig reden." Herrn Segschneiders Stimme klang wieder fester.

Wilfrieds Grinsen wurde immer breiter. „Vernünftig reden?", äffte er den Vater nach. „Seit wann kann man mit dir oder mit Mutter vernünftig reden? Ihr könnt ja nicht einmal vernünftig miteinander reden. Ihr könnt ja nur noch vor dem Fernse-
60 her hocken." Wilfrieds Stimme wurde leiser, klang fast zärtlich. „Da hat Klaus halt mit mir reden müssen, ganze Abende lang, manchmal, wenn ihr vor eurer blöden Glotze schon lange eingepennt wart." Seine letzten Worte waren kaum zu verstehen. „Aber ich habe ihm nicht helfen können. Ich war damals ja erst 13 Jahre alt." Segschneiders starrten erst sich gegenseitig, dann ihren Sohn an.
65 „Heißt das", Herr Segschneider brachte die Worte kaum heraus. „heißt das, du hast die ganze Zeit gewusst, dass Klaus … die ganze Zeit … ?"
Wilfried nickte langsam, sein Grinsen wurde traurig, fast verzweifelt.
„Warum hast du uns nichts gesagt?", flüsterte Herr Segschneider fassungslos.
„Wem von euch bitte hätte ich etwas sagen sollen?" Wilfried blickte den Vater he-
70 rausfordernd an. „Dir etwa, weil du ja alles hinkriegst. Du meinst, wenn du deine berühmten Machtworte sprichst, würden sich alle Probleme von allein lösen. Du kriegst das hin, du regelst das schon. Dabei kapierst du überhaupt nichts." Wilfrieds Stimme wurde lauter, anklagender. „Was hast du denn getan, seit du weißt, dass Klaus Drogenprobleme hat? Das Einzige, was ich immer nur von dir gehört
75 habe, war dein blödes: Ich krieg das schon hin. Du hast dem Klaus die Drogen verboten und gemeint, deshalb würde er keine mehr nehmen. Wieso hast du dir nicht ein einziges Mal die Frage gestellt, warum Klaus überhaupt mit Drogen angefangen hat? Und als du merktest, dass Klaus sich einen Scheißdreck um deine Verbote kümmerte, hast du dir ein Bier nach dem anderen reingezogen."
80 Wilfried drehte seinen Kopf zur Mutter hin, die starr aufgerichtet im Bett saß. „Oder hätte ich lieber mit dir reden sollen, Mutter? Als Klaus sich beim Baden nicht mehr von dir den Rücken waschen lassen wollte, als er nicht mehr mit jedem Scheißdreck zu dir auf den Schoß gekrochen kam, hast du angefangen Beruhigungstabletten zu schlucken. Manchmal weiß ich nicht mehr, wer eigentlich süch-
85 tiger ist, Klaus oder du."
„Moment, Moment", fuhr Herr Segschneider dazwischen. „Ich dulde nicht, dass du so mit deiner Mutter redest!" Er schluckte, setzte noch einmal an. „Deine Mutter braucht dann und wann eine Schlaftablette, das ist alles. Das brauchen viele Menschen. Und wenn ich gelegentlich ein Bier trinke, ist das etwas völlig anderes, als
90 wenn …"
Jetzt fuhr Wilfried dem Vater dazwischen. „Gelegentlich ein Bier? In der Küche stehen vier leere Flaschen, die hast du heute Abend leer getrunken, die standen noch nicht da, als ich wegging. Und was Mutters Tabletten betrifft, nur zu deiner Information: Die weißen sind Schlaftabletten und die roten starke Beruhigungspil-
95 len, die man übrigens nur auf Sonderrezept bekommt."
„Was verstehst du denn von Tabletten?", fragte Herr Segschneider höhnisch.
Jetzt grinste Wilfried wieder, so, als erleichtere es ihn, seinem Vater einen schweren Schlag zu verpassen. „Ich weiß das, weil diese roten Pillen in der Schule gehandelt werden. Einige Typen klauen die regelmäßig bei ihren Alten." Er machte
100 eine Pause und setzte dann noch hinzu: „Im Moment steht der Kurs bei sechs Mark das Stück."
Herr Segschneider glotzte seinen Sohn lange an, seine Frau sank in die Kissen zurück und drehte sich zur Seite. Wilfried ließ plötzlich die Hände sinken und sagte hilflos: „Wahrscheinlich hilft dieses Scheißzeug tatsächlich. Wenn ich mir nicht

105 eben einen angesoffen hätte, hätte ich gar nicht den Mut gehabt euch so eine schöne Rede zu halten."

Er drehte sich um und wollte aus dem Zimmer gehen, aber sein Vater packte ihn
bei der Schulter, riss ihn herum, sagte fast flehend: „Wilfried, willst du damit sagen,
dass du auch schon mal, ich meine, dass du auch Drogen … Hör mal, Wilfried, sag
110 die Wahrheit, damit du nicht auch … so wie Klaus. Wilfried, wenn du mir die
Wahrheit sagst, helfe ich dir da raus. Ich verspreche dir das. Ich krieg das schon …"
Er verstummte erschrocken.

Wilfrieds Stimme klang leise und bitter. „Ich weiß, du kriegst das schon hin. Aber
mach dir keine Sorgen. Ich krieg das auch hin. Frag doch mal Mama. Was hat sie
115 denn immer gesagt, wenn ich mal mit meinen Problemen zu ihr gekommen bin?
Weißt du das nicht? Sie sagte immer: Das kriegst du schon hin, Wilfried. Du bist ja
schon so selbstständig. Du bist doch unser Bester."

Wilfried hatte Tränen in den Augen, als er plötzlich losschrie: „Sie hat ja Recht. So
gut wie du kriege ich das allemal hin."
120 Er riss sich los und lief die Treppe hinauf.

Herr Segschneider schrie hinter ihm her: „Ist dir eigentlich klar, dass du schuld an
allem bist? Du allein. Wenn du den Mund aufgemacht hättest, wäre nichts passiert.
Aber wahrscheinlich habt ihr da oben gemeinsam gehascht. Mir reicht's. Ich will
euch beide nicht mehr sehen!"

Anatol Feid

COLD TURKEY

Andy, ein 16-jähriger Gymnasiast, gerät durch seine
Freundschaft mit Michi und Anna an Drogen: Er fängt
an Haschisch zu rauchen. Als er eines Tages damit in
der Schule erwischt wird, steht er für seinen Freund Mi-
chi, den Dealer, ein. Andy fliegt von der Schule. Seine
Freunde wenden sich bald von ihm ab. Nur seine
Schwester Simone hält zu ihm, auch dann noch, als
Andy mit seinen Eltern bricht, zu der rauschgiftsüchtigen
Natalie zieht und seine eigene „Drogenkarriere" beginnt.

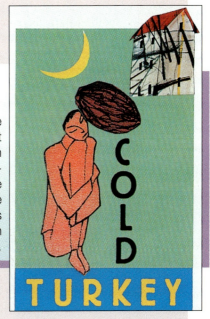

Fünf Wochen später waren aus Simones Zimmer der CD-Player, Kassettenrekor-
der, das Transistorradio und das Schmuckkästchen mit Goldkettchen und Ohrrin-
gen verschwunden.

Diesmal begriff Simone.
5 Das konnte nur Andy getan haben.

Sie war wütend. Das war nicht fair. Er brachte sie in Schwierigkeiten.

Wie sollte sie das den Eltern erklären? Am Ende würde der Vater auch das Fehlen des Sparbuchs entdecken.

Sie fuhr zur WG und klingelte Sturm an der Wohnungstür.

10 Wieder einmal öffnete Natalie. „He, Kleines! Was willst du denn hier?"

Sie sprach sehr langsam, so, als hätte sie Mühe überhaupt irgendetwas zu sagen. Ihr Blick war apathisch.

„Ich will Andy sprechen!"

Es war vier Uhr nachmittags und Natalie sah aus, als wäre sie gerade aus dem Bett

15 gekrochen. Sie kicherte ohne ersichtlichen Grund. „Das geht jetzt nicht. Komm später wieder."

Natalie machte Anstalten, Simone die Tür vor der Nase zuzuknallen.

Irgendwie hatte Simone damit gerechnet. Energisch klemmte sie den Fuß in die Tür und stemmte sich mit dem Oberkörper dagegen. Sie musste gar nicht viel Kraft

20 aufwenden. Natalie, die einen Kopf größer und bestimmt stärker war, ließ sich leicht aus dem Weg drücken. Die Tür flog auf und Natalie taumelte gegen die Wand im Wohnungsflur. Simone stürmte an ihr vorbei.

Sie fand Andy auf der Matratze in Natalies Zimmer. Er lag dort auf dem Rücken, den Kopf zur Seite gewandt. Außer einer Unterhose hatte er nichts am Leib.

25 Simone entdeckte trotz des Durcheinanders im Zimmer sofort ihre Geräte. Die hatte er aus ihrem Zimmer abgeschleppt. Alles andere war im Augenblick egal.

Sie hatte nur noch Wut im Bauch.

„Sag mal, spinnst du, oder was?" Simone brüllte den großen Bruder an. Er lag regungslos auf der Matratze.

30 „Du kannst mich doch nicht beklauen. Wo sind wir denn?"

Andy wandte nicht einmal den Kopf.

„Du bist ja total bescheuert!", brüllte Simone.

„Tu dir keinen Zwang an! Brüll nur!", Natalie lehnte im Türrahmen. „Du kannst brüllen, so viel du willst, Kleines. Es ist sinnlos." Unter den Augen hatte Natalie tie-

35 fe, blauschwarze Ringe.

Sinnlos?

Andy lag noch immer auf der Matratze und rührte sich nicht.

Simone erschrak.

Was war mit Andy passiert? War er bewusstlos?

40 Der Schreck durchfuhr sie wie ein elektrischer Schlag: Oder war er tot?

Noch nie im Leben hatte Simone so viel Angst gehabt. Die Angst saß wie eine kleine harte Faust in ihrem Magen.

Mit einem Sprung erreichte sie die Matratze und griff nach seiner Hand. Sie war eiskalt.

45 Aber er atmete.

Sie sah, wie sich die Brust leicht bewegte.

Sie presste ein Ohr an seine Rippen. Das Herz schlug.

Natalie beobachtete sie, die Arme vor der Brust verschränkt.

„Was regst du dich auf? In zwei Stunden ist er wieder akut vorhanden. Er pennt

50 doch nur. Er hat zu viel Türkischen Honig erwischt."

Türkischer Honig? Den kannte Simone nur als das süße klebrige Zeugs, das auf Jahrmärkten verkauft wird. „Wieso Türkischer Honig?"

Natalie lachte schrill. „O Mann, Kid. Bist du so naiv oder ziehst du nur 'ne Schau

ab? Heroin, Schätzchen, gutes hochprozentiges Heroin aus der Türkei. Nie davon
55 gehört? Mensch, in deinem Alter war ich aber schon weiter."

In diesem Augenblick erging es Simone mit Natalie, wie es ihr wenige Wochen zuvor mit Tobias ergangen war. Sie begann Natalie zu hassen.

Das war es also.

Andy kiffte nicht mehr. Aus dem Gelegenheitskiffer war ein Junkie geworden. Ei-
60 ner von denen, über die beinahe täglich in der Zeitung steht, dass sie tot aufgefunden werden: in Bahnhofsklos, U-Bahn-Schächten, im Park oder in ihren Wohnungen auf einer Matratze.

So schnell konnte das passieren – so einfach?

Simone erinnerte sich, dass Andy als Kind panische Angst vor Spritzen gehabt hat-

65 te. Wie hatte Natalie ihn nur dazu überreden können, sich eine Nadel unter die
Haut zu jagen?

Andy – ein Fixer?

Dafür hasste sie Natalie! Der Hass war ein gutes Gefühl. Er machte sie stark.
Stark und wütend.

70 Jetzt sah sie auch die benutzte Einwegspritze, die neben der Matratze zwischen einem von Andys Socken und einer Unterhose Natalies auf dem Boden lag.

„Okay", sagte sie cool und hasserfüllt, „danke für die Aufklärung. Vielleicht
kannst du mir auch noch sagen, warum sich Andy so anfühlt, als wär er schon tot?
Das ist doch nicht normal."

75 Natalie zuckte arrogant die Schultern. „Ich sag dir doch: Er pennt."

„Und warum ist er so kalt?"

„Weil er friert, deshalb. Und nun mach, dass du nach Hause kommst!" Natalie löste sich vom Türrahmen und kam drohend auf Simone zu.

Simone spannte den Rücken an. Wenn es zu einer handgreiflichen Auseinander-
80 setzung kam, dann wollte sie darauf vorbereitet sein. Unmissverständlich sagte sie:
„Ich gehe, wann's mir passt." Wenn es wirklich zum Kampf kommt, dachte sie, hab

ich wenig Chancen. Natalie ist sieben Jahre älter und sie ist größer und stärker als ich. Sie konnte nicht wissen, dass Natalie gar keine Kraft hatte zu kämpfen.

Natalie war wie Andy in einem Rauschzustand. Nur wirkte die Droge bei ihr schon
85 lange nicht mehr so wie bei Andy. Simone hätte Natalie einfach beiseite schieben können wie einen Betrunkenen, der über die Straße torkelt.

„Ich gehe, wann's mir passt. Und rühr mich ja nicht an! Ich schlage dich kurz und klein, wenn's darauf ankommt." Simone sprach leise, aber hart. „Ich hasse dich. Dass du es nur weißt! Ich hasse und verachte dich."

Angelika Mechtel

Es geschah im Nachbarhaus

Am Ende des 19. Jahrhunderts wird in einer kleinen Stadt am Rhein in einer Scheune ein Junge ermordet aufgefunden. Da man den Täter nicht sofort findet, wird von einigen Böswilligen der Verdacht auf den jüdischen Viehhändler Waldhoff gelenkt. Es beginnt eine Hetzkampagne gegen dessen Familie, worunter auch Sigi, der Sohn des Verdächtigen, zu leiden hat. Sigi Waldhoff ist befreundet mit Karl Ulpius, dessen Vater sich als einer der wenigen nicht an dem Kesseltreiben beteiligt und die Freundschaft seines Sohnes mit Sigi unterstützt. Als das Haus der Familie Waldhoff von einigen Männern angezündet wird, sind Karl und sein Vater die Einzigen, die bereit sind zu helfen.

Es geschah im Nachbarhaus
Geschichte eines Verdachtes

Herr Ulpius zog sich hastig an.

„Wo willst du hin, Theo?", fragte Mutter ängstlich.

„Ich will nachsehen, was dort getrieben wird."

„Halt dich doch heraus, Theo. Was geht uns das an? Leg dich ins Bett und zieh dir
5 die Decke über die Ohren."

„Sei still, das verstehst du nicht."

„Warum mischst du dich ein? Die Leute sehen uns schon wieder schief an. Ich verstehe dich nicht."

„Tschüs, Mutter", sagte Herr Ulpius und knöpfte den Mantel zu. In der Tür dreh-
10 te er sich noch einmal um und rief ihr zu: „Du verstehst mich schon, nicht wahr? Ich möchte am liebsten auch den Kopf in den Sand stecken. Aber das ist nicht richtig. Bequem ja. Aber nicht richtig. Willst du einen bequemen Mann, der es auch noch falsch macht?" Er lachte, als sie sich umdrehte und „Ach, geh schon", sagte. An der Tür wartete Karl bereits.

15 „Bleib du mit der Nase zu Hause, Junge. Diese Nacht ist nicht für Kinder."

„Das wäre doch nicht richtig, Vater, wie?"

Der Vater gab ihm einen Klaps. „Du hast es faustdick hinter den Ohren. Bei dir möchte ich später nicht Schüler sein."

Sorgfältig schloss Vater die Tür hinter sich ab. Sie hasteten die Straße entlang.

20 „Riechst du nichts?", fragte Karl.

Herr Ulpius schnüffelte. „Verbrannt riecht es, nicht?"

„Ja."

„Der Rauch aus den Schornsteinen wird durch das Wetter niedergedrückt."

„Riecht aber stark."

25 Sie gelangten in die Mühlstraße. Da sahen sie, dass es nicht der Qualm der Kamine war. Vor Waldhoffs Haustür loderten die Flammen.

„Männer, angetreten!", schrie der, der die Kolonne hergeführt hatte. Das Durcheinander der dunklen Gestalten reihte sich und erstarrte im Block.

„Männer!" Der Anführer schrie, als ob er ein ganzes Bataillon Soldaten vor sich

30 hätte. „Wir haben heute dem Vaterland einen Dienst erwiesen. Wir haben einen Schandfleck in dieser Stadt ausgemerzt. Freiheit und Gerechtigkeit müssen erkämpft werden. Was eine lahme Justiz nicht fertig bringt, das schafft deutsche Männerkraft!" Er warf noch einen Blick in die Flammen und war zufrieden. Die Tür brannte hellauf.

35 „Rechts um!"

Die Absätze klapperten.

„Abteilung – Marsch!"

Herr Ulpius lief auf den Brandherd zu. Krachend barst die Haustür. Im Flammenschein sah Karl, wie Waldhoffs erschrocken die Treppe hinaufrannten. Die Glut

40 war bis an den Treppenfuß gefallen.

„Feuer! Feuer! Nachbarn! Feuer!", schrie Herr Ulpius.

Zögernd öffneten sich die Türen. Die Männer und Frauen traten heraus.

Bald standen sie im Halbkreis vor Waldhoffs Haus. Herr Ulpius rannte von einem zum andern und schrie: „Die Eimer! Holt die Feuerwehr! Warum löscht ihr nicht?

45 Ruft Brandmeister Hoppe! Helft! Helft doch!"

Schweigend starrten die Nachbarn vor sich hin oder in die wachsenden Flammen, die schon an der Theke leckten.

Da packte Herr Ulpius Gerd Märzenich vorn am Kragen: „Was ist? Warum steht ihr nur und seht zu, wie ein Haus abbrennt?"

50 Der Schmied schüttelte Herrn Ulpius ab, zog sich die Jacke wieder zurecht und sagte:

„Sie haben es herausgeschrien, bevor sie den Brand legten. Sie wollen jedem das Haus über dem Kopf anzünden, der hier Hand anlegt und löscht."

Spöttisch hielt er Herrn Ulpius zwei Eimer hin. „Wenn Sie es selbst versuchen wol-

55 len, bitte schön."

Herr Ulpius riss ihm die Eimer aus der Hand.

„Komm!", befahl er Karl. Schweigend öffnete sich der Halbkreis. Sie rannten die paar Schritte zur Pumpe. Karl pumpte mit aller Kraft. Der Strahl schoss in den Eimer, Herr Ulpius goss das Wasser in die Flammen. Es zischte auf. Weiße Dampf-

60 wolken mischten sich mit dem beißenden Qualm. Irgendwer stellte noch zwei Eimer unter die Pumpe. Als Herr Ulpius zum siebten oder achten Male gelaufen war, stieß er hervor: „Los Karl, los! Wir schaffen es. Waldhoff und Sigi löschen von innen. Sie holen das Wasser vom Brunnen im Hof."

Karls Herz hämmerte. Die Brust schmerzte. Die Arme waren taub. Er stieß den

65 schweren Pumpenschwengel hoch und riss ihn herunter, wieder und wieder. Allmählich wurde der Feuerschein schwächer, dunkler. Noch zwei, vier Eimer.
„Es ist genug, Junge."
Herr Ulpius schleppte die letzten vollen Eimer weg. Die Nachbarn waren in ihre Häuser zurückgegangen. Nur Mehlbaum grollte: „Das werden Sie noch bereuen,
70 Herr Ulpius. Bereuen werden Sie es." Er schüttelte seine Faust gegen das Waldhoff'sche Haus.
„Kommen Sie herein", bat Waldhoff. Karl entdeckte Sigi. Sie gingen ins Wohnzimmer. Frau Waldhoff hatte den Docht hochgedreht. Hell leuchtete das Licht.
„Du siehst vielleicht aus!", sagte Karl, als er das rußgeschwärzte Gesicht von Sigi
75 sah.
„Sieh dich mal selbst an", lachte der.
Frau Waldhoff goss Beerenschnaps in kleine Gläser. Die Männer stießen an und tranken.
Herr Waldhoff atmete ein paarmal tief und wollte irgendetwas sagen.
80 „Wir sind Ihnen sehr …"
„Lassen Sie es gut sein, Waldhoff!", fiel Herr Ulpius ins Wort. „Wenn es bei mir einmal brennen sollte, dann vergessen Sie die Eimer nicht."
„Ganz bestimmt nicht, Herr Ulpius", rief Sigi.

Willi Fährmann

FRÄNZE

Fränzes Vater Johannes ist arbeitslos. Da er mit dieser Situation nicht zurechtkommt, beginnt er zu trinken und gerät in Streit mit Fränzes Mutter. Schließlich zieht er von zu Hause aus. Doch Fränze will ihren Vater zurückholen. Eines Tages entschließt sie sich für ihn und für alle Arbeitslosen auf der Straße mit der Geige zu spielen, um die Menschen zum Nachdenken zu bringen. In Holger hat sie einen Freund, der sie versteht.

Niemand stellt sich ihr in den Weg. Kein Polizist taucht auf. Keiner wundert sich und keiner möchte um Erlaubnis gefragt werden.
Der Flöter ist nicht da. Dafür ein singender Gitarrist. Sie sucht sich einen Platz, von wo aus der kaum zu hören ist. Dafür donnern U-Bahnen nah vorbei.
5 Sie packt die Geige aus. Holger, der zusammen mit Anke aus sicherer Entfernung den Auftritt beobachtet, kommt angesaust, stellt blitzschnell den Notenständer auf und zieht sich wieder zurück.

Bedachtsam rollt Fränze einen breiten Streifen Papier aus, ihr Plakat.
Jeden Buchstaben hat sie farbig ausgemalt:

10   ICH SPIELE FÜR JOHANNES
                      UND ALLE ARBEITSLOSEN.
                      DAMIT IHR AN SIE DENKT!

Das war die neunte oder zehnte Fassung. Immer wieder hat sie neue Sätze aufge-
schrieben.
15 Ihre Hand bebt ein wenig, als sie die Geige stimmt. Sie ist so mit sich und der
Geige beschäftigt, dass ihr gar nicht auffällt, wie sich Leute um sie scharen, neugierig
warten.
Das Stück aus der *Partita* von Bach hat sie viele Male geübt. Mit dem will sie beginnen. Sie findet es am schönsten. Es ist auch am schwersten. Sie wartet, bis der
20 Zug vorüber ist und setzt schnell den Bogen an. Der Klang überrascht sie. Er ist
laut und hallt nach. Fast wie in einer leeren Kirche. Die Geige tönt schön. Sie
braucht die Noten gar nicht, macht die Augen zu und spielt. Ein paarmal patzt sie
und muss neu ansetzen.
Bald hat sich ein dichter Menschenring gebildet. Erwachsene und Kinder hören ihr
25 zu. Zufrieden sieht sie, dass viele ihr Plakat studieren. Es geht! singt es in ihrem
Kopf. Als gehörten die Worte zum Geigenspiel: Es geht! Es geht! Einige Zuhörer
werfen Münzen in den Geigenkasten. Das Geld ist ihr nicht wichtig und sie weiß
nicht, wofür sie es gebrauchen soll.
Sie spielt.
30 Fränze fühlt sich immer sicherer. Sie muss aufpassen, dass sie nicht übermütig wird.
So ist ihr mancher Griff, manche Tonfolge noch nie gelungen. Selbst nicht im Kon-
zert, wenn sie lange geübt hat.
Holger und Anke haben sich durch die Menge gedrängt und unmittelbar vor ihr
aufgepflanzt. Beide strahlen. Verdammte Schisser, denkt Fränze, wenn's gut läuft,
35 trauen sie sich.
Sie fragt sich, wie lange sie weitergeigen soll. Diese Entscheidung wird ihr abge-
nommen.
Die beiden Polizisten sind ihr erst gar nicht aufgefallen. Sie stehen mit verschränk-
ten Armen – wie Zwillinge – in der Menge und beobachten Fränze.
40 Nicht unfreundlich. Solange ich geige, denkt sie, werden die mich nicht ansprechen. Sie täuscht sich.
Beide treten im Gleichschritt nach vorn. Beide verziehen ihr Gesicht zu einer amt-
lichen Miene. Beide nicken ihr auffordernd zu. Beide sagen: „Entschuldigung."
Fränze schaut mit schräg gelegtem Kopf zu ihnen auf. Als sie weiter zu geigen ver-
45 sucht, verhaut sie sich.
Der eine wird nun laut: „Kannst du mal aufhören?" Der andere fügt eine scharfes
„Bitte!" hinzu.
Anke verdrückt sich in der Menge, wird einfach unsichtbar. Holger dagegen hat
hinter den Polizisten Stellung bezogen.
50 Sie lässt Bogen und Geige sinken und wartet ab.
„Wer ist Johannes?", fragt der eine Polizist. Der andere streckt mit einem Ruck
den Arm aus und zeigt auf Fränzes Plakat.
„Johannes?" Sie wiederholt die Frage und lauscht ihr nach, als wisse sie es nicht
genau.
55 Holger springt ihr bei.

Die Polizisten machen in einer Bewegung auf dem Absatz kehrt und nehmen ihn ins Visier.

„Das ist der Vater von Fränze", erklärt er, „und der hat …. der ist arbeitslos."

„Bist du ihr Bruder?", fragt der eine Polizist, worauf der andere ihm ins Wort fällt:
60 „Er hat doch gesagt, ihr Vater."

„Ich gehe mit Fränze aufs Gymnasium. Wir sind Freunde."

„So, Freunde …", bemerkt der eine Polizist spöttisch, während der andere sich wieder Fränze zuwendet: „Hast du eine Erlaubnis hier zu spielen?"

„Braucht man die?"

65 Der Polizist mustert sie ohne zu antworten. Sein Kollege fragt: „Wie alt bist du denn?"

Holger schluckt so hart, dass es zu hören ist. „Also", sagt er sehr laut, „ich finde das nicht in Ordnung, dass Sie eine Dame nach ihrem Alter fragen."

Er bringt den Satz kaum zu Ende. Die Leute applaudieren, lachen.

70 „Gut so, Junge", schreit jemand. „Warum darf das Kind denn nicht weitergeigen?", fragt eine Frau.

Die Polizisten haben es plötzlich eilig. Der wachsende Tumult ist ihnen unangenehm.

„Ich bin dreizehn", sagt Fränze leise.

75 „Wissen deine Eltern Bescheid?", fragt ebenso leise einer der Polizisten. Fränze schüttelt den Kopf.

„Soll ich dir beim Einpacken helfen?"

Fränze lehnt mit zusammengekniffenen Lippen ab, kauert sich hin, verstaut die Geige. Holger hilft. Sie findet ihn prima. Später, wenn alles vorbei ist, muss sie ihm
80 das sagen.

Peter Härtling

Verfasser- und Quellenverzeichnis

Aichinger, Ilse
Das Fenster-Theater, *S. 67. Aus:*
Der Gefesselte. Erzählungen. Frankfurt
a. M.: Fischer Verlag 1953

Ausländer, Rose
Gemeinsam, *S. 162. Aus: Doppelspiel.*
Gedichte. Köln: Literarischer Verlag
Helmut Braun 1977

Bartsch, Kurt
Assoziation, *S. 149/150. Aus: türen.*
Gedichte und Prosa aus der DDR.
Esslingen: Burgbücherei Wilhelm
Schneider 1972

Bender, Hans
Jahrmarkt, *S. 113. Aus: Lyrische Bio-*
grafie. Wuppertal. Werk-Kunstschule
1957

Bender, Ralph G.
Der schlagfertige Bismarck,
S. 74. Aus: Der Markt. Anzeigenblatt
für Rhön-Grabfeld vom 27.7.1978.
Würzburg: Verlags-Service-GmbH 1978

Biermann, Wolf
Die Ballade vom Briefträger
William L.Moore aus Baltimore,
S. 125. Aus: Die Drahtharfe. Balladen,
Gedichte, Lieder. Berlin: Verlag Klaus
Wagenbach 1965 (Quarthefte 82)
Wann ist denn endlich Frieden,
S. 163. Aus: Mit Marx- und Engelszun-
gen. Berlin: Verlag Klaus Wagenbach
1968

Böll, Heinrich
Anekdote zur Senkung der Ar-
beitsmoral, *S. 80. Aus: Erzählungen*
1950-70. Köln: Kiepenheuer & Witsch
1972

Skelett einer menschlichen Sied-
lung, *S. 39. Aus: Heinrich Böll Werke.*
Romane und Erzählungen Band 3.
Hrsg. von B. Balzer. Köln: Verlag
Kiepenheuer & Witsch 1957

Borchert, Wolfgang
Das Brot, *S. 56. Aus: Das Gesamt-*
werk. Hamburg: Rowohlt Verlag 1949
Die Küchenuhr, *S. 62. Aus: Das Ge-*
samtwerk. Hamburg: Rowohlt Verlag
1949

Brambach, Rainer
Paul, *S. 154. Aus: Junge Lyrik.*
München: C. Hanser Verlag o.J.

Brecht, Bertolt
Die Moritat von Mackie Messer,
S. 137. Aus: Gesammelte Werke. Frank-
furt a. M.: Suhrkamp Verlag 1967 (Me-
lodie: Kurt Weill, aus: Die Dreigroschen-
oper, ©1928 by Universal Edition A.
G. Wien)
Der Denkende und der falsche
Schüler, *S. 84. Aus: Gesammelte Wer-*
ke. Frankfurt a. M.: Suhrkamp Verlag
1967
Der hilflose Knabe, *S. 84. Aus:*
Gesammelte Werke. Frankfurt a. M.:
Suhrkamp Verlag 1967
Fragen eines lesenden Arbeiters,
S. 141. Aus: Gesammelte Werke. Frank-
furt a. M.: Suhrkamp Verlag 1967
Herr Keuner und die Flut, *S. 84.*
Aus: Gesammelte Werke. Frankfurt a. M.:
Suhrkamp Verlag 1967
Moderne Legende, *S. 166. Aus:*
Gedichte. Frankfurt a. M.: Suhrkamp
Verlag 1960
Der Rauch, *S. 145. Aus: Gesammelte*
Werke. Frankfurt a. M.: Suhrkamp Ver-
lag 1967

Britting, Georg
BRUDERMORD IM ALTWASSER, *S. 58.*
Aus: Die kleine Welt am Strom. Mün-
chen: Nymphenburger Verlagshandlung
1952
GARTEN IM OKTOBER, *S. 116. Aus:*
Der unverstörte Kalender. Nachgelasse-
ne Gedichte. München: Nymphenbur-
ger Verlagshandlung 1965

Busta, Christine
NIEMAND, *S. 115. Aus: Lampe und*
Delphin. Salzburg: Otto Müller 1955

D., Özge
ANGST, *S. 19. Aus: Wir leben hier! Aus-*
ländische Jugendliche berichten. Hrsg.
von Ulrike Holler und Anne Treuter.
Frankfurt: Alibaba 1992

Daubert, Hannelore
WERKSTATTGESPRÄCH MIT MIRJAM
PRESSLER, *S. 228. Aus: Lehrerbegleit-*
heft zu „Bitterschokolade" v. Mirjam
Pressler. Weinheim und Basel: Beltz
Verlag 1990

de Cesco, Federica
SPAGHETTI FÜR ZWEI, *S. 22. Aus:*
Freundschaft hat viele Gesichter.
Luzern/Stuttgart: L. Rex 1986

Effert, Gerold
DORSCHFANG *(AUSSCHNITT), S. 30.*
Aus: Menschenzeit – Gotteszeit. Ein
Vorlesebuch zum Kirchenjahr für Schu-
le und Gemeinde. Hrsg. von Erhard
Dolmay. Lahr: Verlag E. Kaufmann
1992

Eichendorff, Joseph von
SEHNSUCHT, *S. 159. Aus: Werke. Band*
I. Hrsg. von J. Perfahl. München o.J.

Ende, Michael
DIE RECHNUNG IST FALSCH UND
GEHT DOCH AUF, *S. 43. Aus: Momo.*
Stuttgart: Thienemanns Verlag 1974

Enzensberger, Hans Magnus
NÄNIE AUF DEM APFEL, *S. 151. Aus: Blin-*
denschrift. Gedichte. Frankfurt a. M.:
Suhrkamp Verlag 1962

Fährmann, Willi
DER AUSREISEANTRAG, *S. 16. Aus:*
Kristina, vergiss nicht … Würzburg:
Arena Verlag 1974
ES GESCHAH IM NACHBARHAUS *(Aus-*
schnitt), S. 242. Würzburg: Arena Ver-
lag 1968

Feid, Anatol
HINTER DER FASSADE *(Ausschnitt),*
S. 236. Düsseldorf: Patmos Verlag 1988

Fels, Ludwig
NATUR, *S. 152. Aus: Ernüchterung.*
Erlangen: Renner 1975

Fontane, Theodor
DIE BRÜCK' AM TAY, *S. 129. Aus:*
Werke. Band 6. Hrsg. von Walter Krei-
tel. München: C. Hanser Verlag 1964
JOHN MAYNARD, *S. 132. Aus: Deut-*
sche Balladen. München: Winkler Ver-
lag 1982

Fuchs, Günter Bruno
KINDERZEICHNUNG, *S. 146. Aus: Das*
Lesebuch des Günter Bruno Fuchs.
München: C. Hanser Verlag 1970

Führmann, Joachim
TRAMPER, *S. 162. Aus: Führmann, Joa-*
chim: Tagtäglich. Gedichte. Reinbek
bei Hamburg: Rowohlt Verlag 1976

Gerhardt, Paul
SOMMERGESANG, *S. 144. Aus: Christli-*
che Dichtung vom Barock bis zur
Gegenwart. Hrsg. von J.P. Wallmann.
Gütersloh: Verlagshaus G. Mohn 1981

Goethe, Johann Wolfgang von
BEHERZIGUNG, *S. 118. Aus: Werke. Hamburger Ausgabe in 14 Bänden. Hamburg: Verlag C. Wegner 1948*

Gori, Helen
EIN MENSCH VOR DEM GERICHT DER TIERE, *S. 106. Aus: Theaterwerkstatt für Kinder. Band 2. Hrsg. von R. Schneider und P. Schorno. Basel: Lenos 1979*

Görler, Ingeborg
KRIEG UND FRIEDEN, *S. 164. Aus: Friedensfibel. Frankfurt a. M.: Eichborn Verlag 1982 ©Büchergilde Gutenberg*

Grün, Max von der
DIE ENTSCHEIDUNG, *S. 35. Aus: Fahrtunterbrechung und andere Erzählungen. Frankfurt a. M.: Europäische Verlagsanstalt 1965*

Hanisch, Hanna
ICH UND MEIN REGENSCHIRM, *S. 154. Aus: Die Kinderfähre. Hrsg. von H. Bödecker. Stuttgart Union 1972*

Härtling, Peter
FRÄNZE *(Ausschnitt), S. 244. Weinheim und Basel: Beltz Verlag 1989*

Hebbel, Friedrich
SOMMERBILD, *S. 112. Aus: Werke. München: C. Hanser Verlag 1966*

Hebel, Johann Peter
SCHLECHTER LOHN, *S. 73. Aus: Deutsche Anekdoten. Hrsg. von Jürgen Hein. Stuttgart: Reclam Verlag 1976* DREI WORTE, *S. 82. Aus: Poetische Werke. München: Winkler 1961*

Heine, Heinrich
FRAU SORGE, *S. 117. Aus: Werke, Band I, ausgewählt und hrsg. von Martin Greiner. Köln/Berlin: Kiepenheuer & Witsch 1962*

Hemingway, Ernest
ALTER MANN AN DER BRÜCKE, *S. 60. Aus: 49 Stories. Reinbek bei Hamburg: Rowohlt Verlag 1954* DER ALTE MANN UND DAS MEER *(Ausschnitt), S. 30. Reinbek bei Hamburg: Rowohlt Verlag 1959*

Hesse, Hermann
IM NEBEL, *S. 147/148. Aus: Gesammelte Schriften in sieben Bänden. Frankfurt a. M.: Suhrkamp Verlag 1952*

Hofmannsthal, Hugo von
REISELIED, *S. 162. Sämtliche Werke. Hrsg. von R. Hirsch u.a. Frankfurt a. M.: S. Fischer 1984*

Jandl, Ernst
MARKIERUNG EINER WENDE, *S. 155. Aus: Sprechblasen. Neuwied und Berlin: Luchterhand Verlag 1970*

Jünger, Friedrich Georg
DER SPECHT, *S. 154. Aus: Sämtliche Werke. St. Gallen: Erker 1974*

Kaschnitz, Marie Luise
HIROSHIMA, *S. 165. Aus: Gedichte. Hamburg: Claassen und Goverts 1965*

Kästner, Erich
IM AUTO ÜBER LAND, *S. 160. Aus: Gesammelte Schriften für Erwachsene. Zürich: Atrium Verlag 1969*

Kefer, Linus
LAUTLOS, *S. 115. Aus: Lyrik aus dieser Zeit. Hrsg. von K. Leonhard und K. Schwedhelm. Esslingen/München: Bechtle 1963*

Kleist, Heinrich von
ANEKDOTE AUS DEM LETZTEN PREUSSISCHEN KRIEGE, *S. 70. Aus: Sämtliche Werke und Briefe. Hrsg. von H. Sembdner. München: C. Hanser Verlag 1961*

FRANZOSEN-BILLIGKEIT, *S. 74. Aus:*
Deutsche Anekdoten. Hrsg. von Jürgen
Hein. Stuttgart: Reclam Verlag 1976

Klevinghaus, Wilma
EINFACH SO, *S. 31. Aus: Menschenzeit*
– Gotteszeit. Ein Vorlesebuch zum Kir-
chenjahr für Schule und Gemeinde.
Hrsg. von Erhard Dolmay. Lahr:
Verlag E. Kaufmann 1992

Klute, Wilfried
RAUMORDNUNG, *S. 152. Aus: Natur-*
lyrik. Ein Arbeitsbuch. Frankfurt a. M.
– Berlin – München: Verlag Moritz
Disterweg 1984

Konjetzky, Klaus
AN DIE ELTERN, *S. 158. Aus: An die*
Eltern. In: Tagtäglich. Hrsg. v. J. Fuhr-
mann. Reinbek bei Hamburg: Rowohlt
Verlag 1976

Krolow, Karl
DER AUGENBLICK DES FENSTERS,
S. 114. Aus: Ausgewählte Gedichte.
Frankfurt a. M.: Suhrkamp Verlag 1963
SCHULTAG, *S. 146. Aus: Gesammelte*
Gedichte II. Frankfurt a. M.: Suhrkamp
Verlag 1975

Kühn, Frauke
… TRÄGT JEANS UND TENNISSCHUHE
(Ausschnitt), S. 234. Reinbek bei Ham-
burg: Rowohlt Taschenbuch Verlag 1992

Kunert, Günter
LAIKA, *S. 152. Aus: Erinnerungen an*
einen Planeten. Gedichte aus fünfzehn
Jahren. München/Wien: C. Hanser
Verlag 1963
REISEN, *S. 162. Aus: Erinnerungen an*
einen Planeten. München: C: Hanser
Verlag 1963
ÜBER EINIGE DAVONGEKOMMENE,
S. 166. Aus: Erinnerungen an einen Pla-
neten. München: C. Hanser Verlag 1963

Künzler-Behncke, Rosemarie
GEHEN, *S. 156. Aus: Gelberg, Hans-*
Joachim: Der fliegende Robert. Wein-
heim und Basel: Beltz Verlag 1977
(Programm Beltz & Gelberg)

Ladiges, Ann
DAS ROLLENSPIEL, *S. 17. Aus: Herz-*
klopfen. Liebesgeschichten. Hrsg. von
Hans Martin. Reinbek bei Hamburg:
Rowohlt Verlag 1980

Lenz, Siegfried
DIE NACHT IM HOTEL, *S. 64 Aus: Jä-*
ger des Spotts. Geschichten aus dieser
Zeit. München: Deutscher Taschenbuch
Verlag 1979

Liepman, Heinz
EINE GERICHTSVERHANDLUNG IN
NEW YORK, *S. 33. Aus: Telegraf Nr.*
17/3 vom 21.1.1948. Hrsg. von Arno
Scholz. Berlin: Telegraf Verlag 1980

Logau, Friedrich von
DES KRIEGES BUCHSTABEN, *S. 166.*
Aus: Deutsche Nationalliteratur. Hrsg.
von J. Kürschner, Bd. 28. Berlin u.
Stuttgart: W. Spemann Verlag o.J.

Loriot
DER LOTTOGEWINNER, *S. 103. Aus:*
LORIOTS dramatische Werke. Zürich:
Diogenes Verlag 1981
FERNSEHABEND, *S. 112. Aus:*
LORIOTS dramatische Werke. Zürich:
Diogenes Verlag 1981

Malecha, Herbert
DIE PROBE, *S. 49. Aus: Die Probe.*
Hamburg: Marion von Schröder Verlag
1955

Martin, Hansjörg
EIN ABC-GEDICHT, *S. 157. Aus:*
DIE ZEIT Nr. 41 vom 8.10.1971

Mechtel, Angelika
COLD TURKEY, (Ausschnitt), S. 239.
Ravensburg: Ravensburger Buchverlag
Otto Maier 1992

Meyer, Conrad Ferdinand
DER GESANG DES MEERES, S. 116.
Aus: Damit uns Erde zur Heimat wird.
München: Bay. Schulbuchverlag 1967

Mörike, Eduard
IN DER FRÜHE, S. 118. Aus: Sämtliche
Werke. Hrsg, von H.G. Göpfert. Mün-
chen: C. Hanser Verlag 1958

Mozart, Wolfgang Amadeus
BRIEF AN DEN VATER VOM 9. JULI
1778, S. 83. Aus: Mozart-Briefe. Aus-
gew. v. W. Hildesheimer. Frankfurt a.M.:
Insel Verlag 1975

Noack, Hans-Georg
BENVENUTO HEISST WILLKOMMEN,
S. 14. Ravensburg: Otto Maier Verlag
1973

Pillau, Horst
DER BABYSITTER, S. 98. Aus: Ver-
gnügliche Sketsche. Niedernhausen:
Falken Verlag 1979

Pressler, Mirjam
BITTERSCHOKOLADE (Ausschnitt),
S. 223. Weinheim und Basel: Beltz Ver-
lag 1986

Roth, Eugen
FLUNKEREIEN, S. 82. Aus: Das Eugen
Roth Buch. München: C. Hanser Verlag
1966
LUDWIG THOMA, S. 77. Aus: Lebens-
lauf in Anekdoten. München: C. Hanser
Verlag 1962

S., Ebru
AUS MEINEM LEBEN, S. 12. Aus: Wir
leben hier! Ausländische Jugendliche
berichten. Hrsg. von Ulrike Holler und
Anne Treuter. Frankfurt: Alibaba 1992

S., Mustafa
SABINES ELTERN, S. 20. Aus: Wir leben
hier! Ausländische Jugendliche berichten. Hrsg. von Ulrike Holler und Anne
Treuter. Frankfurt: Alibaba 1992

Schiller, Friedrich von
DIE BÜRGSCHAFT, S. 138. Aus: Sämtli-
che Werke. Hrsg. von G. Fricke u.a.
München: C. Hanser Verlag 1962

Seiffert, Dietrich
VERLIER NICHT DEIN GESICHT (Aus-
schnitt), S. 229. Recklinghausen: Georg
Bitter Verlag 1980

Stöckle, Frieder
SUSANNE HAT ANGST UND WUT,
S. 25. Aus: Menschenzeit – Gotteszeit.
Vorlesebuch zum Kirchenjahr für Schule
und Gemeinde. Hrsg. von Erhard Domay.
Lahr: Verlag Ernst Kaufmann 1992

Storm, Theodor
ÜBER DIE HEIDE, S. 118. Aus: Sämtliche Werke in 2 Bänden, Band II. München: Winkler-Verlag 1951

Thenior, Ralf
GRAN CANARIA, S. 161. Aus: Traurige
Hurras. Gedichte und Kurzprosa. Mün-
chen 1977 (Herausgeber der Autoren
Edition)

Trakl, Georg
VERFALL, S. 115. Aus: Achtzig Gedich-
te. Ebenhausen b. München: EBG
Kornwestheim und Langewiesche-
Brandt 1985

Tucholsky, Kurt
AUGEN IN DER GROSSSTADT, S. 143.
Aus: Gesammelte Werke. Band 3. Hrsg.
v. Mary Gerold Tucholsky und Fritz J.
Raddatz. Reinbek bei Hamburg:
Rowohlt Verlag 1960

Uhland, Ludwig
EIN LICHT IN DER BRUST, *S. 117. Aus: Damit uns Erde zur Heimat wird. München: Bay. Schulbuchverlag 1967*

Valentin, Karl
IN DER APOTHEKE, *S. 99. Aus: Der reparierte Scheinwerfer. München: Deutscher Taschenbuchverlag 1975*

Werner, Dittmar
ILLUSION, *S. 152. Aus: Doppelfenster. Lyrik. St. Michael 1983*

Will, Helmut
KONRAD ADENAUER, *S. 77. Aus: Das große Buch der Anekdoten. Esslingen: Bechtle Verlag 1979*

Sachtexte
ALTAUTOS, *S. 176. Aus: Der Abfall. Umweltschutz in Bayern. Informationsschrift der Bayerischen Staatsregierung*
BEDROHTE ANTARKTIS *(Rudolf Buch), S. 180. Aus: Das große Jugendbuch. 31. Folge. Stuttgart/Zürich/Wien: Verlag Das Beste 1990 (gekürzt)*
BEI WINDSTÄRKE ZEHN ..., *S. 208. Aus: DIE WELT vom 25.1.1993/Nr. 20–4*
DAS UNGLÜCK AUF DER TAY-BRÜCKE, *S. 128. Aus: Vossische Zeitung. Berlin 30.12.1879*
DER BAUM IN DER STADT, *S. 175. Aus: Broschüre „Der Baum in der Stadt" der Landeshauptstadt München, Baureferat Gartenbau (Text verändert und gekürzt)*
DER ENTDECKER DES PENICILLINS *(Katrin van Booth), S. 192. Aus: Treff Jugendbuch 93. Seelze: Velber Verlag 1992*
DER GEHEIMNISVOLLE GLETSCHERMANN *(Katrin van Booth), S. 194. Aus: Treff Jugendbuch 93. Seelze: Velber Verlag 1992*

EIN BUNTER WIESENBLUMENSTRAUSS – WIE LANGE NOCH?, *S. 178. Aus: Lebensraum Blumenwiese (Broschüre des Bay. Staatsministeriums für Landesentwicklung und Umweltfragen 1987)*
EINE FRAU UND HUNDERT HUSKYS *(Barbara Helsing), S. 196. Aus: Treff Jugendbuch 93. Seelze: Velber Verlag 1992*
EINE NEUE ZEYTUNG ..., *S. 200. Aus: Blickpunkt '92. Kalender der Pressedruck- und Verlags-GmbH. Augsburg 1992*
IM ÖKO-STRESS, *S. 177. (Originalbeitrag)*
HAUSMÜLL – BESEITIGEN UND WIEDER VERWERTEN, *S. 171. (Originalbeitrag)*
HEFTE SIND ..., *S. 177. Aus: Wolfgang Huber: Umwelttipps für Schüler. Arbeitsgemeinschaft bay. Junglehrer im BLLV*
IN DEUTSCHLAND LEBEN ..., *S. 168. Aus: Nachbar Natur. Sparkassen Schul-Service. Deutscher Sparkassenverlag*
IN DER NACHT ZUM SAMSTAG ..., *S. 208. Aus: SÜDDEUTSCHE ZEITUNG vom 25.01.1993/Nr. 19, 49. Jahrg.*
JE LÄNGER, JE LIEBER, ..., *S. 217. (Originalbeitrag)*
SOLARENERGIE – AUCH DER UMWELT ZULIEBE, *S. 174. (Originalbeitrag)*
MACH MAL PAUSE, *S. 216. (Originalbeitrag)*
MÜLLVERMEIDUNG UND -VERWERTUNG, *S. 170. (Originalbeitrag)*
NEUER SCHULHOF SOLL AGGRESSIONEN ABBAUEN, *S. 213. Aus: Augsburger Allgemeine vom 19.7.1993*
ORKAN SPÜLTE 4 MÄNNER IN DIE SEE – TOT, *S. 208. Aus: BILD vom 25.1.1993. Nr. 20/4*
ORKANTIEF TRIFFT DEN NORDEN MIT VOLLER WUCHT, *S. 206. Aus: Kötztinger Zeitung vom 25.1.1993/Nr. 19. Attenkofer'sche Buch- und Kunstdruckerei Straubing*

PLASTIKTASCHEN FÜR DEN MÜLLEIMER, *S. 172. (Originalbeitrag)*
SCHADSTOFFE IN DER LUFT, *S. 172. Aus: Umweltschutz in Haus und Garten. Informationsschrift des Bayerischen Staatsministeriums für Landesentwicklung und Umweltfragen (geändert)*
SONDERMÜLL, *S. 176. Aus: Der Abfall. Umweltschutz in Bayern. Informationsschrift der Bayerischen Staatsregierung (Text gekürzt und verändert)*
SONNIGE ZEITEN *(Frank Gotta), S. 184. Aus: Das große Jugendbuch. 31. Folge. Stuttgart/Zürich/Wien: Verlag Das Beste 1990*
STURMFLUT! ES KOMMT NOCH SCHLIMMER, *S. 207. Aus: TZ vom 25.1.1993/Nr. 19/4*
TREFFPUNKT PAVILLON: PAUSE MIT PFIFF, *S. 212. (Originalbeitrag)*
UMWELTSCHUTZ UND HAUSHALT, *S. 173. Aus: Umweltschutz in Haus und Garten. Informationsschrift des Bayerischen Staatsministeriums für Landesentwicklung und Umweltfragen (geändert)*
USA: KEIN ENDE DER FLUTKATASTROPHE, *S. 202. Aus: Augsburger Allgemeine vom 15.07.1993*
VERSEUCHTE KOSTBARKEIT *(Vitalis Pantenburg), S. 188. Aus: H. Frevert: Signal. Das Buch für junge Menschen. Baden-Baden 1973 (gekürzt)*
WIR BRAUCHEN EINE SAUBERE LUFT, *S. 176. Aus: Unsere Umwelt gestalten, Jugendwettbewerb. Sparkassen-Schulservice (geändert)*
WARUM SIND TIERE SO FAUL? *(Babette Berg), S. 190. Aus: Treff Jugendbuch 93. Seelze: Velber Verlag 1992*
WAS KANN DER EINZELNE TUN?, *S. 179. Aus: Die Natur ist einmalig (Broschüre der Sparkassen. Schul-Service, Deutscher Sparkassenverlag)*
ZEITUNGSBERICHT, *S. 135. Aus: Zürcher Freitagszeitung, 2.1.1880*
WOHIN MIT DEM MÜLL? *S. 170. (Originalbeitrag)*

ZERSTÖRT DIE RAUMFAHRT DIE OZONSCHICHT? *(Thomas Fröhlich), S. 186. Aus: Treff Jugendbuch 93. Seelze: Velber Verlag 1992*

Verfasser unbekannt
ALBERT EINSTEIN, *S. 77. Aus: Die freie Stunde 10/1966. Stuttgart: Deutscher Sparkassenverlag*
DER KULAK UND DER KNECHT, *S. 92. Aus: Das große Lalula. Die Rauchernachtigall. Belorussische Märchen. Berlin: Verlag Kultur und Fortschritt 1969*
DAS GESCHENK, *S. 79 (Originalbeitrag)*
DIE PISTOLENSCHÜSSE, *S. 76. Aus: Die schönsten Anekdoten. Genf: Lechner Verlag 1991*
HÖCHST SCHAUDERHAFTE BALLADE, *S. 120. Aus: Liebe, Mord und Schicksalsschlag. Moritaten, Bänkel-, Gassen- und Küchenlieder aus drei Jahrhunderten. Bayreuth: Gondrom Verlag 1982*
ICH KAM, WEISS NICHT WOHER, *S. 144. Aus: Damit uns Erde zur Heimat wird. München: Bay. Schulbuchverlag 1967*
MARK TWAIN, *S. 78. Aus: Ulrich H. Frey: Die richtige Anekdote. Herrsching: Manfred Pawlak Verlagsgesellschaft mbH 1991 (Lizenzausgabe des Ott Verlags Thun)*
PETER ROSEGGER, *S. 79. Aus: Ulrich H. Frey: Die richtige Anekdote. Herrsching: Manfred Pawlak Verlagsgesellschaft 1991 (Lizenzausgabe des Ott Verlags Thun)*
THEODOR FONTANE, *S. 78. Aus: Die schönsten Anekdoten. Genf: Lechner Verlag 1991*
WAHRHEIT UND LÜGE, *S. 76 (Originalbeitrag)*

Trotz entsprechender Bemühungen ist es nicht in allen Fällen gelungen, den Rechtsinhaber ausfindig zu machen. Gegen Nachweis der Rechte zahlt der Verlag für die Abdruckerlaubnis die gesetzlich geschuldete Vergütung.

Auf einen Blick findest du …

BUCHTITEL, ILLUSTRATIONEN, NOTEN

S. 14: Hans-Georg Noack, Benvenuto heißt willkommen, Ravensburger Buchverlag 1973, ©Hans-Georg Noack;

S. 16: Willi Fährmann, „Christina, vergiss nicht ...", Arena Verlag Würzburg 1974;

S. 30: Ernest Hemingway, Der alte Mann und das Meer, Rowohlt Verlag, Hamburg 1959;

S. 102: LORIOTS Dramatische Werke, ©Diogenes Verlag AG, Zürich 1981, S. 125, 126;

S. 124: „Die Ballade von dem Briefträger ...", aus: Wolf Biermann, Die Drahtharfe, Verlag Klaus Wagenbach, Berlin 1968 (Komponist: Thomas Georg Kammacher);

S. 136: „Tand, Tand", aus: Musik 9, hrsg. v. Hammaleser, Wolf Verlag, Regensburg 1990;

S. 137: „Die Moritat von Mackie Messer", aus: Die Dreigroschenoper, Musik: Kurt Weill, Text: Bertolt Brecht, ©1928, 1956 by Universal Edition A. G. Wien;

S. 145: Grafik: Klaus Fischl

S. 188: Treff Jugendbuch 93, 1992 Velber Verlag Seelze, S. 27;

S. 199: Grafik: Peter Schimmel, München;

S. 201: Titelseiten: Nürnberger Nachrichten, Bild, Abendzeitung, Süddeutsche Zeitung vom 18. Juli 1994;

S. 229: Umschlagillustration von Bernhard Förth für den dtv-Band „Verlier nicht dein Gesicht" von Dietrich Seiffert, ©1986 Deutscher Taschenbuch Verlag, München;

S. 234: Frauke Kühn, „...trägt Jeans und Tennisschuhe", Rowohlt Verlag, Reinbek (Foto: Thomas Henning, Hamburg);

S. 236: Foto: Wolfgang Wiese, Hamburg;

S. 239: Cold Turkey, © by Ravensburger Buchverlag 1992;

S. 242: Willi Fährmann, „Es geschah im Nachbarhaus", Arena Verlag Würzburg 1968;

S. 244: Grafik aus: Peter Härtling, Fränze, 1989 Beltz Verlag, Weinheim und Basel, Programm Beltz & Gelberg, Weinheim.